U0890030

WILLIAM
D.GANN

何造中解读江恩理论系列丛书

江恩
成功操作的方法

何造中◎著

SPM
南方出版传媒
广东经济出版社
·广州·

图书在版编目（CIP）数据

江恩成功操作的方法／何造中著．—广州：广东经济出版社，2015.7
（何造中解读江恩理论系列丛书）
ISBN 978－7－5454－1359－5

Ⅰ．①江…　Ⅱ．①何…　Ⅲ．①股票投资－基本知识　Ⅳ．①F830.91

中国版本图书馆 CIP 数据核字（2012）第 149360 号

出版发行	广东经济出版社（广州市环市东路水荫路 11 号 11～12 楼）
经销	全国新华书店
印刷	广东新华印刷有限公司 （广东省佛山市南海区盐步河东中心路 23 号）
开本	787 毫米×1092 毫米　1/16
印张	17.5
字数	251 000 字
版次	2015 年 7 月第 1 版
印次	2015 年 7 月第 1 次
印数	1～5 000
书号	ISBN 978－7－5454－1359－5
定价	45.00 元

如发现印装质量问题，影响阅读，请与承印厂联系调换。
发行部地址：广州市环市东路水荫路 11 号 11 楼
电话：（020）38306055　37601950　邮政编码：510075
邮购地址：广州市环市东路水荫路 11 号 11 楼
电话：（020）37601980　营销网址：http://www.gebook.com
广东经济出版社新浪官方微博：http://e.weibo.com/gebook
广东经济出版社常年法律顾问：何剑桥律师

总 序

真正的理论在世界上只有一种，就是从客观实际中抽出来又在客观实际中得到了证明的理论。

——毛泽东

从我 1997 年在香港《每周财经动向》（全球出版发行）开辟专栏，发表了一系列江恩理论与内地股市案例分析的文章，到 1998 年应邀开始在国内专业性杂志《股市动态分析》撰写解读江恩理论的系列连载，至今已十年有余。可谓“十年磨一剑，霜刃未曾试。今日把示君，只为股民事!”

在我十多年的投资生涯中，时常想到江恩的一句忠告：“要想在股票交易中获利，就必须先获取知识，必须在损失之前就开始学习。许多投资者在进入股市时对股市毫无认识，而且在他们意识到开始交易前有必要进行一段时期的准备工作之前，就损失了大部分本钱。”这是江恩身处股市 45 年以上的经验之谈和总结，也是我解读江恩理论的目的。

江恩理论之于证券技术分析，就如同《易经》、宗教、玄学等之于世俗文化。它们不是大众性的，总是不能被多数人所接受，然而却从没有人能完全否认它们。江恩理论的最大贡献，也许并不在于其神奇的技术，而在于这门技术是一个指引，它树起一根标杆，让别人去努力探索、追寻，在研究自然规律的道路上越走越远。江恩理论告诉我们，世上万物都遵循着自然的波动规律，都遵循着因果关系与协调关系的普遍法则。另外，市场中不能仅存在一种理论，市场是一种动态博弈，每个人都要按照自己的理解，在波动中寻找适合自己的投资方式、投资理念，判断江恩发现的这些规则和方法有哪些东西是适合自己的。

证券市场的历史主要包括两个方面：一是市场交易数据的历史，二是市场参与者的历史。前者可以让我们找出证券价格的运行规律，如江恩发现的，股票和商品期货的价格走势往往会在它们的历史天价上遇到强大的阻力，并且“做头”；后者可以让我们总结前人的成败得失，也如江恩发现的，大多数人亏损的原因是对市场知之甚少。我们希望通过对历史的研究解决三个问题：一是在什么位置出入市，二是在什么时候出入市，三是如何出入市。江恩在这三个问题上建立了自己的一套规则。

每一位研究证券市场的人，实际上都在研究历史。这种研究的一个重要前提就是，证券市场的运行是有章可循的，而这种规律是可以通过适当的方法加以认识的。如果证券市场真是像有些人说的那样是无序的、随机的、毫无规律可循的，那我们还有什么必要研究证券市场呢?

要研究证券市场的正确趋势，就必须学习相关的知识。江恩认为，只有那些为知识花费时间和金钱，并不断学习，永不以为自己无所不知，而是意识到学无止境的人才能在证券市场中获得成功。在生活中，每个人投入多少就能收获多少，“种瓜得瓜，种豆得豆。”江恩本人也是这么做的。江恩曾在《如何在商品期货市场中获利》一书中写道：“在过去40年里，我年年研究和改进我的理论。我还在不断学习，希望自己在未来能有更大的发现。”江恩视投机为一种有利可图的职业，他严谨的工作作风值得每一个人学习。

许多人怀疑，江恩在半个世纪以前使用的市场分析方法和交易规则是否还能运用到今天这个愈加复杂的市场中。这个问题从表面上看似乎有些道理，但是我们不要忘记了，江恩对市场的观察是基于人们对事物以往的认知，而这种认知是对未来的指引。

不知道你想过这些没有，世界上的万物都有自己特定的运行法则，例如物体松手以后会回落到地上、男女自然地会对对方产生兴趣、万物相互依存……究竟是谁规定了上述法则，让它们各自按照自己的运行轨迹有序地、相互制约相互促进地、十分完美地运行？这个答案我们暂不去管它，但仅是“游戏法则”一词就已贵如钻石！它精确地告诉我们：世界的存在不是杂乱的，它是在深刻的自然属性中必然地运作，每一件事的结果都是唯一的、特定的、必然的，它们像一串串刻度被永远地刻在了历史（时间）的坐标上。请永远记住上面这一段文字，否则你将不能解读下面的内容。

在其投资生涯中，江恩的平均成功率高达88%。人们惊叹江恩几乎每次都能判断正确。当然江恩自己也会有些错误，但都不是因为其理论方法本身的缺陷。除此之外，江恩还预测了从他那个时代起人类未来会发生的事，会出现的物体、发明等等，现在看来几乎全部按时间坐标实现了。江恩的思维模式建立在他本人坚信宇宙万物中无不存在着自然规则这一信念之上。江恩有一个虔诚的宗教家庭，来自《圣经》的教诲不仅仅只影响了他的生活。

江恩相信任何事物都遵循着宇宙中的自然规则，而规则的本身是由复杂的物质属性集合而成的，任何物体的运行都是在两者作用下的必然结果。

江恩思想的两个基本要素是：动质和时间。动质是江恩理论的专有名词，其他任何书籍上都没有动质一词。动质极其复杂，我不在此描述。

任何准确的分析都离不开时间，江恩把时间作为进行交易的重要因子，当特定的动质驱动运行时，时间因子会精确地显示事物属性的一一对应特性。

研究江恩理论不是一件容易的事情，正如江恩本人所说的一样，研究他的理论，需要意志和毅力。

天地间有“有其理无其事”的说法，那是因为我们的经验还不够，科学的实验还没有出现的缘故；而“有其事不知其理”的，那是因为我们的智慧还不够。换句话说，宇宙间的任何事物，有其事必有其理，有现象，就一定有它的原理，只是我们的智慧不够、经验不足，找不出它的原理而已。

本套系列丛书沿着两个中心思想创作，一是以江恩出生时候的时代背景为前提，以江恩的成长为主线；二是以证券市场的内在机理为出发点，遵循先定性后定量、基本面解决根本问题、技术面解决具体问题的原理。为了尽量保持江恩原著的真实性，我们以江恩的原著为蓝本，充分尊重原著的思想。为了全面地诠释江恩理论，我们也吸收了其他江恩理论研究者的发现和思想，同时还吸收了其他理论的精髓来诠释江恩理论，以填补江恩理论由于所处时代而导致的不足，尽量展现适合当今市场，尤其是中国证券市场的技术分析方法。

股票投资/投机是一门艺术科学，既有其科学规范的一面，又有其只可意会不可言传的一面。无论你是师从技术分析方法，还是紧跟价值投资思路，抑或两者兼备，投资这项游戏的规则都已经规定，除了在某些特殊阶段以外，总体来说只有少数人能成为大赢家。健将是可以培养和锻炼出来的，而冠军，除此以外还需要天赋和一点运气。学习，可以帮助我们挖掘自己的潜能，并至少能够向一名健将去发展。

我们继承的是江恩的思想，狭义的江恩理论是江恩建立的理论框架和交易规则、技巧。广义的江恩理论是继江恩之后，所有研究江恩理论人士多年来从江恩理论体系衍生发展出来的一系列著作。提到江恩理论，人们还定义在狭义层面，而事实上，在美国，研究江恩理论的专业人士已经涌现出一大批了，还成立了一个江恩理论研讨会的组织机构，每年定期召开会议，以交流学习对江恩理论新的发现，还有公司专门研制出江恩理论的证券分析软件。

我这次收集整理出版的这套系列丛书就是建立在江恩和一大批江恩理论研究人士大部分研究成果的基础上的，所以说，现在的江恩理论不单单是江恩所著的原著，还包括其他研究者所发现的，在江恩原著的基础之上发展的所有著作。打一个很不恰当的比喻，就好像毛泽东思想是老一辈无产阶级的结晶的道理一样，江恩理论也是所有为理论的发展而努力的人的结晶。

今天我们研究江恩理论所要走的路线因为大部分人以前还没有接触过，所以我们在这里先要使大家知道怎样去读江恩理论，先从怎样去认识它、怎样去了解它开始。至于深入的研究，有人研究了一辈子，也没有搞清楚，包括我在内，研究了十多年，还跟一个初学的人差不多。实际上，要解读好江恩理论这套经典技术分析理论，我自己都是战战兢兢的，觉得自己非常肤浅，没有办法向大家交代，可以提供给大家的，只是一块敲门砖而已。

何造中

前　言

中国有句古话叫“授人以鱼不如授之以渔”，说的是传授给人既有知识，不如传授给人学习知识的方法。道理其实很简单，鱼是目的，钓鱼是手段，“一条鱼能解一时之饥，却不能解长久之饥，如果想永远有鱼吃，那就要学会钓鱼的方法”。

我们股票投资亦是如此，在股票投资中，我们不仅仅需要专业人士提供给我们某些可能有盈利机会的股票，我们更要能从专业人士那里获得股票投资的思路以及股票操作的方法。

而这个工作，江恩在多年前就已经开始做了，本书正是根据江恩对于股票操作方法的讲解，根据当今中国股票市场的国情而著的一本书。该书试图在结合中国股票现实情况的前提下，给大家呈现能够成功操作好股票的方法。

下面我给大家讲解一下本书的写作逻辑。

本书前几章主要是为本书操作方法的讲解作铺垫，告诉大家股票投资需要的准备工作。

我们操作股票，一定要弄清楚当前的大盘环境，在不同的环境下，我们有不同的投资思路，弄清了大盘环境之后，我们也要对个股自身的习性、股性有所了解，此外我们还要通过观察盘面知道个股当前的运行状态，同时，我们还要对股票方方面面的信息进行正确的处理与消化。这些内容在本书的第一章、第二章、第三章和第五章里分别给予了解读。

有了这样的准备工作，我们就开始进入股票操作方法的讲述了。

股票操作其实就是我们买入股票、持有股票、卖出股票的一个完整过程。在这个过程中，我们会讲解我们要在何时建仓，如何减仓，一只股票买入之后应该持有多长时间，同时我们应该如何卖出手中持仓的股票，这些都是在股票操作中我们需要解决的问题。这些问题我们分别在第四章、第六章、第七章、第八章、第九章、第十一章和第十二章里涉及，为了方便大家阅读本书，我就来作一下简单的介绍。

第四章讲述的是何时建仓和派发，告诉我们何时买入股票和卖出股票，第七章金字塔买入法是告诉我们用何种方式分批建仓，第六章股票的七个行动区域是告诉我们如何判断股票是否高估或者低估，从而确定是买入还是卖出，第八章按周期买卖股票，告诉我们在不同的周期操作股票所需要持有的时间以及在各种周期下我们应该如何操作股票，第九章股票二八定律介绍了股票上涨和调整的时间比例，从而可以为我们揭示股票的买入点位和卖出点位，这一点我们可以从第十二章突破股票的介绍中得到运用，第十一章的股票顶部和底部是对于我们买入股票和卖出股票的时机的介绍，可以为我们操作股票带来很好的辅助作用。

最后，在第十章，我们专门介绍了操作过程中我们需要遵循的理性规则，所谓理性规则就是告诫人们不要只是机械地遵循我们所学的股票的相关的操作方法，我们要根据不同的大盘环境，和个股不同的环境去具体问题具体分析，让我们用理性的思考来适应这个不断变化的投资环境，从而达到长期生存之道。

本书是按照股票操作前的准备，如何买入股票，买入股票后该持有多久和如何卖出股票这样的思路贯穿全文的，读者朋友们如能搞懂本书的写作逻辑，我想在阅读此书时可以事半功倍。

目　录 CONTENTS

第一章

看大盘，知大势；先定性，后定量

大盘所能揭示的真相不可能在一天、一个星期或是一个月之内就会被全盘托出。

——江　恩

看大盘，知大势；先定性，后定量。

无论是机构投资者，还是中小职业投机者，研究分析大盘或者趋势，是投资、投机操作的第一门功课。

我们这里所谓的大盘，就是市场的趋势；它通过股票指数为载体，反映出一个市场整体的方向。

每一个证券市场，都有一个或几个具有代表性的股票指数，譬如美国证券市场，著名的指数有道琼斯指数、标准普尔500（SP500）综合指数、纳斯达克指数；英国有金融时报指数；香港有恒生指数；台湾有加权指数；中国内地有上证指数、深圳成分指数、沪深300指数等等。

股票价格指数就是用以反映整个股票市场上各种股票市场价格的总体水平及其变动情况的指标。简称为股票指数。它是由证券交易所或金融服务机构编制的表明股票市场变动的一种供参考的指示数字。由于股票价格起伏无常，投资者必然面临市场价格风险。

对于具体某一种股票的价格变化，投资者容易了解，而对于多种股票的价格变化，要逐一了解，既不容易，也不胜其烦。为了适应这种情况和需要，一些金融服务机构就利用自己的业务知识和熟悉市场的优势，编制出股票价格指数，公开发布，作为市场价格变动的指标。投资者据此就可以检验自己投资的效果，并用以预测股票市场的动向。同时，新闻界、公司老板乃至政界领导人等也以此为参考指标，来观察、预测社会政治、经济发展形势。

这种股票指数，也就是表明股票行市变动情况的价格平均数。编制股票指数，通常以某年某月为基础，以这个基期的股票价格作为100，用以后各时期的股票价格和基期价格比较，计算出升跌的百分比，就是该时期的股票指数。投资者根据指数的升降，可以判断出股票价格的变动趋势。并且为了能实时地向投资者反映股市的动向，所有的股市几乎都是在股价变化的同时即时公布股票价格指数。上证指数就是按照这样的标准编制的。

由于上市股票种类繁多，计算全部上市股票的价格平均数或指数的工作是艰巨而复杂的，因此人们常常从上市股票中选择若干种富有代表性的样本股票，并计算这些样本股票的价格平均数或指数。用以表示整个市场的股票价格总趋势及涨跌幅度。深圳成分指数就是按照这个标准编制的。

正如前面所说，指数只是反映市场趋势的一个载体，我们通过分析指数的走势，来判断市场的方向，只有看清楚市场方向，我们才能做出买卖的操作策略。因为市场的趋势不可能一天形成，也不可能一天结束。一个趋势形成之后，少则数周，多则数月，甚至数年。按照我的理论，投机股票之前，要先定性，即先分析大盘的趋势和方向；然后再定量，即一个趋势形成之后，可能要走多久、多远。

正如江恩所说："大盘所能揭示的真相不可能在一天、一个星期或是一个月之内就会被全盘托出。从一只股票进入买入或卖出阶段的第一天起，大盘就开始揭示真实状况；但要全部揭示出来，需要一段时间；汇总所有实事、完成建仓和派发，以及最终发出新一轮行情出现的信号。也都需要一定时间。"

因此，要想成为一个成功的投机者，在买卖操作之前，第一门功课就要分析研究大盘的趋势和方向。这一门功课，哪怕是江恩，也必须修炼。而且我们从文献资料中看到，江恩对于大盘趋势和方向的分析，可谓面面俱到，无微不至，理由透彻。江恩最经典的案例莫过于分析 1929 年之后美国股市大萧条的论断，这一论断可以作为分析大盘趋势和方向的典范，在此不妨先睹为快：

美国股市由 1921 年的 60 多点开始攀升，经过长达 8 年的牛市，到达 1929 年 9 月的高峰 386.10 点。之后美国熊市出现，最低下跌至 1932 年 7 月，低见 40.56 点，跌去市值 89%，令美国进入大萧条之中。

江恩的股市理论是：历史上，股市是预先反映经济繁荣的，因此，股票价格经常上升至抛离现实。

换言之，当股价开始下跌时，第一个跌潮只不过是调整至股价的合理水平而已。当商业情况转趋低沉，公司盈利开始滑落时，股价便会继续下跌，并预先反映未来商业上不利的境况。

江恩列出美国股市暴跌以至经济萧条的八大原因：

1. 经济繁荣——经济有如钟摆一样，当市场繁荣到极点，无以为继，经济便会进入收缩期。

2．通货膨胀——美国通胀上升，银行信贷大幅飙升，交易所成交量大增，一旦购买力减弱，股价便下跌，银行的借贷亦会收缩，此将加剧股市的抛售。

3．购买力不济——由于通胀，市民已逐步丧失购买力，对公司的信贷及销售都有不良的影响。

4．农业失收——由于农业到达失收的循环，农民购买力将大幅下跌，不利股价。

5．繁荣情意结——股市上升时，股民一般被繁荣的心理所推动，但却忽视了多个行业所出现的问题。

6．公众信心——当股市上升时，所有人都会相信股市毫无隐患，但当股民资金耗尽，股市出现下滑时，投资者便会失去信心，争相抛售，继而互相践踏。

7．战争——历史证明，一个国家享受长期的繁荣后，通常是战争将之推向萧条。贪心与嫉妒是战争诱因。

8．外国竞争——德国及其他国家正加强国际贸易，争夺市场，将对美国经济不利。

就这八大原因来看，江恩所预见的，是农业失收，战争的来临以及公众投资情绪的转变，这些都写在发生之前，而非事后孔明的解释。

他明确指出，在1929年，美国道琼斯工业平均指数的高低位幅度不会少于50点，而最大可达90～100点。他预期股市有35%的波幅，是极为大胆的预测。结果，1929年道琼斯指数由386点暴跌至195点，跌幅191点，下跌50%，比江恩预测的还要厉害。

根据上面这些理由，江恩1928年11月23日，发表了一份美国股市报告，预测1929年美国道琼斯指数的走势，这个预测甚为细致，极具启发性，以下摘取其中测市部分，以飨读者：

进入1929年，市场弥漫一片繁荣的景象，市场气氛甚为向好。不过，国家前景会受战争的阴影所笼罩，威胁可能来自墨西哥或日本。

天气方面，暴风将于春季初段吹袭美国南部及西南部，而火灾造成灾害。3 月美国总统胡佛将通过帮助农民的法例，此举将造成商品价格及农业股的标升。股市经过二三月的下跌后，牛市由春季开始展开。

对于 1929 年 4 ～6 月，江恩的预测认为春季的天气将不利农作物，而暴风、豪雨及海浪将侵袭墨西哥湾。在这段时间，商品期货价格上升，经济欣欣向荣。金融市场上，原油、黄铜、橡胶、蔗糖及飞机股皆出现投机性的飙升，交投活跃。

江恩估计，4 月政府将通过法例令股价大幅下跌，而利率将会颇高，但 4 月中旬之后，股价将会回升。

进入 5 月股市转趋旺，经济消息利好，大型公司合并及交易将会出现，投资群众在极为看好的心理下纷拥入市。

到了 6 月，股价将出现大幅调整，市场传出战争的谣言，世界多国出现示威浪潮，农作物失收。在美国南部及墨西哥将出现地震及风暴，对市场引发大幅波动。

由于 6 月有一个重要时间周期到达，市场将出现重要逆转。

进入 7 月，另一升浪将会出现，不少股票见全年高点。飞机、电力、化工股均破纪录地上升。一个重要的时间周期到达，将引致长期的熊市出现。到了 8 月，最后一批股份将会上升见顶，先是化工股、铜线及原油股，然后会是蔗糖及橡胶的股份。最后，不利消息涌现，一个长期的牛市会突然终结。

9 月，全年最严重的剧跌出现。黑色星期五将会来临，股票暴跌，这段时间，投资者应沽空股票，并以金字塔式加码沽空，以获取利润。

10 月，美国与法国之间的债务危机开始浮现，国际间出现新的贸易协议，对美国商业不利，引发危机，公司盈利亦将减少。此外，美国银行收紧信贷，推高利率，严重打击股市。不过，化学、电力及飞机股会出现反弹。

11 月，原油、化学及橡胶股出现最后升浪才见顶回落。加州或墨西哥很可能出现地震，对股市及商业均为不利。

12 月，美国争议频繁，商业不景，投机热潮转移至商品期货。美国对外生意有所增长，但亦会遇到其他国家的竞争。

除了对于每月的市况预测外，江恩事实上亦提供了十分细微，甚至每月之中升跌时间的预测，虽然未至完全准确，但他所提出的日期，往往是市场在该段时间的市势转换点。在趋势而言，江恩对于1929年的预测是完全正确的。

几十年前江恩的预测尚且如此精致和准确，今天，宏观策略的分析师的分析报告更是武装到了牙齿，读者朋友只要上网搜索一下，就能找到很多很详细的各类研究报告，比如一篇宏观策略研究报告简单摘要如下：

1. 高速增长时代的结束。从2010年2季度开始，中国经济的高速增长时代结束了。原因在于过去中国经济高速增长所依赖的增长模式的条件都已经开始丧失（过去中国所依赖的是出口导向型的经济增长模式，也就是大家通常所说的世界加工厂）：一是外部经济环境疲软外需疲弱，二是国内劳动力价格开始进入上升期依赖低成本的模式已经难以为继，三是去年中国对经济的刺激已经将大部分的政策空间消耗殆尽，第二、三、四季度经济回落之后政府很难再有大的政策空间去刺激经济。

2. 出路只有转型。转型的思路其实很清晰：一方面劳动力价格上升——居民收入增长加速——消费加速，另一方面，劳动力价格上升——企业进行产业升级和效率提升，用来应对成本的升高从而实现产业升级。这样的结果是我们对外需的依赖低了一些，对内需尤其是消费的依赖多了一些，产业层次也提升了一些。同时政府在社保制度方面做些完善和改进，我们的生活更幸福一些。但这一过程会比较漫长，而且涉及的困难很多：比如收入分配制度的改革，政府要降税，企业要多发工资、多搞创新和效率提升，还要涉及垄断行业的打破等，其实是国家利益和行业利益分配格局的重建。中国政府从2010年开始搞调结构，其实就是转型的开始，转型能否成功要看政府的决心，中国再次站到了十字路口。

3. 转型期的经济和行业特征。未来一两年我觉得中国经济会很难过和复杂，是一个旧时代结束而新时代到来之前的过渡期，是要解决上年过度刺激经济后遗症的过程，也是寻找需求避免经济二次探底的过程，更是深化结构性改革，解决中长期问题的交织过程（比如民生、社保制度改革完善、新兴产业培育、民间投资领域释放、区域经济再平衡等）。表现在宏观层面，我个人的看法是未来半年是经济向温和增长回归、通胀逐渐见顶之后下滑的过程，未来1～2年经济是个在温和水平上下波动（8.5%）、低通胀（2%）状态（低通胀的原因在于有效需求疲软）。表现在行业方面是结构性萧条和结构性繁荣的并存，是传统行业去产能的过程（搞西部开发、城镇化和保障房等政策是试图减缓这些行业结构性萧条的程度），是部分新兴行业和部分消费品相对较为景气和产能扩张过程。在经济转型期的后期（大约一两年后），因为经济转型成效逐渐显现，新生力量逐渐战胜颓废的力量，经济将进入新一轮回升和低通胀状态（届时的低通胀是因为经济效益提升、经济结构调整的作用），那时股市会重新走向新一轮牛市，未来一两年内股市可能都是没有明确趋势的震荡。

4. 国际环境和大宗商品。欧洲不用说了，美国未来1年可能是不温不火，由于美国要寻找经济增长点，那么美国很可能会在低碳经济、新能源和节能技术方面寻找突破，而且由于美国有最强大的科技研发实力，所以美国很可能在这方面最先形成突破，这意味着美元汇率在未来很长时间内很可能会持续升值。国际大宗商品价格方面，先是由于整体国际环境疲软，需求不振，那么传统能源如石油价格在未来1～3年很可能逐渐筑顶回落。如果国际资源品价格的走势真是如此，一个方面意味着全球中长期没有高通胀；另一方面这意味着那些资源品出口，如俄罗斯、中东以及澳大利亚和巴西等国的经济形势在未来1～3年内不会太好，其货币也以贬值为主，因为这些国家的经济主要是靠卖资源来增长的。看长期的话，美国又是胜利者，他们最先实现新的突破，重新进入新一轮创新周期，再次引领世界经济的未来，这可能在2～3年后发生。

5. 高速增长结束后股市。从工业化的历史看，大多数发展中国家都会有一个快速工业化的经济起飞阶段，这一阶段大多数国家都是通过出口导向型的经济增长模式和高投资的模式实现经济快速增长，这个过程通常受到某一种冲击（比如国际经济危机、劳动力价格升高等因素）而结束，结束之后经济会进入一个中等速度增长的阶段，也是这个国家经济逐渐走向成熟的过程，就像一个人一样，实现了财富的快速积累之后，会逐渐追求文明、修养，经济和企业也是这样，未来经济是追求更加健康和科学的模式，企业是追求品牌的塑造。在经济结构调整更加理顺之后，股市仍会有牛市，未来股市发生反转的条件从逻辑上讲不应该再看经济增速的速度，而应该看经济结构调整的进展和成效。至于下半年股市表现，仍然缺乏系统性的机会，但或许是个探底反弹的过程，探底反映经济复苏退潮之后的担心，反弹的契机来自于政府调结构的深化以及相关政策的出台、宏观调控紧缩过程的改变（空间不大）。

6. 投资线索。上半年资本市场对新兴产业的投资和对传统行业的抛弃从某种意义上反映了股市对未来中国经济转型和政府调结构的一种布局和战略性投资选择。但是这种新兴产业的发展要经过很长时间才能显现成效、贡献业绩，而且当前所认为的新兴行业未必真的符合未来经济增长的规律，所以我觉得新兴行业下半年会逐渐发生分化。传统行业要有反弹表现估计至少要等到 2010 年经济回落之后并开始筑底之时，如果政策还能够放松一点空间的话，对这些行业来说会形成反弹，我估计可能有反弹的话也要等到第四季度了。总体上看，未来的投资策略还是自下而上为主，缺乏版块性的大机会，这是经济转型期的经济环境所决定的，而且这些投资机会主要看政府的政策。

这是招商证券宏观策略分析师陈文招一篇题为《高速增长时代的结束——关于未来投资策略的思路和一些观点》研究报告的摘要。

早在十几年前，在《解读江恩理论》一书中，我也曾经运用江恩理论对沪深股市作过大胆的预测，有好事的读者把我的预测跟沪深股市实际的走势作了一个对比，我们现在再去读，感慨万千……

下面就来看看好事的读者赵玉峰先生“再读何造中的《解读江恩理论》读后感”一文，全文如下（作者按：本着真实客观的态度，我没有修改文中一个字，如果有心的读者，可以用我的名字去搜索一下，就能看到赵玉峰先生的原文）：

随手翻出了一本书，是 2001 年买的何造中先生的著作《解读江恩理论》，感兴趣的是他在 2000 年对未来股市的预测，甚至粗略预测到了 2020 年，现在拿着 8 年来的答案，回顾一下他的预测实践，很是感慨：

1. 对 2001 年的预测比较准确。

2. 对2002—2005年的预测有点走眼，过于看高了。

3. 对2006年、2007年及2008年的走势预测十分精准，尤其是对2008年的市场环境解读，大有看一看的必要了。

4. 2009—2015年，他的预测是升势缓慢，希望通过股市发大财的人不要指望太高了。

5. 另一个疯狂的时代可能在2016年再次来临。

6. 何造中先生这几年不知道在干什么呢?！有没有抓住这两年的牛市？还是在5年的熊市里面湮没了？回顾一下自己的预测，应该是感慨万千吧。

年份	何造中的预测	实际情况	评论
2001年	先震荡下跌，再大升，然后大跌，最后小升的四部曲走势 上半年的机会大，下半年的机会小	沪市从2132点小跌到1894点，然后上升到2245点，然后大跌到1515点，最高反弹到1776点 上半年有行情，下半年只有小反弹	波段走势基本准确
	关键时间节点是1月19日、3月21日、6月7日、9月12日和24日、9月份不产生拐点很难很难。 11月30日	1月19日确立了第一波小跌的走势，6月14日到达最高点2245点，7月23日确立了5年大跌的拐点，9月21日是第二轮大跌的转折点，10月22日超级大反弹，12月4日达到反弹的顶点	有重大参考价值。 尤其是1月19日、6月7日（次高点）、11月30日（与12月4日仅差2个交易日）
2001年以后几年的走势，整体上是倾向于不断向上攀升		2001—2005年，整体是大跌	大错特错

续表

年份	何造中的预测	实际情况	评论
2002 年	5 月是重要的转折点 9 月是举足轻重的月份 2002 年将是 2000—2005 年中最最重要的一年，届时机遇与风险均很大，能做好这一段的投资或投机，将可能影响一个人的一生投资生涯；类比于香港股市的 1987 年和 1997 年；1997 年的港股恒生指数从 16800 点狂泻至 7000 点以下，“百富勤”也难逃一劫	2002 年在最低 1339 点、最高 1747 点之间震荡 9 月是行情再次下转的节点，许多机构、大户都是在这一年跳楼的	还可以
2003 年	4 月是大转折的临界点；从这个位置发生的趋势逆转的一波行情，至少要运行 2 年左右才再次有一个较明确的转势方向	2003 年在最低 1311 点、最高 1649 点之间震荡；走势与 2002 年大体相似 4 月份是行情的最高点，而不是最低点，也不是 2 年大行情的起点	总体走势不对，时间节点有参考价值，但是用于国际股市，还是比较准确的
2004 年	全年均处于一个单向趋势运动中，7 月不可小觑，转折的运动速度会十分凌厉	上半年有较大行情，下半年一直下跌 跟 2002 年、2003 年有相似之处。涨幅大（最高到 1783 点），跌幅也大（最低 1259 点） 最大的坐庄机构新疆德隆耗尽了最后一滴血，完蛋了	预测错误；但是用于国际股市，还是比较准确的
2005 年	时间之窗是 5 月份	2005 年是中国股市见底反转的 1 年，很多大型机构都没有熬过这一年；南方证券就是典型案例； 最低点（998 点）是 6 月 6 日	不好评价

续表

年份	何造中的预测	实际情况	评论
2006 年	2006 年的剧烈震荡时间之窗是 1 月份；类似于 1996 年的 1 月份，中国股市要掀起一轮长期的大牛市 9 月份是关键；类似于 1999 年的 5 月份，行情在上涨相当一段时间后，政府仍积极鼓励投资者入市	从 2005 年的 12 月份开始，股市不断抬高，六七月份见到一个波段高峰 经过调整后，政府鼓励大家继续投入，社会大肆唱多“黄金十年”，在 9 月份再次创出新高，开放式基金蜂拥而上	比较准确
2007 年	2007 年有重复 2006 年走势的迹象 2007 年的 1 月份又是 2005—2010 年这阶段承前启后的关键转折点，也可能是中国股市突飞猛进的又一个转折点 2007 年 9 月将要发生震荡。 走完 2006 年，基本就可以判断 2007 年的走势	类似于 2006 年的翻版，不断创出新高 1 月份是调整整理期 9 月份没有见顶、推迟到了 10 月中旬	很准确
2008 年	这一年的经济、社会、人情世故、股市投资及投机理念、投资品种，可能都有不同程度的变化；类似于 1998 年，诸多出人意料的事件使人们措手不及，长江流域百年难遇的大水灾、嫩江流域告急、国际金融动荡（俄罗斯卢布一夜贬值 50%）等，那么 2008 年会是怎样呢？谁也不敢断言，只是人们要密切注意一切变化。 4 月份是这一年的“真命天子”	2007 年后半年就开始了美国的次贷危机，1 月份美国股市暴跌、中国股市也随之暴跌 南方的冰雪灾、高企的 CPI、能源暴涨、火车出轨、汶川地震、火炬遭抢，这都是没有预料到的大事情 进入七八月份，美国的掉期合约又出大事，期货、股市都在大幅震荡 4 月份出现反弹，但是很快即遭夭折	社会的轮回竟然这么神奇！太有意思了

续表

年份	何造中的预测	实际情况	评论
2009年	9月，市场面临一个较重要的选择；有时候我们想一想候鸟的南迁北徙，与股市上涨一段时间要回吐，调整一段时间要上涨的规律一样	不知道	拭目以待
2010年	2010年的10月份，将引发市场阶段性的趋势逆转 2010年的6月份也不容忽视		
2011年	这一年是一个过渡性的年份，市场机遇较大；要关注5月份、6月份，8月是年度内的转折点		
2010年的10月至2014年的7月，存在一个45个月的中期循环周期 2020年以前，中国股市均呈牛市走势，一波比一波高	在2010—2015年之间，股市的升势会较慢，一方面许多历史遗留问题要在这个阶段解决，另一方面这段时间的整理将为后几年的劲升打好基础	大小非的问题需要多少年彻底解决呀 产业资本与金融资本的估值平衡需要到哪一年呢	
真正掀起升势狂潮的可能是2015年底及2016年初，这个后5年将会是一个加速赶顶的单边上扬走势，狂涨暴跌的“郁金香神话”很有可能重演	2016年有两段时间要留意，6月和12月 2017年的市场震荡比较剧烈，要小心操作。4月和7月要小心 2018年是中国股市的大纪元时期 2019年5月是时间之窗 “郁金香神话” 很有可能重演		

至于我所做预测的原文，有兴趣的读者朋友可以去看由广东经济出版社 2008 年修订的《解读江恩理论》一书。

按照我的逻辑，投机股市，在操作之前，最好做到：看大盘，知大势；先定性，后定量。

分析研究大盘，主要有这几点功能：

一、大盘的市场定位

大盘是市场合力的结果，而不是合力本身，在股指期货推出之前，大盘注定是间接的，因为我们操作的是个股，而不是大盘。大盘需要关注，但不能过度关注，如果单纯以大盘来指导个股操作，从某种程度上来说，可以认为是本末倒置。随着市场宽度不断扩大，个股与大盘的非同步性日趋明显。比如上证指数从 2008 年 11 月份的 1664 点以来，大盘至 2009 年 7 月份的 3478 点，也不过翻了一倍，而许多个股涨了好几倍，尤其是医药、电力设备、电子信息等在前一轮牛市表现欠佳的股票，翻着跟斗往上涨；而港口、高速、铁路等板块的股票却趴在低位，明显滞涨。这两个方面的情况，充分证明了大盘与个股的非同步性，如果把思想禁锢在大盘上，个股操作上则将进入误区。

二、大盘对市场的心理影响

对大盘的关注、研究、分析并以此指导操作，已经成为许多投机者的自觉习惯。其实，大盘作为股票综合因素的结果，是各种力量博弈的反映，换句话说，1000 多只股票，不可能与大盘同样幅度地涨与跌，有的会强于大盘，有的基本与大盘同幅，也必然有落后于大盘的股票。如果仅仅盯着大盘，理论上讲成功的概率大概也就是相当于或者略高于平均数而已，更何况由于少数大盘股对指数的杠杆作用，只涨指数不赚钱的现象很多投资者并不陌生。本人认为，大盘更多时候对投资者心理影响更大，当指数连续上扬的时候，许多人会作出大盘处于强势的判断，心理上逐步形成共鸣，参与积极性不断高涨，从而造成众人拾柴火焰高，强者更强的形势；同样，当大盘出现连续下跌走势的时候，许多投资者会作出市场走弱的判断，采取离场或观望的态度，墙倒众人推，很多情况下多杀多的局面就是这样形成的。而在震荡市，也就是大盘上下趋势不明显的时候，比如近期的大盘指数，很多紧盯大盘的投资者失去了方向感，总觉得大盘可能随时会跌落下来，从而束缚了手脚，不知如何是从。从市场心理的角度，大盘犹豫运行，虽然没有表现出强势上涨，但也没表现出强势下跌，也就是说市场心理的共鸣并没有发生，主动性追涨与主动性杀跌还没有成为市场的惯性，这种情况下，则成为个股的机会乐土。

三、大盘分析的积极意义

那么，对大盘进行分析还有意义吗？大盘分析的意义主要有以下几个方面。

一是通过观察大盘，宏观上把握市场的主要方向，判断市场参与者的心理共鸣态势。这一点在大盘上涨或下跌趋势中作用更为明显。

二是通过分析大盘，锻炼、提高技术分析的能力，并把这种能力转化为分析个股的能力，提高实盘操作水平。同时，通过分析大盘与其他市场参与者交流心得，也回避了对个股“指手画脚”可能带来的不利影响。

三是通过比较大盘与个股的走势，确立对个股的正确操作策略。比如，当大盘下跌接近尾声的时候，寻找先于大盘企稳出现买入时机的股票；当大盘上下震荡方向难辨时，积极参与强于大盘、买点明确的股票，这样就能抓住市场的先机，走在更多参与者的前面。

总之，对大盘进行分析，是研究市场的手段而不是目的，大盘是参考而不是唯一，根本的还是要通过对个股的操作完成资金的增值。这一点，任何时候都必须有着清醒和明确的认识。

因此，江恩根据他的经验总结：任意一次大幅度攀升或是大幅度下跌之后，要弄清下一轮大行情何时开始是需要花费一定时间的。想要每天都能从大盘中看清这一点的人，就会被一次次地愚弄。所以，在断定大趋势已经发生变化，重要行情已经开始之前，必须耐心等待到自己能从大盘中得到明示为止。

第二章

股票的习性

股价的涨跌是由股市参与者——人来推动的，人们买进卖出导致股价的波动。由于人们的习惯各不相同，股市自然也就反映出参与股市者不同的习性。

——江　恩

人有习性，股票也有习性。股市的运动是由人引起的。所以，股市的运动反映出人们内心的思想，揭示出那些操作所其喜欢的特定类别股票的人的行动、渴望、企盼、愿望和目的。故股票的习性就是人性的表现。

在解释股票的习性之前，我们先来翻查一下有史以来的汇率理论，不禁令人莞尔。从最早购买力平价，到利率平价，从内外部均衡需综合考虑财政政策、货币政策，到汇率的混沌模型、博弈论等，我们发现，汇率理论确实越来越复杂，涉及的因素越来越多。作为普通的投机者已经无从掌握其中奥妙了。

其实岂止汇率理论是这样？难道股票理论不也是看似越来越复杂吗？特别是自从引入了计量工具之后？关于股票走势，有人是技术派，有的坚持资金论，也有的是基本面派（但又分为看净利润还是看净资产、净现金），即使认为股票是未来现金流的折现时到底哪个因素更重要也是个说个话，众说纷纭之下，投机者被搞得越来越清楚了吗？

这就是说，股票的涨跌，其复杂是因为看万物的角度都可以是多元的，都可以说是多因素的模型，再加上不同利益各方为自身利益而发出的各种声音，最终导致事情看起来都不太简单。证券市场作为经济的晴雨表，囊括了经济的方方面面，当然也有政治因素；若此，股票的趋势似乎不可知。确实，绝对理性的研究者并不能给大家什么明确的答案！因为绝对理性的研究者知道影响事物的因素很多，事情既可能这样，也可能那样。

岂止股票如此，整个经济趋势，也可以说是人类非理性行为造成的，正如太平洋投资管理公司（PIMCO）的格罗斯所说：盲目乐观的非理性的动物性行为会产生积极性的一面即经济繁荣，当然也会隐藏危机，但我们对之无可奈何，谁让我们是人，我们都有感情，我们并不都总是那么理性，我们都有这样那样的不可理喻的习性，我们总有人不乏投资或消费的冲动。正因如此，也给了所谓无用的理论家很大的生存空间。如动物一样，各有生存之道！

也许动物习性如宇宙一样，不知它是怎么来的，但它就是一种存在，正是这种存在的确定性才让我们从众地或者说有路径地、有秩序地生活着，探寻着；探寻着股票趋势，也探寻着我们自己。

我们知道，股市的涨跌取决于供求关系，而供求关系是一种市场行为为主的因素。通俗一点来讲，股市的涨跌是由股市参与者——人来推动的，就是说，正是因为人们买入卖出才有了不同的股价。然而，由于人们的习惯各不相同，因此股市或每只个股自然也就反映出参与股市者不同的习性。

作为职业投机者都熟知自己所交易的股票，并且研究了它，懂得股票特有的运动规律。如前所述，这是由多年连续做一只股票的那群人或集合资金造成的。

江恩认为，一定要在开始进行交易之前（而不是之后）尽力了解和熟悉自己交易的股票。观察每只股票在上涨或下跌时的走势变化。认真注意这只个股形成一轮大行情需要有多大的成交量，形成一轮小行情又需要多大的成交量。注意这只个股是以快速移动还是以缓慢爬行的方式形成底部或顶部的。有些股票的顶部和底部非常陡直，有些的头部呈圆形，有的头部呈方形；有的会出现双重顶部和双重底部，有的甚至还会出现三重顶部和三重底部，而有的个股只有一个陡直的顶部和底部。我说的双重顶部或三重顶部，就是某一个股到达某一特定水平之后出现一次大的反复，因而第二次或第三次到达高位；反之亦然。

掌握股票的习性能降低风险。我问过好多人，“你了解你准备购买的那些股票吗？是你研究以后发现的还是听别人推荐的?”“你正确掌握已经买入的股票的习性吗？它们为什么会涨？为什么又会跌？是随大伙一起跌还是它自己单独跌?”如果没有的话，那么你必须马上掌握它们，否则潜在的盲目的风险就在眼前。

比如，“在 1600 多种股票当中，为什么绝大多数股票都上涨的时候，你购买的股票却不涨或者下跌?”这时候就要特别注意，你买的股票可能有问题了！“为什么你买的股票平时总是无精打采，可是有一天突然之间出现大量大单进入?”这说明股票马上要大涨了？所谓“久久不动，必有大动。”

只要你进入股票市场，你就必须花时间去详细了解，去认真研究这些股票和掌握相关知识和技术分析。这是一定要做的工夫。

中国股市的习性就是大起大落，不管是涨还是跌都爱走过头，虽然温家宝总理说要防止这种大起大落，但20几年来养成的习惯一时难改，倘若中国股市哪天真的变了，变得跟美国的道指那样温文尔雅、起落谦恭，中国股民恐怕还不适应呢！

成熟的投机者，除了对一只股票的基本面要认真研究之外，还需要正确了解其股性特征，并根据股票的习性，选择投机的标的，下面我们从四方面来分析股票的这个问题：

一、选择市场优异的股票

股市的一个特点，就是每只股票都有其波动的某种特性，即常说的股性，江恩甚至还称可以算出股票的波动率，并依据波动率分析股票的波动轨迹，在本系列书中，我们将会详细介绍，在此暂按不表。

如果我们说某只股票股性好，往往是指它活跃。大势升时它繁荣昌盛得多，大势跌时它震荡较大。这种股票群众基础很好，大家都乐意去炒它，于是其股性也就越来越活跃。所谓股性不好的股票，往往是指股价呆滞，它们只会随大市作小幅波动，炒作这种股票常常赚不到什么钱。

比如山东黄金（600547）这只股票，其股性从2005年以来，长期活跃在一线市场，2005—2007年，股价上涨了45倍之多。2008年调整一年之后，2009年又保持了全年上涨的态势，股价再次涨了7倍有余。山东黄金群众基础相当好，不但公私募基金长期超额配置它，很多中小投机者也深度参与炒作，从图2－1可以看到，在上证指数反弹还不到一半，山东黄金就创出历史性高点。

相反，TCL集团（000100）这只股票，则长期受到市场冷落，尽管2004年重新上市，但并没有新容换新装，哪怕是2005—2007年的大牛市，该股走势也明显弱于市场整体涨幅，而2008年的调整，股价几乎打回原形。从图2－2可以看到，TCL集团的走势属于长期沉滞的状态，即使

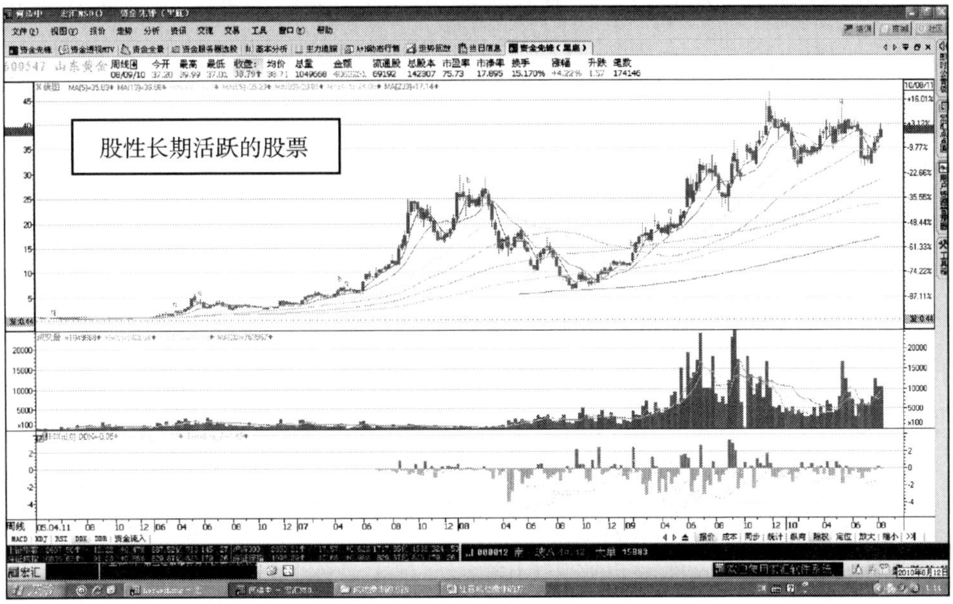

图 2－1

2010 年大股东现金参与增发，二级市场也不买账，股性消沉，股价滞涨，这类被边缘化的股票，我们应该完全抛弃。类似的还有四川长虹。

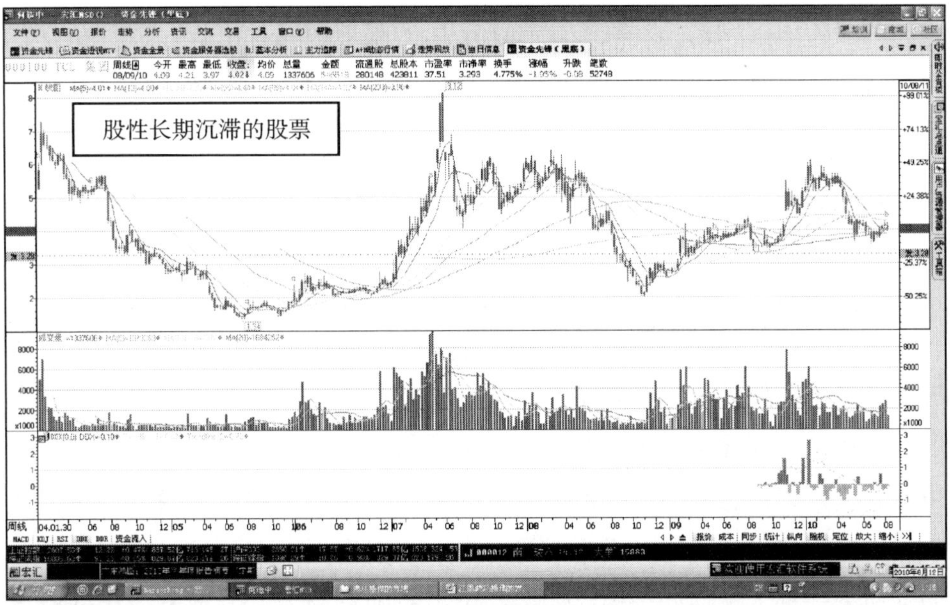

图 2－2

每种股票都有其习性，这种习性是在长期的炒作中形成的，是由于大众对它的看法趋于一致造成的，一般难于突变。但股性也不会永远不变，有时通过机构长时间的努力，或者由于经济环境大的改变，可能会改变一些股票的股性。

几乎所有的热门指标股，都有良好的市场性，这些股票筹码锁定性好，易大起大落，投资者高度认同这些股票，一有风吹草动即大胆跟风，往往造成股价疯涨。大众认同程度越高，其市场属性越好，而这些股票往往有主力每隔一段时间总要炒作一番，似乎是吃定了这类股票。而主力对于长期以来介入较多的股票的市场性很熟悉，常常选择同一只股票多次介入，这正是形成个股独特股性的重要原因之一。

股本结构的这个因素是个股的重要属性之一，多年来股本小的个股往往较容易成为主力炒作的目标，很多主力介入操作的重要参考就是股本的大小。小型股容易控制筹码，轻、薄、短、小的股票具备拉升容易的特点，十分利于操作。

比如说深特力（000025），自 1993 年上市以来，最新总股本为 22028 万，流通股本 17929 万。这类小盘股，尽管业绩差强人意，但股性异常活跃。其股价不涨则已，一涨准能吸引市场的眼球，而且涨得一点理由都没有。从图 2-3 可以看出，近年来，股价波动幅度依然很大，就在 2010 年 8 月 4 日，尾市临近收市的三分钟时间，从下跌近 2%，到上涨 10%，如此活跃的股票，沪深两市也少之又少。之所以深特力能时常出现这种走势，其根源就是其股性活跃，有一批市场炒家时不时地关注着它，形成了一种股性文化。

也就是说，股票的市场性是长期形成的，因而也要投资者长期了解才能全面熟悉它们。每只股票就像是一副面孔，到了一定的程度之后，每只股票对你来说就像是一个朋友，你完全了解他的性格，那么，遇到一定的情况的时候，你也就能估计他会有什么反应。这对于预测个股态势是十分有利的。当然，这不是一天两天的工夫，就像你不能在一日之内有几百个朋友并一一都了解他们一样。你需要付出时间和精力，分别去与这些股票打交道，一一了解他们的性格。

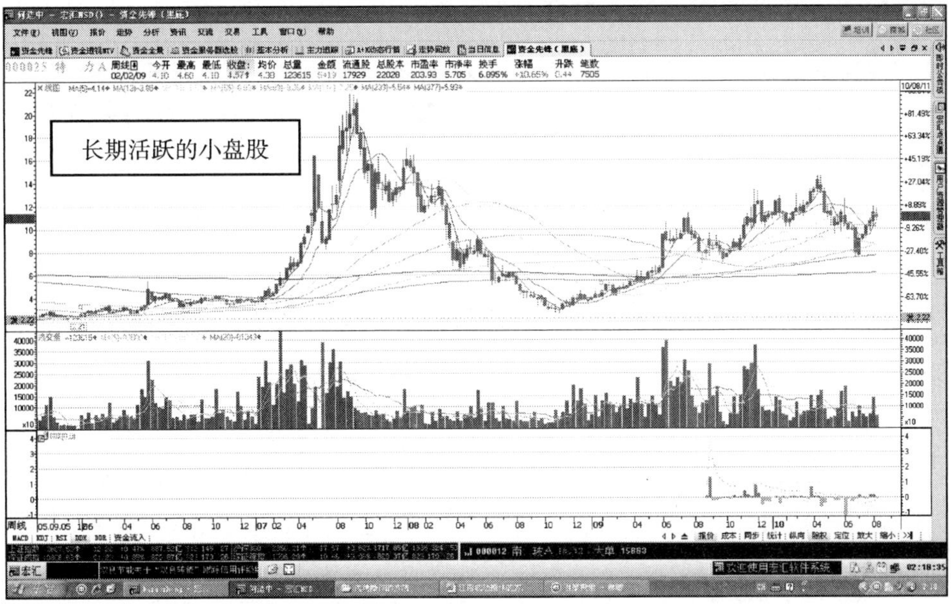

图 2-3

同样的，当你全面了解了个股的特性之后，再有某只股票个性出现变化，那么你很快就能认识出来，并记住他的这些变化。这种情形完全就像某个朋友的性格发生了变化一样，那当然不是一两天的事情。

冷门股有时也成为有惊人表现的个股，其实，这种冷门从前大多也有过突然暴发的经历，也就是说，它的股性就是喜欢突然拉升。冷门黑马股大多流通筹码很少，股本小，所以这类股票一旦打底完成发动攻击时，其升幅常常十分可观。

好像国电南瑞（600406）这只股票一样，自 2003 年上市以来，市场关注度并不高，股价也总是徘徊不前，甚至在 2005 年开始的那轮牛市，其二级市场的表现也令人大跌眼镜。像这类冷门股，股价长期高企，股本结构较小，公司基本面较为优良，只是缺少市场炒作热度。但国电南瑞惊人的表现从 2009 年开始上演，一直延续到 2010 年上半年。从图 2-4 看到，2009 年初还在 8 元附近徘徊，到 2010 年 5 月底，最高上涨到了 48 元之上，在上证指数弱势反弹的背景下，国电南瑞的市场表现，远远好于同时期大部分股票。类似的股票还有金种子酒（600199），这只股票也是一只冷门股，是乌鸡变凤凰的典型案例。

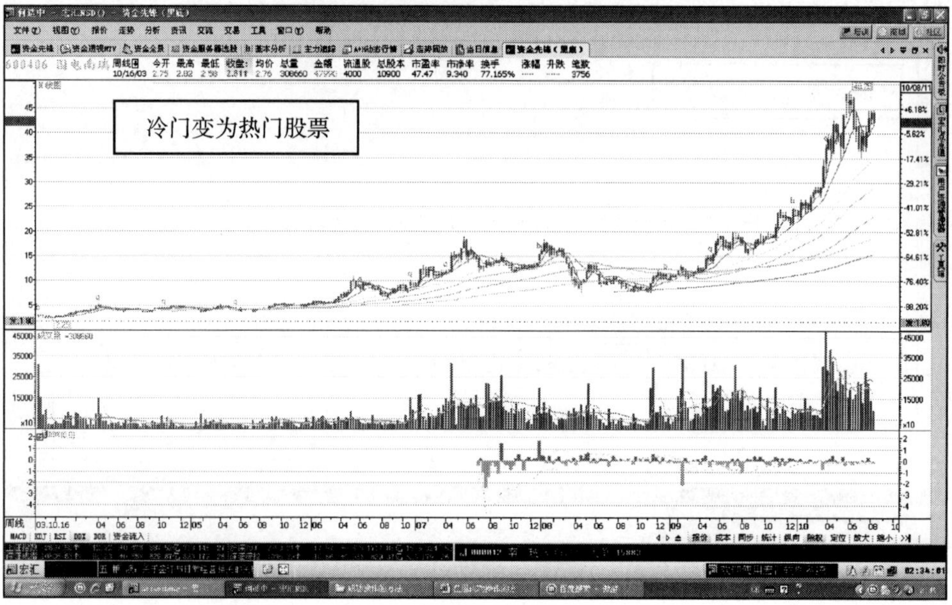

图2-4

因此，选择股票时首先要考虑的就是市场属性，落后大势的弱势股不要去碰它，而热门的指标股是首选目标，某些冷门股经过长期的盘整，有可能突然暴发，那也可以考虑。

二、选择波动幅度大的股票

既然每只股票的特性不同，自然有的波动大，有的波动小。波动大的股票最适合短线炒手进出。当一只原本平静无波、股性死寂的股票突然连续数日转强时，不能等闲视之，如果此时成交量配合，那这只股票大可有一番表现了。

既然提到了金种子酒（600199），我们就来分析一下这只股票的股性特征。这只股票最初上市时股票名称叫“金牛实业”，上市之初，由于业绩连年下滑，最终被ST特别处理。在此背景下，股价自然得不到市场的关注，尤其得不到基金的关注。

但从 2009 年第四季度开始，随着公司白酒销量的全面提升，股性开始被激活，第四季度的 10 月、11 月、12 月三个月，股价连续大幅上涨，从图 2－5 看，这只沉睡了 10 年股票，突然像睡醒的狮子，爆发出巨大的力量。此时成交量配合良好，2010 年第一季度稍作休整之后，从 5 月份开始，股价又大幅度飙升。

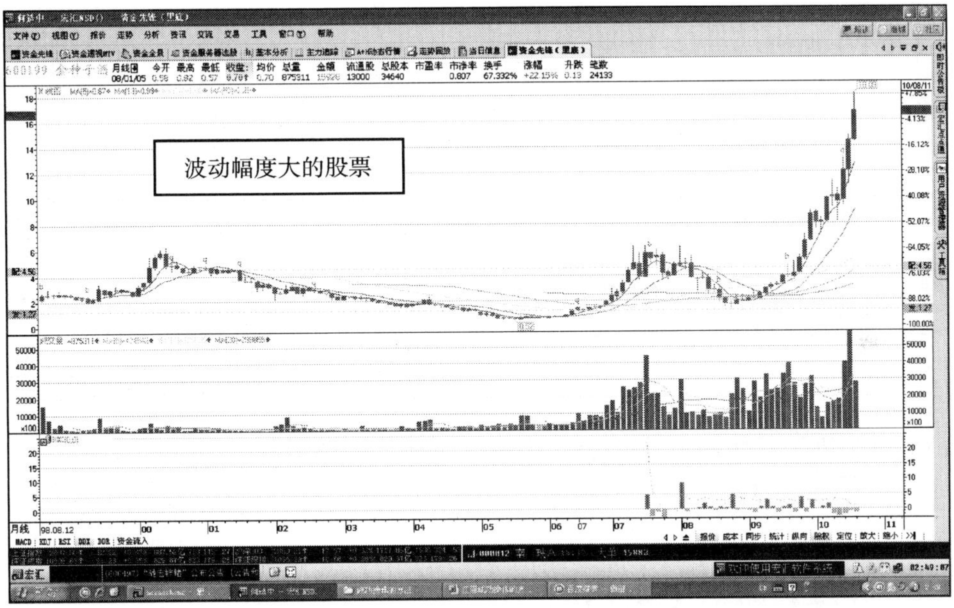

图 2－5

同样的案例有海王生物（000078），这只股票上市之后，在相当长的一段时间，股性也是比较沉滞的，但从 2009 年 4 月份开始，突然连续走强，从图 2－6 上看到，2009 年 4 月底股性被逐步激活，5 月份稳步上涨，6 月份继续飙升，虽然此时股价已经超预期上涨，但经过两个月的休整，从 8 月下旬开始，海王生物重拾升势，股价从 7 元附近上涨到 11 月份的 22 元，涨幅超过 3 倍。

对于目前大多数的投机者来讲，参与股市只是为了谋取短期差价，相信投机者真正打算长抓股票等分红的人并不多，正是由于我们投机者队伍的这种短期性，使得波动幅度大的股票成为我们首选投资目标。但是，波幅大意味着风险大，如何低买高卖成为最关键的内容。不论如何，如果一

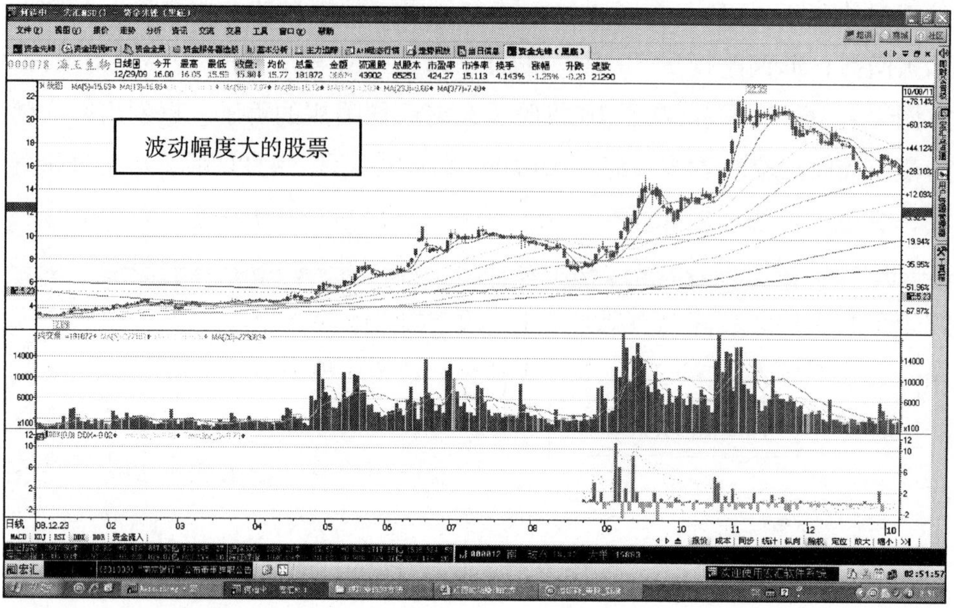

图 2-6

只股票长期波幅太小，那么还是少碰它为妙，股性虽然会有变化，但绝不是一朝一夕可以变化的，不如等它真正活跃起来之后再选择它。

三、选择有潜力的低价股

股票价格低，这本身就是一个优势，低价格往往意味着低风险。某只股票所以价格低，那说明关于该股的各种不利因素多已被大众所了解，而股票市场上有一个大特点就是，大家已经知道的事情往往对市场不再产生作用，正如大家知道的好消息公布出来也无法再令市场上升。所以，如果某只股票价格很低，那一定是因为一些众所周知的原因，而且大家都已经接受了这种现状。

然而这些现状就不会改变吗？如果你面对的是一群坏孩子，至少目前大家认为他们是坏孩子，那么要使他们变得更坏往往不如让他们或他们中的几个变得容易变好，在一批低价股中，常常就隐藏着这种可能会变好的坏孩子。这就是低价股最值得炒作的原因。事情不会一成不变，总有差的公司会变好。

同时，低价的特性使得炒作成本下降，容易引起主力的关注，容易控制筹码，由于比例的效应，低价股上涨时获利的比率更大，获利空间与想象空间均更广阔。再加上群众基础好等原因，常常会使低价股成为大黑马，当然，并非低价股就一定好，有些上市公司积弱多年，毫无翻身机会，甚至亏损累累，这种公司最好还是不碰为妙，所以说，我们平时要关注上市公司的经营情况，随时记下来有关他们的各种报道，在心里给所有这些公司评分。这样总可以找出那些被人忽视了的好企业。

最好的案例还是金种子酒（600199），它的前身是金牛实业，上市之后一直经营不善，被 ST 特别处理，通过资产置换后，改头换面成为现在的金种子酒。目前，该公司有三块主要的资产：

第一，酿酒：公司是安徽省农业产业化重点龙头企业，综合竞争力全国白酒制造业排名第八。拥有金种子、种子和醉三秋三个白酒品牌，其中醉三秋被市政府指定为招待专用酒，已成为当地市场同价位白酒第一品牌，这是十年来在产品创新上一次重大突破。该公司在高端市场的表现突出，中高档酒比例达到了 81.3%，其中核心产品柔和种子酒系列、恒温窖藏醉三秋系列销售势头强劲，柔和种子酒成为沿江和皖南各地同价位产品第一品牌。恒温窖藏醉三秋在合肥市场稳步拓展。在巩固安徽市场的前提下，积极拓展江西、江苏等省外重点市场。

第二，金宇高速：安徽金宇高速公路发展有限公司注册资本 55600 万元，公司持有 19.78% 的权益，主要从事高速公路建设管理。

第三，生化制药：金太阳药业（占 92%）被安徽省科技厅认定为省级高新技术企业，2008 年公司再次通过国家、省两级 GMP、GSP 认证；新开发的左氧氟沙星片剂正在临床试验，胰酶肠溶胶囊等三个产品获得国家批准文号，即将上市；公司被省药监局评为全省药品生产管理、效益“双优”企业。

重组之初，公司业绩的改善是一个逐步释放的过程，2006 年、2007 年分别取得 0.071 元和 0.101 元的每股收益。2008 年受大环境的影响，只取得 0.093 的每股收益。

金种子酒医药业务方面，基本取得个盈亏平衡，公司生化制药业务分为自产药品及药品代理销售两部分，自产药品方面盈利能力较强，但规模很小；代理销售仅能保持微利。上半年，生化制药分公司一次性通过了GMP再认证和医药经营GSP再认证；此外，国家二类新药阿克他利及四类新药地红霉素正在申请新药证书。我们预计生化制药业务未来对公司业绩拉动作用不大，业务规模逐步缩减的概率较高。

白酒业务才是公司主要的盈利点，下面我们重点分析金种子酒公司在白酒业务方面对公司基本面带来的改善。

公司产品分为三个系列：恒温窖藏醉三秋、柔和种子酒和祥和种子酒。其中醉三秋的零售价格在88～108元之间，祥和种子酒市场价在38元左右。出厂价在20元以上的酒占到公司总销量的85%以上。良好的产品结构改善了公司的盈利状况，盈利能力也将逐步提升。

安徽是传统的白酒生产大省，但目前徽酒在酒文化及品牌塑造上与川、黔等酒系的差距有所拉大，安徽白酒在全国面临的竞争也更加激烈。古井贡、口子窖、皖酒以及金种子酒等是安徽的主流白酒生产企业，它们基本上瓜分了安徽的中高端白酒市场，但在低端市场的开拓力度相对较小。

金种子酒自入主上市公司以来，公司白酒销量逐年递增，2006—2008年依次为3000吨、5000吨、10000吨。公司基酒滚动使用，基本能满足省内市场需求，但已达到产能上限。公司扩建曲酒和罐装项目正在施工中，预计新产能投产后产量将达到2万吨。公司主要生产两大类共四种白酒，主打品牌是恒温窖藏醉三秋，包括天蕴和地蕴两个系列；柔和种子酒和祥和种子酒也是主打品牌，但以低端走量为主。目前公司白酒中中高档酒比例达到85%；核心产品柔和种子酒系列、恒温窖藏醉三秋系列销售比例达73%。近期公司又推出了更高端的“和泰”系列，出厂价在100元以上。至此，公司高中低端产品线齐全、产品结构清晰，未来将以发展中高端品种为主。

2008年公司白酒销售增幅较大，在沿江和皖南各市场，地蕴醉三秋、柔和种子酒持续增长；皖北市场祥和种子酒取得新的突破。合肥市场是公司近两年重点培育的市场，以高端产品醉三秋作为主打，上半年合肥市场增长势头迅猛，市场培育效果开始逐步体现。阜阳一直是公司盈利稳定的基地市场，占有率始终保持在30%以上。恒温窖藏醉三秋被阜阳市政府指定为招待专用酒，牢牢占据当地市场同价位白酒第一品牌的位置。随着公司中高档白酒销售进入放量增长阶段，预计未来将给公司业绩带来快速提升。

另外，公司在2008年8月10日对外宣布，“地蕴醉三秋”、“柔和种子酒”和“祥和种子酒”系列产品的对外销售价格在原价基础上上调10%～18%。提价后从经销商拿货情况来看销售平稳，说明市场对于提价后的产品需求依然旺盛。

公司2009年在销量、收入、利润、盈利能力等方面均创新高，目前主要产品销售势头不减，预计公司一季度增速有望超预期。其主要产品自推出以来主攻二线，成效较为显著。进入2010年后，公司实施产品结构升级，远期目标直指一线品牌，具体计划为：对已有主打产品进行包装、品质等方面的升级，拉开价格档次，从而提升总体价位。五六月份公司还将推出浓香型高端酒“金种子”，主推698元/瓶价位的产品，以巩固全国市场的知名度，从而拉升品牌效应。公司的目标是实现白酒全国化和产品结构升级更新，3～5年挤进全国一线品牌阵营。公司希望以此抢占安徽白酒标杆，树立省内高档白酒的旗帜。对此有行业分析师认为，全国白酒竞争激烈，公司目标和高端酒的价格定位将会面临不小的市场挑战。

市场开拓方面，公司将加速推进高档酒的建设和省外市场的开拓。考虑到公司目前二线的品牌定位，其省外市场将首先选择天津、河南、湖北和江西等进行突破，在外地复制和改良省内营销模式，先聚焦资源做好单品和地区，增量后谋求多品牌的运行。分析师认为，此次公司对高档酒在生产和营销方面的投入将是全力和持续的，以期达到超常定位的效果。

在白酒业销量的突飞猛进，为公司2009年度取得每股0.274元的较好业绩；2010年上半年预计实现净利润7800万～8800万元，同比增长152%～184%；每股收益0.1496～0.1688元。2010年上半年公司净利润大幅增长的原因是白酒业务营业收入增幅较大。预计公司2010年全年每股收益为0.39元。公司白酒业务2010年将继续保持快速增长势头。

通过上面分析，我们可以看到，由一家濒临摘牌的上市公司，蜕变成市场逐步关注的优质白酒业公司，基本面取得了全面的改善。这种公司正是我们建议重点投机的标的。2010 年顺利完成定向增发后，这将为公司带来进一步的长足发展。

从二级市场看，如图 2－7 所示，这是金种子酒复权之后的月 K 线走势图，该股上市之后，始终没有得到市场的炒作，哪怕在 2005—2007 年的牛市阶段，其根源就是公司基本面支撑不起股价，随着 2008 年公司主营业务的调整和业绩的逐步释放，2009 年和 2010 年成为沪深两市屈指可数的大牛股。

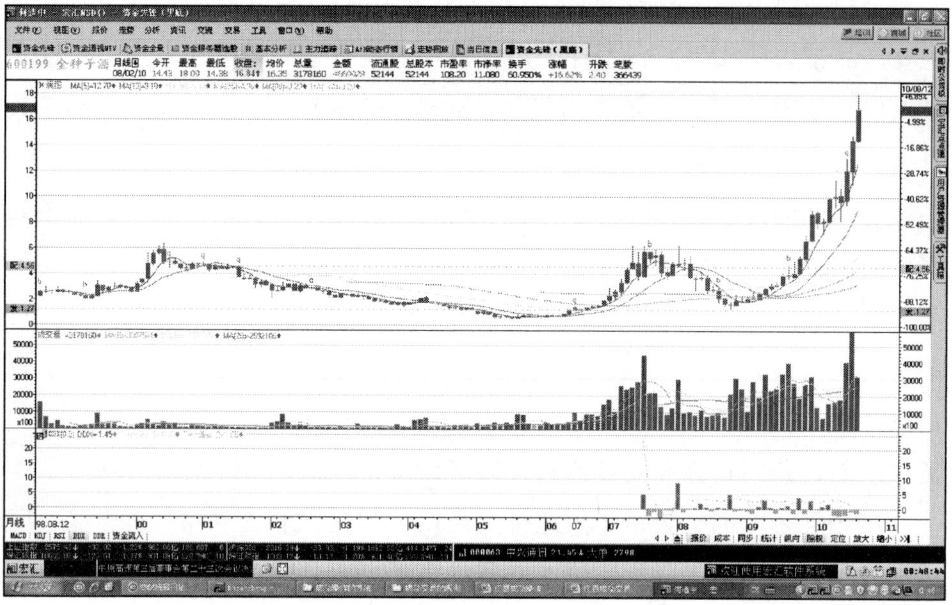

图 2－7

四、新上市的公司股票应特别注意

2010 年，随着创业板的开设，新股上市节奏越来越快，新股票越来越多，于是投资者已经变得麻木，对新股视而不见。这种情况的出现，反而给我们提供了很好的机会。

新股中也有好有坏，但总的来说，他们有一个共同的优势，那就是上方无套牢盘。一般新股上市时，原始股东都是获利的，只要他们愿意抛出，都可以赚钱。同时交易从上市的那一天开始，没有什么复杂的历史，这种特性使得机构主力很容易掌握筹码的分布情况，也容易集中吸货，从而完全控制筹码。

尤其是那种上市之后曾跌破发行价的新股，更是十分难得的炒作对象。在发行价之下，常有大机构大量吸货，日后必有不俗表现。这种股票筹码高度集中，机构主力爱做多高价格都可以。

当主力机构在市场上再难找到炒作对象的时候，新股就成为最好的选择。新股的炒作可以当成纯粹的数字游戏来玩，完全可以不理会其业绩和实质。只要主力有勇气有实力接走所有低位抛盘，以后的股价就只是一个数字而已了。

另外，由于股票上市的承销商制度，使得新股上市之初的表现直接关系到承销商和上市公司的面子，所以即使大市不利，券商也要尽力护盘维持形象。这样护盘的结果往往是手上股票越来越多，最后变成不得不做庄炒作一番了。

比如下面这三个案例，森源电气（002358）于2010年2月10日上市，如图2-8所示，上市当日的换手率高达73%，以28.11元开盘之后，股价就一路飙升，到4月26日，就上涨到了52.79元，随后维持在35～50元之间宽幅震荡。上市之初买入的投机者，都能获得较好的收益，而且还避免了2010年4月下旬开始的系统性调整风险。

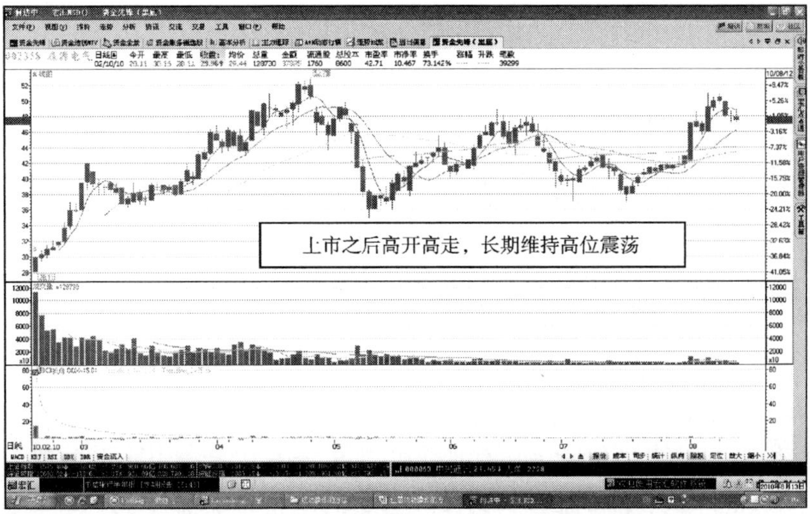

图2-8

但齐星铁塔（002359）这只股票，如图2－9所示，同样也是2010年2月10日上市，而且上市之后也马上得到市场的炒作，最高曾经摸到25.49元，但随后的调整，该股就没有森源电气那么幸运，齐星铁塔不但在同样的时间周期内打回原形，而且还创出上市之后的新低15.33元。如果上市之初买入的投机者，在高位没有及时套现，或者在随后下跌过程中下止损指令的话，就会被套。

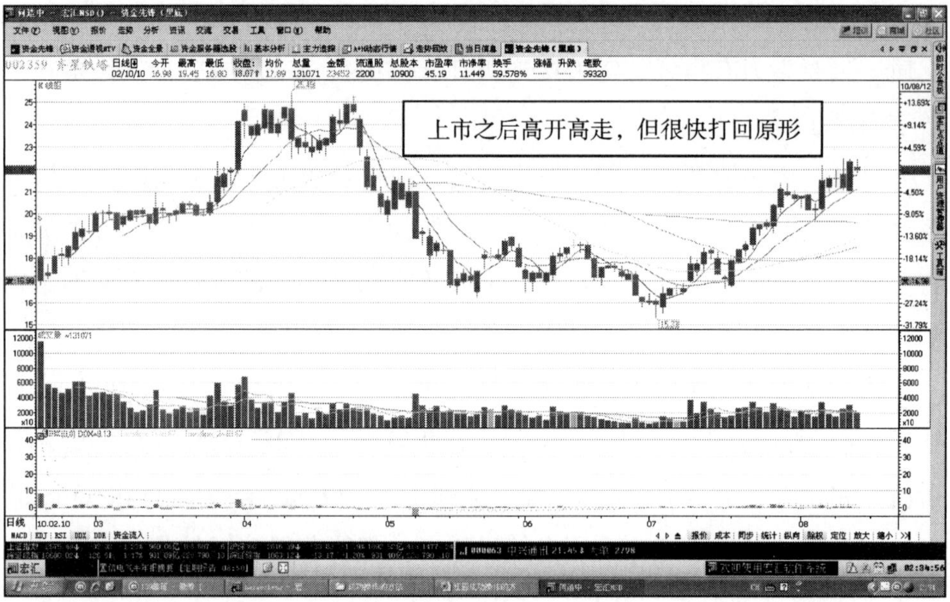

图2－9

更为甚者，如图2－10的隆基机械（002363）于2010年3月5日上市，当天开盘只稍为冲高之后，就开始了逐波下跌的走势，最低跌至15.89元，距离上市当日最高的27.30元，接近腰斩。

中国的投机者都有一种炒作新股的冲动，这从2009年10月30日创业板开设当天28家股票挂牌交易中再次得到了印证。在这28家公司当中，截至2010年8月10日，仍然有17家公司股票的股价还没有创出上市之后的新高，证明上市当天炒作之疯狂。

江恩是不赞成投机刚上市新股的，我也没有买过刚上市的新股。

一言以蔽之，了解股票的习性，对我们的投机有利无弊。并牢记下面

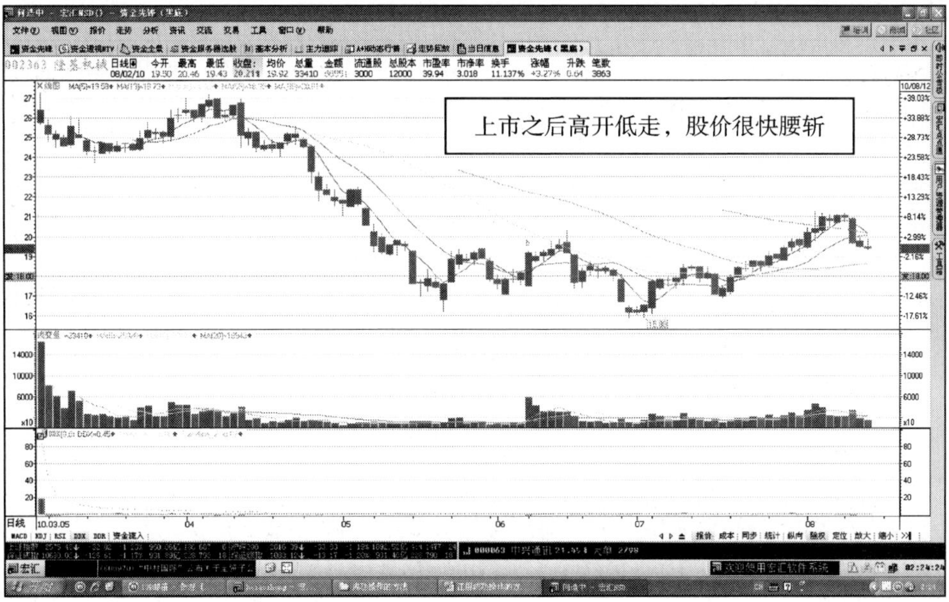

图 2－10

几点对你选股大有裨益：

第一，股票没有好坏之分，只有涨与不涨之分，只有强势弱势之分。而不同的股票常常具有不同的个性，正如人人性格不同一样。

第二，落后大势的弱势股一般不要去碰它，如果手中持有弱势的股票要尽早换股。

第三，选股应选波动幅度大的股票，这种股票获利机会大，但同时也要注意回避风险。

第四，有潜力的低价股是投资者的最好选择，这类股票收益大风险小。低价股之所以低价，必定是由于一些众所周知的原因，但正因为大家都已知它不好，所以这只股票转为好股票的机会也就存在了。

第五，选股应优先考虑重要的指数股或行业的龙头股，这种股票往往是热门股，有主力机构关注，也容易引起大众跟风。久盘之股，主力介入时要特别加以注意，因为股性可以因主力介入而改变。对个股股性的判断不是一朝一夕的工夫，正如认识一个新朋友的性格一样，需要长期的接触，而股性一旦形成，要改变是比较难的，除非通过主力机构的长期努力。

第六，新股上方无套牢盘，可能成为主力炒作的目标。同时新股中也可能有一些有前途有潜力的好股票。

应根据国家的产业政策和经济形势来分析判断，看看哪个行业的股票是最有前途的。一般一个行业的许多股之间会有某种联动效应，一荣俱荣，一辱俱辱。

第三章

如何正确看盘

看盘就是根据交易记录去研究股票的震荡情况，判断出哪些股票走强、哪些股票走弱，以及决定买入和卖出的最佳时机的能力。看盘并准确解读大盘的正确方法，就是不要自始至终紧盯着大盘。

——江　恩

我们进行股票交易，一个必不可少的功课就是——看盘！

其实“看盘”已经不是什么新鲜事情了，早在100多年前，美国投资者就已经对盘面的信息研究得比较透彻，也知道如何从盘面去捕捉获利的机会。

尽管如此，作为年轻的中国股民，很多人对“看盘”还是一知半解。

如何给它下一个定义呢？

江恩是这么给它下的定义的：

看盘就是根据交易记录去研究股票的震荡情况，判断出哪些股票走强、哪些股票走弱，以及决定买入和卖出的最佳时机的能力。我们还必须能够断定出哪些是不活跃、走势不明确的股票。

江恩认为：看盘是一种心理活动的过程，因为大脑在活动并受到各种感受的影响。在看盘的过程中，影响我们的不只是眼前看到的东西，还有我们感觉到的东西。所谓感觉就是一些无从解释、说不清道不明的东西，就是“直觉”。

什么是直觉呢？江恩解释说：你经常能听到投机者们说，我只是根据直觉来买卖这只股票。江恩给过“直觉”一个最好的定义，就是“瞬间推理”。直觉就是我们在没有时间仔细推敲的情况下赖以判断正误的东西。根据直觉获利的方式就是立即行动，而不能停下来加以推理或是考虑为什么。这才是看大盘的行家做法。

然而，要想看清楚大盘的动向，偶尔可以，长期而言就不是一件容易的事情了。

江恩进一步解释说，大盘会经常愚弄投机者。

大盘是如何愚弄投机者的呢？江恩解释：看起来大盘上处于最弱势的股票，往往因为有人正在买入而处于最强势。而有时，这些股票不断上涨而且很活跃，似乎处于最强势；其实恰恰处于最弱势。人们都在热情高涨地买入时，内行人却在悄悄地卖出。江恩这段话辩证的指出股票市场“弱中转强，强中转弱”的道家思想。即阳极变弱，弱极变强！这给了我们一个很好的操作策略，当股票不断上涨的时候，在极强时应该抛售；相反，当股票处于弱势的时候，其实有人在暗度陈仓的收集筹码，股价随时可能爆发上涨，预示着“强”势可期。

大盘还记录着证券市场的主要力量趋向，浓缩了大多数人的意见，权衡着中小投机者、公募基金经理和私募基金经理和其他市场参与者的希望和担心。正因为如此，如果你能正确解读大盘，它就是一个可靠的指南、一个商业的晴雨表。这恰恰是困难之所在。如果你能正确地加以理解，大盘总能揭示出真相。所以，收集盘面信息，加以处理分析，这就是正确看盘的价值。

江恩认为，看大盘需要有坚强的意志和机智的头脑，一旦看准了市场的走势，就不要再改变看法（除非大盘又出现什么变化）；绝不能受新闻、传言、提示和道听途说的影响。能够正确地看盘并根据自己的判断行事是一件完全不同的事情。

看盘需要有耐心，其基本的价值所在就是要集中注意力。没有谁天生就能同时关注10件事情，10件事情可比上千件事情少多了。成功的秘诀就是挑选少数几只股票并予以密切关注。

每天紧盯大盘的人肯定会被希望和失望所左右。这是不能自持的表现。假定整个交易日中股市一直走强，这个人关注的那些股票也都在稳步上扬，到了下午2：30，整个股市突然开始大幅下挫；股市下跌了15分钟，活跃的个股都从顶部下跌了一个点。但股市并没有反弹，到了离股市收盘的3：00还有5分钟的时候，那些股票又跌了一个点。由于所持股票数量巨大，形势判断有些不对，就在收盘时将股票卖出了。可第二天股票一开盘就高开了半个到一个点。这是为什么呢？原因在于，前一天最后半个小时的卖出，只不过是一种套利行为，所有忧心忡忡的交易人在收盘时都会将股票卖出而不愿等到第二天；结果，第二天上午股票卖单有限，而这种反应却并没有干扰或改变主流走势。我们称之为“噪声交易”。

一直关注股票行情的人犯的一个大错，就是交易次数过于频繁。有时候，一个交易日内卖了股票之后，又马上买入别的股票，不断频繁的操作；而每次交易都得支付国家的印花税、交易所的费用和证券公司的佣金。如果每次涨跌都买入卖出，即使在交易中有所斩获，损失也在增加。一个人一年内，每个交易日交易一次，一次买卖平均都要损失1‰左右，甚至更多。这一比例不可能再低。这样，一年当中的花费你们自己可以去算算。吃了这么大亏怎么还能赚钱吗?

假定一个人一个月交易一次，或者说一年交易 12 次，其交易成本就少得多，与频繁交易时的交易成本形成了鲜明对比。

投机者忽视的另一重要事实是：一个人在股市上买入卖出的次数越多，改变自己判断的次数也越多。因此，错误的概率也就升高了。无论是牛市还是熊市，都经常会有与主流走势相悖的逆势行情，从中也可以赚取很高的利润。如果一个人每天都要出出进进，就抓不住这样的机会。所以，我认为：交易之前，一定要耐心等待，直到有了建立在实际基础上的客观缘由和充分理由再行出手。如果一有风吹草动就进进出出，不但会遭受损失，而且真正的机会到来时也无法抓住。一般来说，每天的行情对于股市的主流走势并没有多少意义。

正确看盘的最好方法就是不要总是盯着大盘。每天收市之后，记下当天关注股票的价格和成交量，分析出股市行情变化图，不受谣言、流言蜚语的影响。报告或是大盘出现的仅仅历时半个或一个小时的波动的影响下，对行情变化图作出判断。无论是大行情还是小行情，一旦最终的顶部和底部形成之后，行情开始前都会通过在低位或高位的成交量和所耗时间显著地显现出来。

一只股票要想上涨，就一定会出现几次调整。但如果股票想要不断上涨，随后出现的每一个底部和顶部一定会逐次升高，直到股票最终到达一定价位，使得卖出非常强劲，股票供给数量巨大而股市的需求却不足以吸纳这些股票。之后，就会出现一次回调；该股的股份有所下挫，再度形成供不应求的局面，股票的走势就会转而继续上攻。

这一规则和推理过程同样也适用于判定任意一只个股的走势。在建仓或派发期间，尝试看盘的人肯定会被愚弄几十次并犯下想要跟进那些毫无疑义的小行情的错误。所以，江恩认为，正确的看盘方法是：收市之后研究股票的价格形态和成交量变化，特别留意 3 天到一个星期的股市行情变化图和成交量。在此，再一次强调，看盘并准确解读大盘的正确方法，就是不要自始至终紧盯着大盘。

究竟应该如何正确看盘呢？

江恩总结，普遍流行着的一种意见——即在电脑面前不停地翻阅股票行情和一刻不停地盯着股票分时走势的波动，江恩认为，这是大错特错的。

其实质，成熟的投机者不是每时每刻都盯着盘面看的，因为就算大盘反映出了市场的走势，可还有那么多小的变化和快速的反复，常人仍然无法断定大的走势是否发生了变化或者这是否只是主流走势恢复之前几个小时、几天或几个星期的短暂变化。

还有，必须知道如何在不看或者说不始终盯着大盘的情况下了解大盘。股市上重要的走势，比如长期的震荡，都要有几个星期，有时甚至是几个月的时间才能准备就绪，或者完成吸筹和派发。每逢大的行情出现一两天之后，总会有很多买入或者卖出的时间。因此，即使要决定去做哪些个股，也没有必要每天甚至每个小时都看着大盘。股市收盘之后看盘很容易，效果也更好。大盘只是股票价格的记录，收市之后再静心研究股票的走势图，这样做出的判断更加客观和理性，我长期以来就是这样工作的。

还有一点，就是我们必须知道个股的财务状况是好还是坏，市场估值高还是低，未来三个月到半年有没有利好预期等等。如果市场普遍认为一只股票的财务状况良好，其股价下跌的机会不大，即使下跌，其空间也十分有限。

比如人福医药（600079）这只股票，从图 3 - 1 可以看到，从 2008 年 10 月份以来，近两年的时间，股价长期稳步上扬，从最低的 2. 86 元，已经上涨到 2010 年 9 月 30 日的 23. 50 元。支撑人福医药股价长期上涨的理由是公司基本面的转变。

首先，人福医药由于麻醉药、计划生育药品等核心产品收入大幅增长，2008 年公司营业收入、净利润分别同比增长 44. 44%、15. 64%。2009 年净利润同比增长 157. 65%；2010 年上半年净利润同比再增长 163. 67%。核心资产收入的大幅增长，不仅塑造了公司由一般医药股向优质医药股转身的可能，也得到了机构投资者的青睐。2008 年年报显示，一向鲜有机构关注的公司在四季度获得青睐，前十大流通股东中新买了 4 只基金、一只

QFII，其中海富通精选与海富通收益增长基金大幅买入 1500 万股、454 万股，列于第一、第四大流通股东。2010 年中报显示，前十大流通股东中，全部都是机构投资者，其中有 18 家公募基金公司合计持有人福医药流通市值比例高达 36. 63% 。

其次，公司经营思路更加清晰，不断剥离非主营资产，相继出售了间接拥有的广西师范大学漓江学院股权，武汉理工大学华夏学院全部投资权益。

再次，通过非公开发行 8250 万股，募集资金净额为人民币 559998470. 39 元。人福医药本次募集资金将投向宜昌人福药业有限责任公司麻醉药注射制剂建设等 5 个建设项目，人福医药管理层在接受媒体采访时表示，本次募投项目的实施可进一步扩大公司产能，提高公司主要产品研发能力和销售能力，进而增强公司盈利能力和核心竞争力，同时偿还银行贷款，可减少财务费用，降低资产负债率，提高公司短期偿债能力。项目顺利投产后，将产生良好的现金流和利润，从而改善公司的财务结构，提高公司防范财务风险和间接融资的能力。

如果大家普遍认为一只股票基本上没有什么内在价值的话，想通过操纵市场把股价强制维持在顶部并非易事。很多被认为拥有大量隐性资产的股票（称为“黑马股”）经常会有大幅上扬或大幅下跌的行情，因为公众是在预期有利好出现或是担心利空出现的情况下，才买入或卖出的。

其实，我们应该看到市场的本质，大盘就是衡量所有买入和卖出的尺度，而供求平衡是通过股价涨跌表现出来的：供过于求时，股价就会下跌到供求大致相等的价位。这种情况下，股价波动就很小；往往需要有几个星期甚至是几个月的时间才能断定下一次股价会如何变化。供不应求时，股价就会上升。

那么，每天都站在电脑前看着股票行情的投机者，怎么能够在大的行情开始出现之前就确定呢？根本就不可能。股票行情的波动，每天都会愚弄人们一两回。在吸筹时买入大量股票需要时间，股价达到顶部时大量派发股票也需要时间。一天、一个星期或是一个月都不足以形成大的行情。完成吸筹或是沽出，有时需要花上几个月甚至是一年的时间。在此期间，你尽可以把自己感兴趣的股票的K线图反复研究。这样，当大的行情出现时，你的判断就会比每天坐在电脑前准得多。

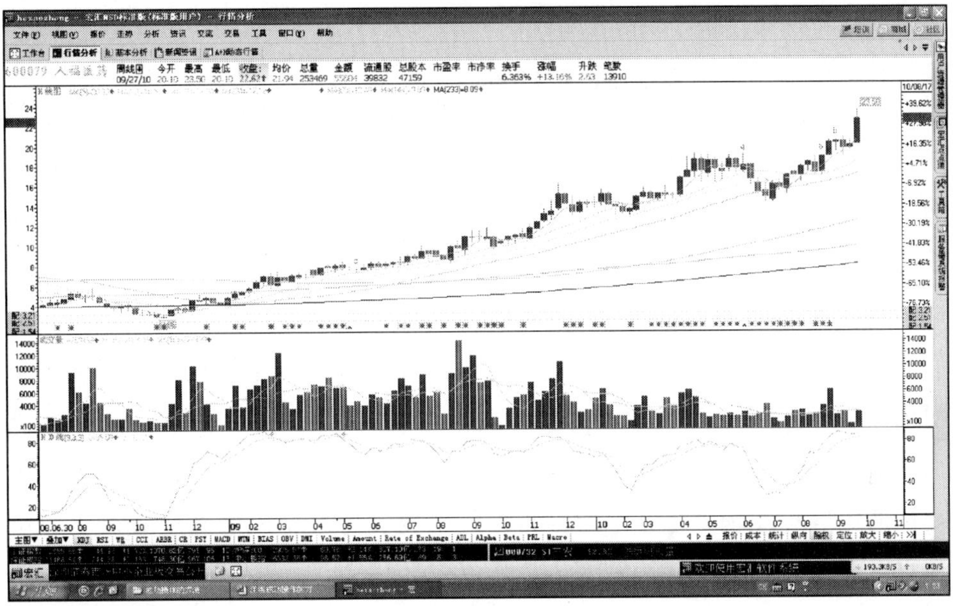

图3－1

下面，通过我长期应用的一套专业证券分析软件，来阐述一下如果实时看盘，看盘过程中需要注意那些信息，这些信息对股票走势可以作出如何的判断。

股谚有云“量为价先”，中国股市任何一种被证明行之有效的技术分析体系都不会忽略对成交量的判断，而量能的实质是交易资金互动博弈的过程。宏汇锐赢数据分析系统（旗舰版）采用沪深证券交易所发布的新一代行情系统，用逐笔数据“还原算法”详尽揭示资金进出节奏和规模，全方位记录主力操盘路线，帮助投资者掌控买卖先机。

宏汇锐赢数据分析系统（旗舰版）共有资金先锋、资金透视、资金全景、锐赢选股池、锐赢精选模型、主力资金决策六大核心功能，下面就逐一讲述六大功能的作用，并结合实战案例作应用说明。

一、资金先锋

1. 沪深 level－2 高速行情

（1）功能详解：宏汇 level－2 行情，采用 FAST 信源压缩技术，将原交易所数据压缩为 1/7，在保证信息准确前提下充分提高通信速率、速度较传统行情快 3～10 秒。迄今为止，宏汇 level－2 行情是市场上同类产品速度最快的！

宏汇 level－2 行情主要功能为：十档买卖行情、总买总卖、逐笔成交明细和前 50 笔委托队列。

（2）实战点睛：大笔挂单往往是个股行情出现转折的关键点，十档买卖行情更容易发现大笔挂单的分布价位，投资者可据此来确定短线压力位和支撑位。

总买总卖为当前全部买入（卖出）委托的总量和加权均价，用以判断市场资金对某一价位的接受程度。

精确到秒的逐笔成交明细，比传统快照行情更真实反映每一个资金账户成交意向，狙击主力大单更有效率。

前 50 笔委托队列可查看前 50 笔买入（卖出）的委托挂单，在盯盘过程中更易发现频繁撤销的大笔虚假挂单，辨析主力资金的做盘行为。

图 3－2 所示的中国银行（601988），分别可以看到十档买卖行情、总买总卖、逐笔成交明细和前 50 笔委托队列等最基本的交易信息，这些信息就是我们每天看盘都需要密切关注的盘面情况，并从中分析一只股票当天可能的走势轨迹和方向。

2. 资金流向

资金流向是对资金净流入（流出）的数据统计，分为：分时、多日、价区统计。

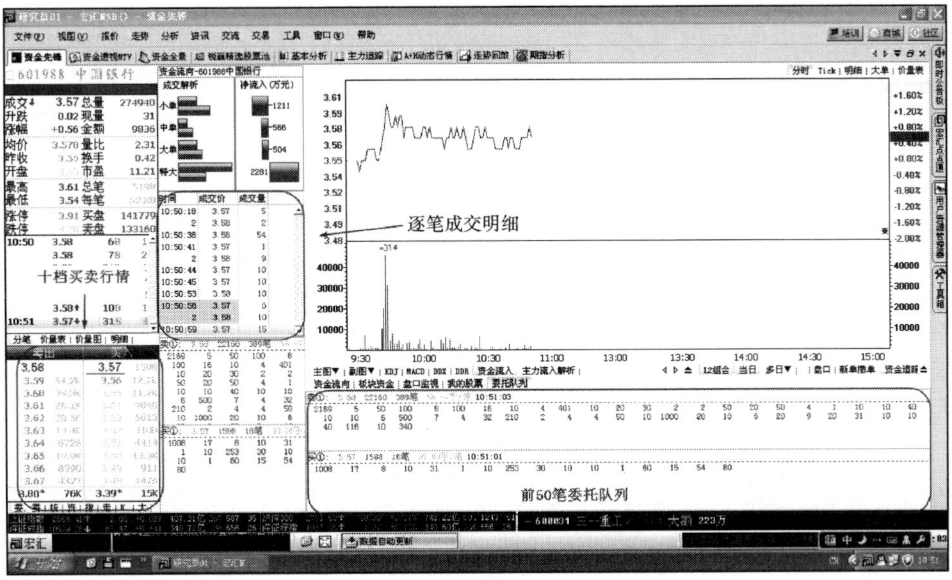

图 3－2

（1）分时。

功能详解：分时统计是以 30 分钟为一个周期对当日个股/板块指数的资金还原净流入（流出）数据进行加总统计，包括散户区、中户区、大户区、机构区的资金净流入（流出）统计。

实战点睛：资金是推动股价上涨的原动力，短线操作顺应资金流动趋势，犹如顺水推舟，事半功倍。

（2）多日。

功能详解：多日统计提供近 10 个交易日散户区、中户区、大户区及机构区每个交易日的资金净流入（流出）数据情况。

实战点睛：多日统计完整描绘近段时间个股资金流动路线图，结合 K 线图和多日资金净流入（流出）数据，对资金的进出节奏、操作思路有一个大致估算，可判断个股行情的运行阶段，辨别主力资金是压低吸货、横盘震仓还是拉高派发，让操作更有依据。

2010 年 7 月 14 日，靖远煤电（000552）通过多日资金流向观测到机构资金大幅净流入，该股回调一天后即画出两阳夹一阴上攻 K 线组合，6 个交易日内累计涨幅近 20%。如图 3－3 和 3－4 所示。

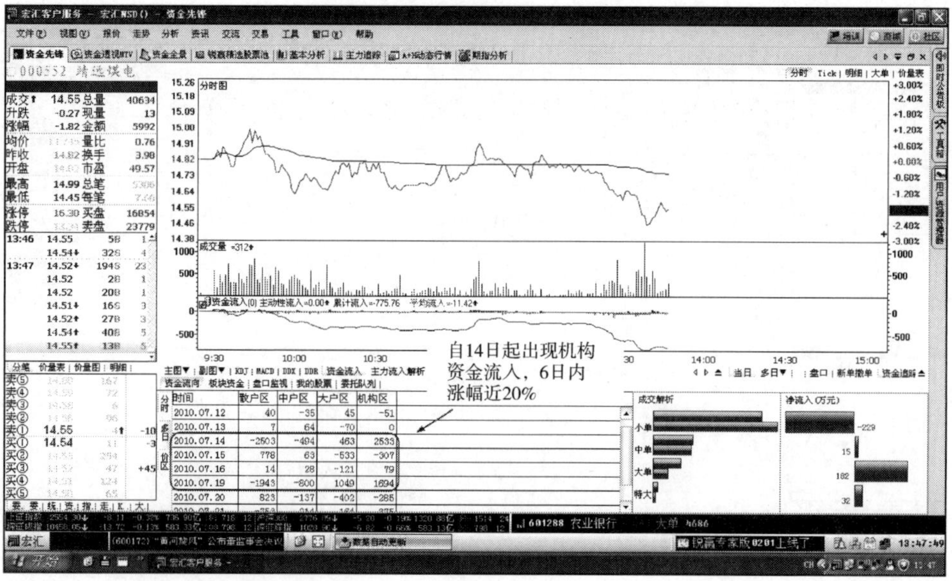

图 3-3

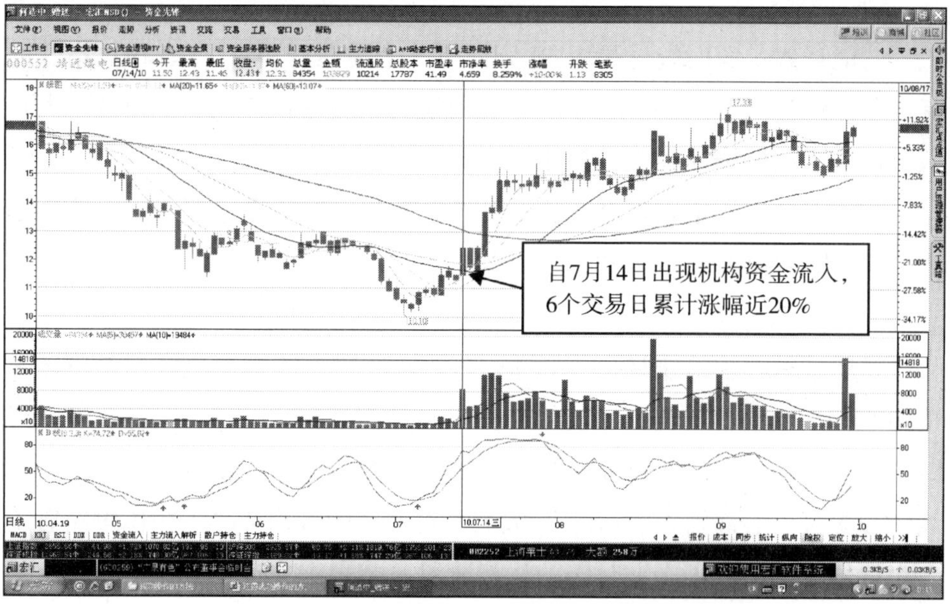

图 3-4

（3）价区。

功能详解：价区统计是宏汇首创的资金流向统计方法，以 2% 的价格波幅为一个统计区，对当日个股或板块指数的资金净流入数据进行实时统计，可清晰地看到每个价区的资金流出情况。

实战点睛：有部分主力资金实际操盘时，往往采用程序化下单方式，即在某一特定价位、用特定挂单笔数反复吸筹，以避免资金跟风。通过 level－2 数据往往可观察到在某一价位有多笔相同手数的挂单频繁出现。宏汇锐赢价区统计便因此而设，还原个股在每个价区的资金净流入数据，可依此来判断主力吸筹成本区或抛压密集区。

2010 年 7 月 23 日，渝开发（000514）这只股票的 10.80 元价位为历史套牢盘密集区，根据价区统计判断有机构资金在该价位持续净流出。随后该股屡次寻求突破未果，尾盘终无力回落。如图 3－5 所示。

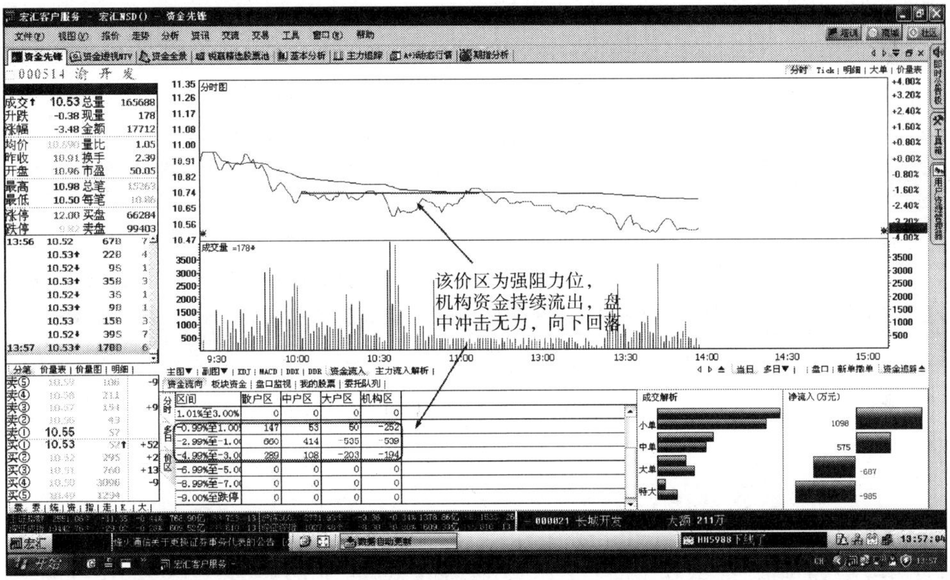

图 3－5

3. 盘口监视

功能详解：大单是主力行为的突出表现，宏汇锐赢监控 level－2 逐笔成交数据获取单笔大额买入/卖出的个股异动预警，按金额大小、资金操作方向和行为给出不同提示。大单监控分为：个股盘口监控和市场盘口监控。

实战点睛：操盘者精力有限，面对上千只个股实难做到多者兼顾，盘口监视如雷达扫描，去芜存菁，只为您提供值得关注的个股异动信息，轻松做到市场全貌了然于胸。

2010 年 7 月 23 日，长城开发（000021）午盘交易不久，盘口监控即提示该股有大单吃货，为避免资金跟风，主力选择平台整理后在尾盘拉高突破，该股单日涨幅近 5%。如图 3－6 所示。

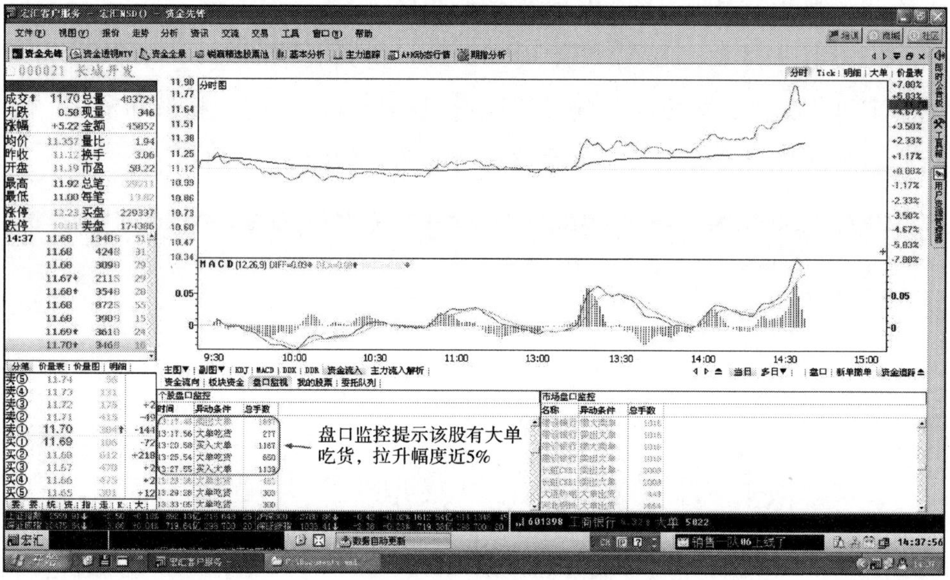

图 3－6

4. 资金区域统计

锐赢旗舰版资金区域统计在原基础上增加了散户净流入、中户净流入、大户净流入、特大净流入、主力净流入、主力净流入强度六个统计项目，K 线图及分时图上均可使用，完整再现任一时间段的资金流向情况。下文将选择部分作重点说明

（1）散户净流入。

功能详解：统计任一时间段散户资金流向情况。

实战点睛：散户位处 A 股生物链末端，所持筹码分散、不具备调控股价的能力，且容易被主力资金所诱导而追涨杀跌。因此在强牛市中，散户资金净流入可适度参考，在弱市中可信度降低，甚至在特定时段可作为反向指标看待，因为这可能是主力诱盘的产物。

2010 年 2 月 3 日至 2010 年 3 月 31 日共 36 个交易日，城投控股（600649）区域统计主力资金大笔净流出，而主力利用操盘策略诱使散户资金进场后，通过假突破将筹码出净，随后该股上演跳水走势。如图 3－7 所示。

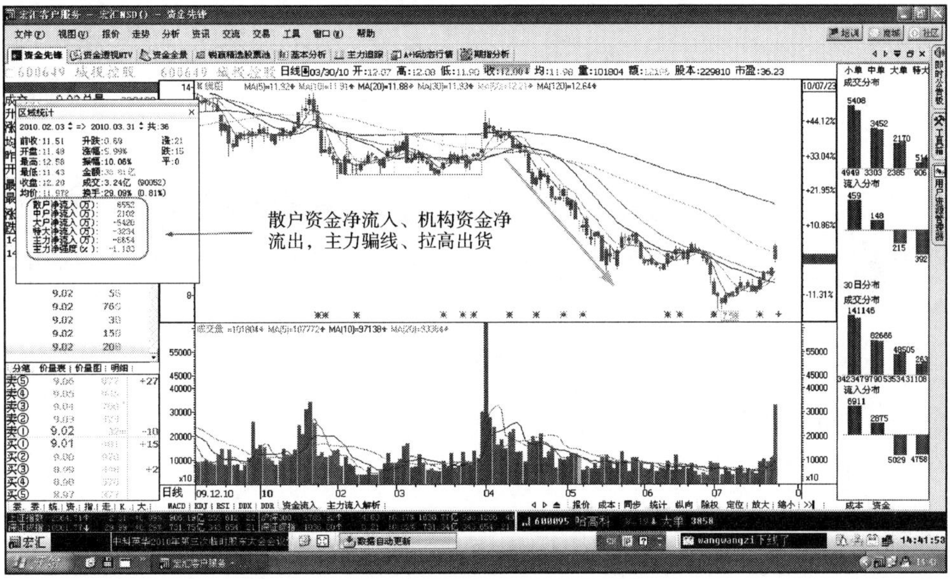

图 3－7

（2）大户净流入。

功能详解：大户净流入统计代表私募基金、个人大户的资金流向情况。

实战点睛：私募基金、个人大户市场交易较为频繁，在交投活跃的市场，这部分资金对个股的积极参与容易引起股价短线大幅波动。若发现一段时间内大户资金持续净流入，则股价短线爆发概率较大；反之，则股价出现回调下跌的可能性增加。

2010 年 1 月 27 日至 2010 年 2 月 24 日共 16 个交易日，深天健（000090）虽技术形态恶劣，但区域资金统计显示有主力资金大举吸筹，而主力在建好底仓以后，该股一路上攻，至 2010 年 4 月 2 日该股最高涨幅达27%。如图3－8所示。

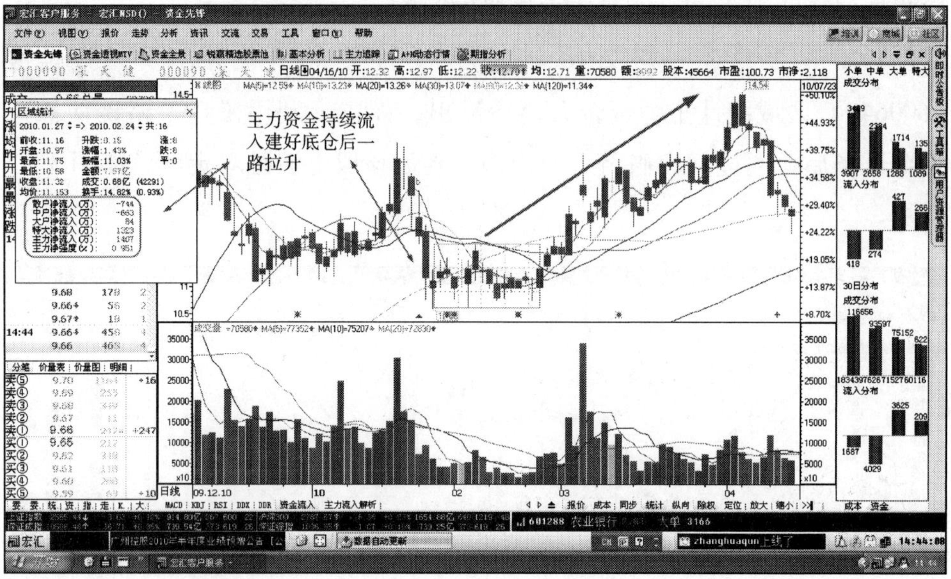

图3－8

（3）机构净流入。

功能详解：主力净流入统计代表以公募基金、社保资金、QFII等机构资金的资金流向情况。

实战点睛：机构资金由于规模庞大，多遵循价值投资理念，因此主力资金净流入数据不仅可用来判断短线股价的爆发可能，更可结合基本面，判断该公司是否由业绩引导，踏出长牛行情。

（4）主力净流入强度。

功能详解：资金强度反映统计区资金净流入占总成交额的百分比，数值越大，表明资金流入越强，后市股价上涨概率越大，数值越小，则反之。

实战点睛：该值可用来判断主力资金吸筹/出货的迫切程度，主力吸筹越迫切，股价爆发的时间越短、动能越大。若主力出货心切，则股价跳水在所难免。

2010年3月11日至2010年3月22日共8个交易日，科大讯飞（002230）资金区域统计显示该股主力资金净流入强度达2.28%，主力吸筹心切。随后该股沿 45°走出波澜壮阔的强牛行情，最高涨幅近 35%。如图 3－9 所示。

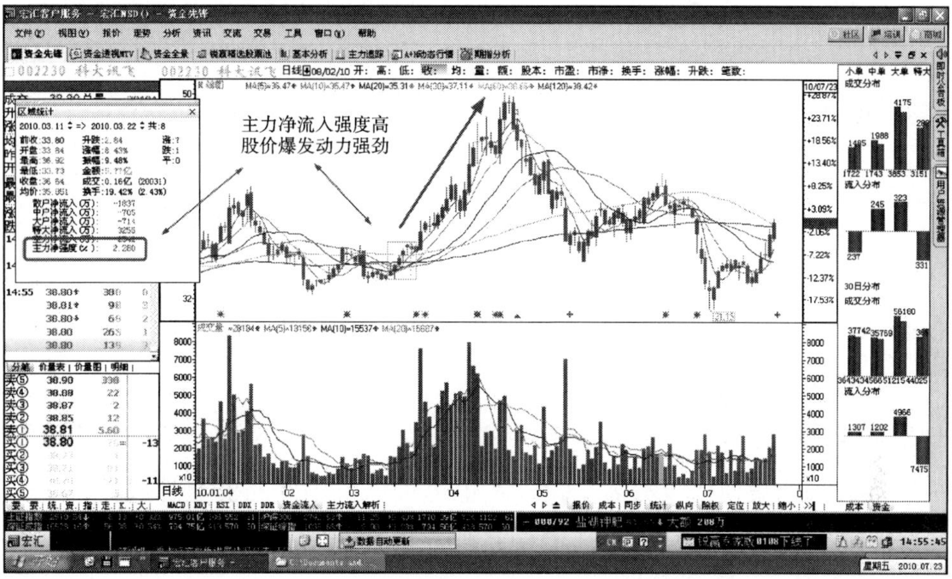

图 3－9

二、资金透视 MTV

功能详解：MTV 模型资金透视以主力资金操作趋势、动量、加速度为三大分析因子，把个股、板块、历史走势的分析路径糅为一体，帮助投资者看清主力趋势，衡量主力动力，测控主力加速度，锁定主力机构的操作路线。

实战点睛：MTV 特色指标共有三个——主力流向、主力流速、主力动量。

主力流向指标表示当日资金的净流入量，结合 K 线图可以清晰描绘场内资金在不同市场状态内的衍化过程。

主力流速指标表示主力资金流入加速度的大小，主力资金操盘节奏的轻重缓急，都在指标上得以显现。

主力动量指标则根据对活跃性买卖资金计算得出，表明当日主力资金拉升或打压股价的力度。

MTV 模型犹如情报服务站，若将股票操作喻为两军对阵，MTV 模型在未战之时便可帮您探明敌军人马多少（主力流向指标）、行进速度（主力流速指标）、战斗力如何（主力动量指标），料敌先机、未战已添三分胜算。

三、资金全景

功能详解：资金全景通过资金流入排行、资金强度排行、5 日资金流入排行、主力流入、主力强度、5 日主力强度、DDX 连红排行、DDX、5 日 DDX 九个模块的排序统计，全景发布交易日内不同层面的资金异动个股。

实战点睛：资金持续流入的市场热点往往同时符合多个要点，资金全景便是通过拆分资金异动的几大要素，分为单项指标一一打分，多个项目成绩优异的个股便榜上有名。投资者也可根据所偏好的资金选股标准，根据多个项目综合得分来选股，提高选股效率。

2010 年 7 月 23 日，方大特钢（600507）同时出现在资金全景的资金流入排行、资金强度排行光荣榜上，该股在连续两个涨停之后，当日依然牢牢封住涨停。如图 3－10 和图 3－11 所示。

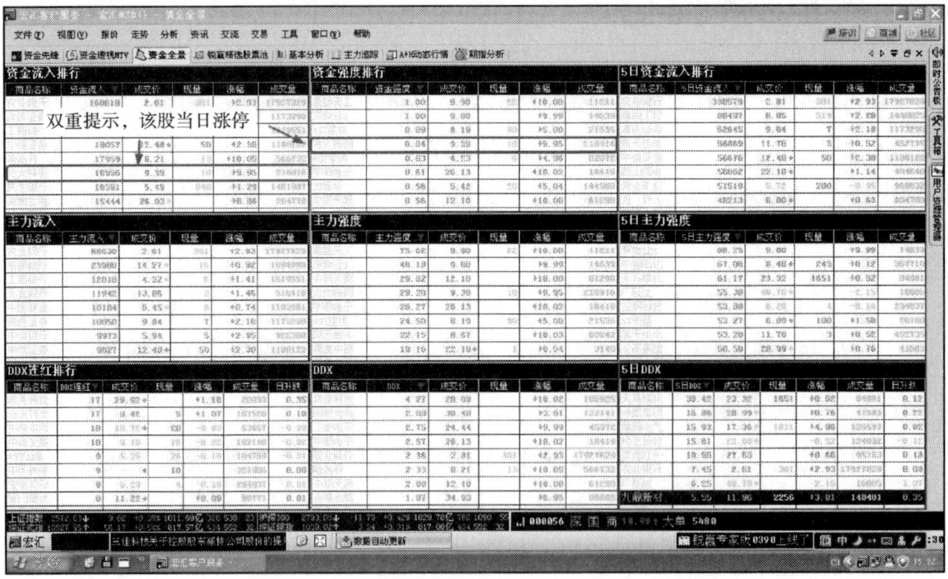

图 3－10

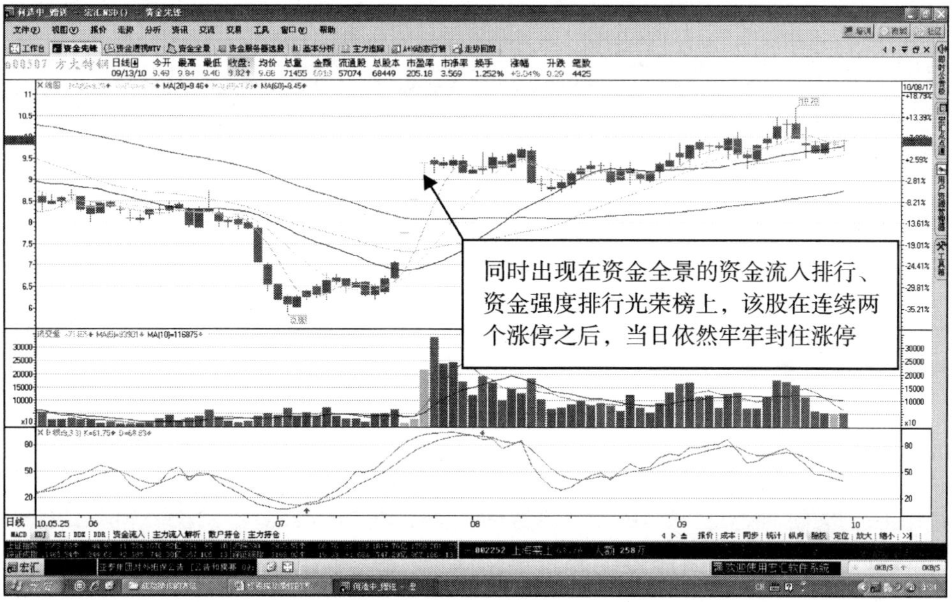

图 3－11

四、锐赢选股池

功能详解：宏汇锐赢选股池将锐赢系统内的资金模型决策化，系统自动筛选出符合资金模型的个股名单，每日更新，无需繁琐的设置，可轻松锁定市场资金关照的个股。

实战点睛：若选股条件恒定，系统选股较人工选股毕竟速度更快、效率更高、误差更小，若不想翻阅海量信息挑选心仪个股，可利用锐赢选股池按图索骥，选股快、准、稳。

2010 年 7 月 16 日，青岛金王（0002094），通过锐赢选股池的“连续 3 天机构资金净流入但股价下跌”条件选出，该股在随后一个交易周内涨幅达到 10% 以上。如图 3－12 和图 3－13 所示。

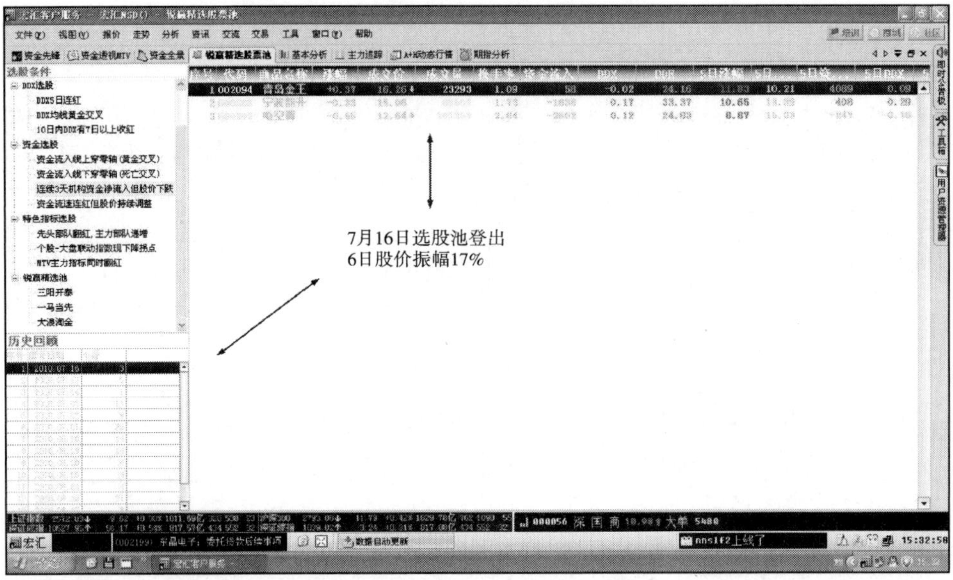
7月16日选股池登出
6日股价振幅17%

图 3－12

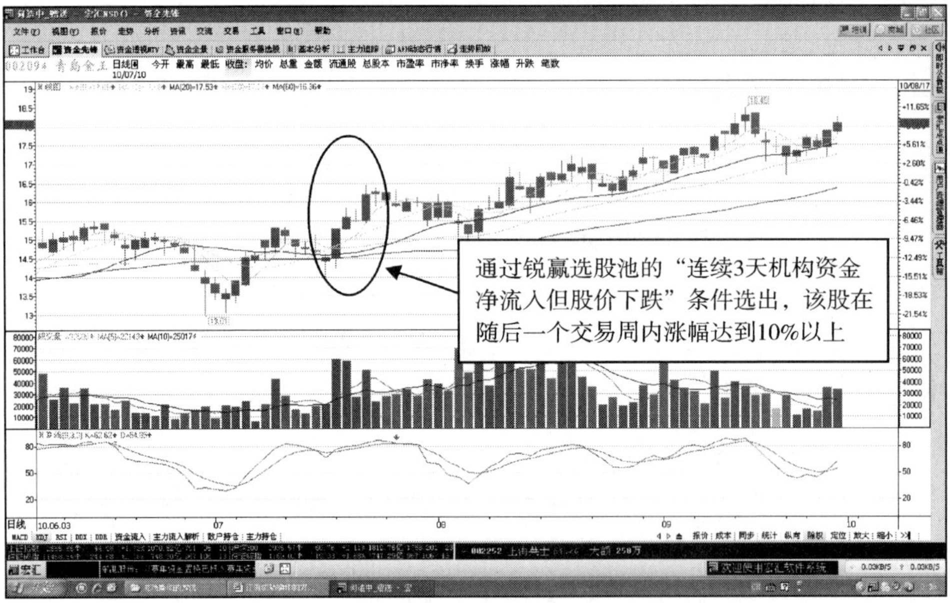
通过锐赢选股池的“连续3天机构资金净流入但股价下跌”条件选出，该股在随后一个交易周内涨幅达到10%以上

图 3－13

五、锐赢选股模型

功能详解：若选股池功能未满足需求，锐赢系统旗舰版更提供深度、精确、优质的超强选股模型。差异化对待行情的不同趋势，通过符合即时行情操作思路的选股模型来锁定目标。

实战点睛：锐赢选股模型的创新在于差异化对待行情的不同趋势，在不同市场环境下，选股标准不同。牛市中动力强劲的个股反而是熊市雷区，熊市可稳健套利的品种在强牛行情中则表现保守。

为符合不同市场环境下的操作需要，锐赢数据将市场行情运行分为三种趋势：上升、横盘整理、下跌。与之配合的三大选股模型为三阳开泰、一马当先、大浪淘金。让投资者在各种行情中都能轻松捕获市场龙头。

以下简略介绍三大选股模型的设计思路：

三阳开泰：通过价值评估模型判断个股内在成长性，配合资金强度，从中筛选极具中线潜力的股票。

一马当先：注重技术分析与价值分析的组合使用。以热点为参考，挖掘市场中强势短线核心品种。

大浪淘金：通过筛选近期跌幅斜率较大，配合以估值模型和资金动向，挖掘超跌反弹龙头。

六、主力资金决策

功能详解：主力资金决策指标由累积资金流入（绿线）、累计主力资金流入（红线）和当天资金流入（红绿柱）三部分组成，进行模型化处理，直接体现买点（B）和卖点（S）。

实战点睛：有好股票，更要有好的买卖点，主力资金决策让使用者能够免去繁琐的分析过程，直接以发出的BS买卖信号作为决策依据。经长期测试验证，一旦发出信号，准确率高达85%以上，结合其他特色指标使用准确率更高。

2010年2月26日，冠豪高新（600433）在主力资金决策指标上出现买入（B）信号，随后该股以昂扬之势勇攀高峰，39个交易日内涨幅近60%。如图3－14所示。

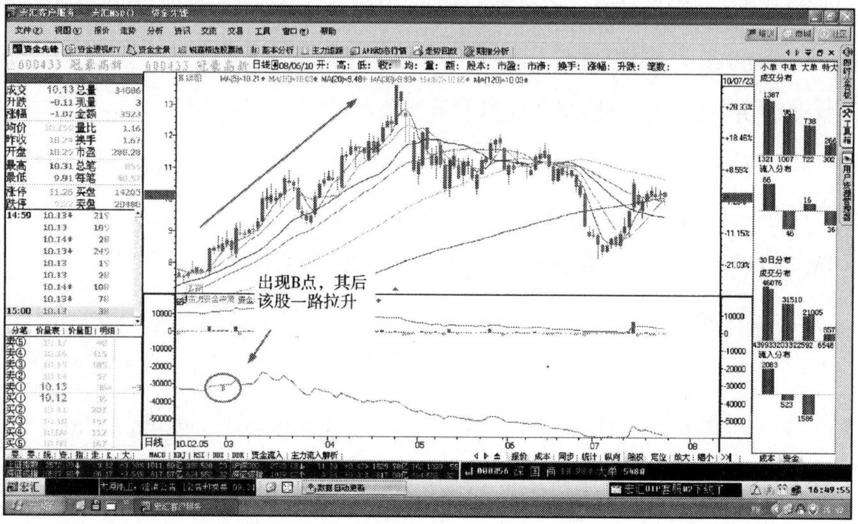

图3－14

2010年4月22日，同洲电子（002052）首次在资金决策指标出现卖出（S）点，该股短暂冲高后即深度回调，旋即在4月30日再次出现卖出（S）信号，该股又是连续两日大幅杀跌。如图3－15所示。

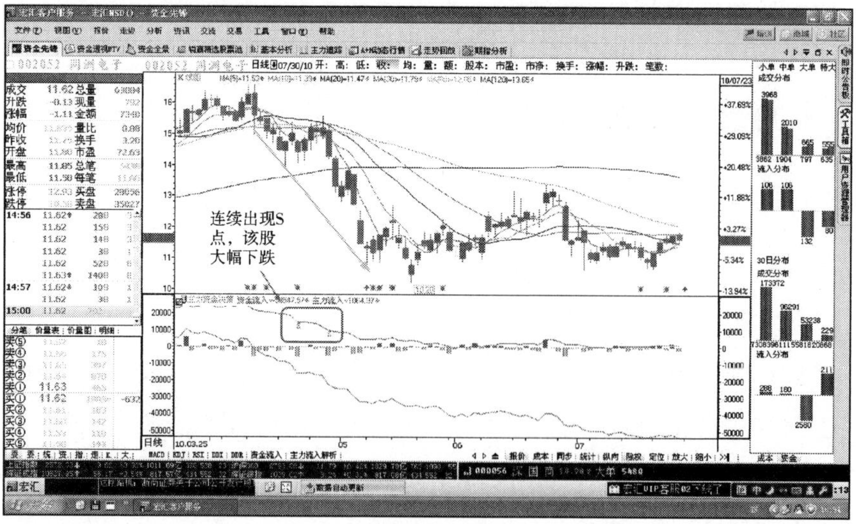

图3－15

江恩说得很好，看盘就是根据交易记录去研究股票的震荡情况，判断出哪些股票走强、哪些股票走弱，以及决定买入和卖出的最佳时机的能力。

以上是根据我多年的经验，长期应用宏汇软件之心得，总结出的六点看盘技巧。现在有很多证券分析软件，功能各异，我没有一一去试用，所以也不知道其他软件的特点和功能，在此就不作评论。

第四章

何时建仓和派发

在股市的不同阶段，股票吸筹或派发所需时间的长短各不相同。股票派发所需时间依据不同的股票、发行数量、总体经营状况、该股在公众当中的知名度和广告宣传力度等因素的不同而不同。

——江　恩

股市中建仓和派发，是两个必不可少的操作，不管是先做多买入，还是做空卖出然后再买入，这就是建仓的操作；相反，派发就是把手中持有的股票卖给市场。通过这两个方向相反的操作，从中赚取股票的差价获利。

作为一个崇尚投机操作理念的江恩，他认为，股市中建仓和派发，主要有五个要素值得我们学习：

一、行情开始时进入股市

很多人看到一只股票开始上扬就要等到股价回落再开始买入。股价没有回落，他们也就没能染手这只股票。回落、逆势运动和反向行情都是在吸筹期才发生的。在此后，股票就会上扬，结束吸筹，并不会回落很多。这是为什么呢？因为知情人已经买到了想要买的数量，他们下一步的目标就是将股价抬高到他们可以开始卖出的派发线。一旦行情开始，他们是不会回过来让别人赶上这轮行情的。

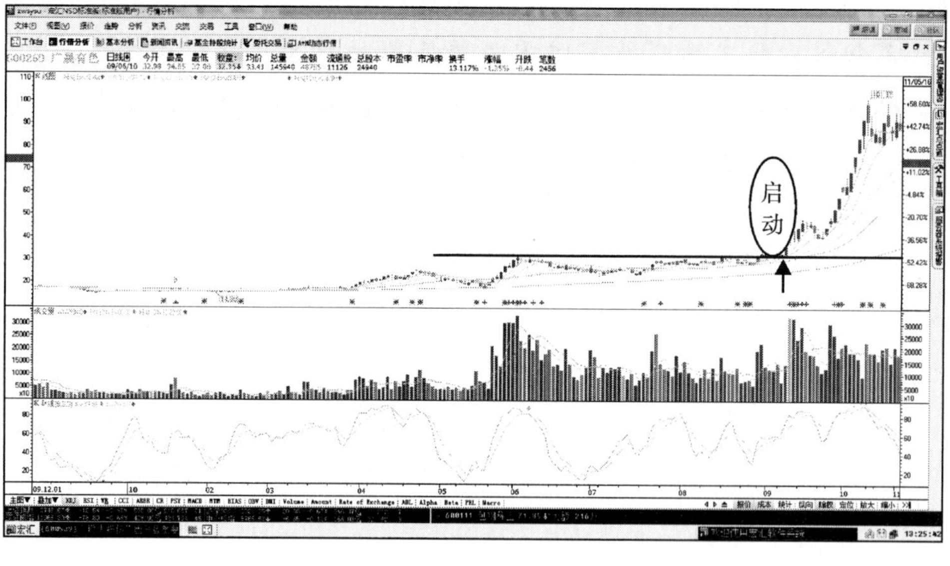

图 4－1

下面我们来看两个案例，图 4－1 为广晟有色（600259）2010 年初至 2010 年底的日 K 线图，从技术上来看，广晟有色从 2010 年 3 月底至 6 月期间放量上涨，中间只有16天的小幅回落，短短3个月股价涨幅达89%，随后进入了长达3个多月的整理状态，2010年9月，广晟有色突破前期盘整平台，短短一个多月股价从30元涨到101元。在行情刚刚启动时候入市，我们会在短期内赚取较大的利润。

我们再来看一下广晟有色的基本面情况：

第一，公司情况：广晟有色是2009年初由广东广晟集团借壳ST聚酯而来，公司业务由化纤类转为矿产开发，以钨精矿和稀土为主，总股本2.5亿，流通股本1.2亿。广晟有色金属集团隶属于广晟资产经营有限公司（实际控制人是广东国资委），广晟资产旗下还有中金岭南和风华高科两家上市公司。广晟有色金属集团有意将上市公司打造成整合省内小金属的平台。

第二，大股东旗下有锡、锆、钽铌小金属资源和铜加工业务相关公司，未来很可能注入上市公司，公司存在较大的资产注入预期。

第三，公司主营钨精粉和稀土。广晟有色目前钨氧化物储量约5万吨，每年产量1300吨。稀土业务是市场关注的重点，广东稀土储量约100万吨，占全国储量5%左右，广东目前有4张稀土采矿证，广晟拥有其中3张，另外一张属于某民营企业。广东和江西地区的稀土属于重离子型稀土，重离子型稀土因含有原子量较大的铽、镝、钬、铒、钇等元素而得名，镝近几年由于钕铁硼的发展价格在不断上涨，所以南方重稀土氧化物价格9万～10万/吨，相比北方轻稀土价格要高30%以上。重离子型稀土是我国南方所独有的稀土品种，储量少、价格高。广晟有色的稀土氧化物储量1.12万吨，每年产量1200吨。

第四，2010年年初至4月份以来有色金属价格大幅上涨，许多涨幅超过50%以上，在此背景下，主营钨矿的广晟有色获得上涨的催化剂，另一方面，作为国家战略性品种的稀土矿，从2010年年初至4月主要稀土氧化物均大幅上涨，南方主要稀土品种涨幅大于北方，氧化镝上涨65%，氧化铽上涨69%，作为产业链最上游的矿山资源股，涨价对其业绩提振非常明显。这是广晟有色又一大上涨催化剂。事实上之后稀土价格涨了三四倍之多。

第五，2010 年 5 月 19 日，ST 有色公告撤销风险警示，正式更名广晟有色。这一利好解决了这只股票上涨的潜在风险，消除股票的业绩地雷。

对于只有 2.5 亿总股本的公司，拥有众多有色金属和稀土资产注入的预期，一个很庞大的资产注入一个很小型的公司，其业绩必然会发生根本性的变化。近期有色金属和稀土价格的大幅上涨也对其股价起到很大的催化作用。

可以看到，从 2010 年 4 月开始，大盘进入较大幅度调整期，而广晟有色凭着摘帽和抗通胀题材却一直上涨，明显的逆市建仓，到 6 月开始也只是小幅震荡，进入 8 月份，广晟有色开始大幅拉升，涨到 100 多元，如果看到 8 月份广晟有色刚刚开始放量上涨而不关注这只股票了，或者等跌回起点在买，那么一只大牛股的机会就错过了。大盘弱势，放量建仓，大盘上涨，横盘整理，这些都是强势股反向建仓吸筹的表现，一旦吸筹完毕，便进入快速拉升阶段。所以发现行情刚刚启动的牛股，一定要及早介入，享受大幅拉升的坐轿行情。

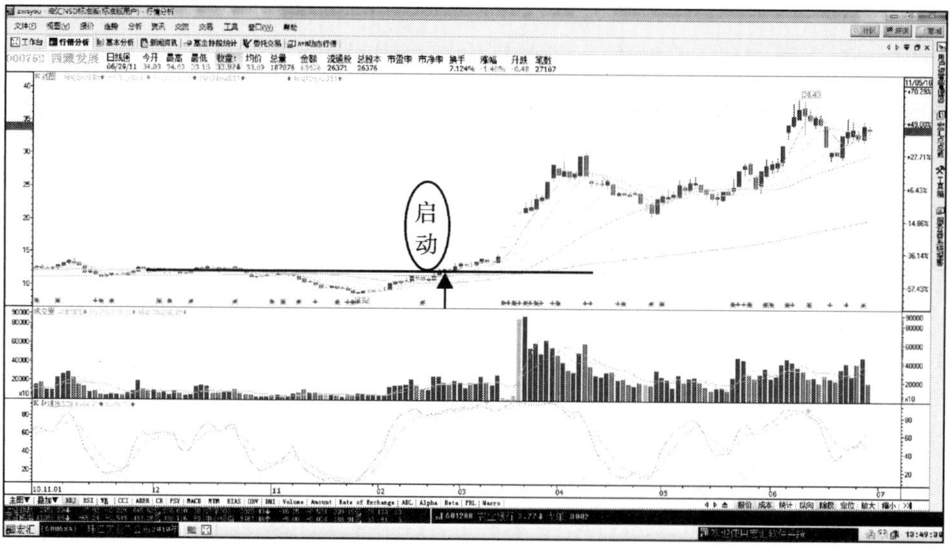

图 4－2

再来看另一个例子，西藏发展（000752），在 2010 年 8 月到 12 月初，不管大盘涨跌，始终处于震荡之中，直到 2010 年 12 月末，跟随大盘快速杀跌 30%，不管是前期的与大盘逆向的横盘震荡，还是之后随大盘大幅回落，这些都是庄家吸筹的表现，随着大盘见底，西藏发展走出了一波完美的上升浪，2 个月涨幅达 2 倍多。如果在 2011 年 2 月初，看到西藏发展放量上涨就等回落，后面只会错过大好拉升行情。

在股票市场上，犹豫不决就输定了。所以，看到一只股票开始出现行情，同时股票十分活跃且成交量很大，就不要迟疑，马上买入。

图 4－3

我们来看两个案例。

2010 年 11 月，随着国家保障房建设提速和水利等基础设施建设的加快，水泥业的需求量急速放大，但是同期水泥供给相对稳定，在此供求关系下，2010 年 10 月底至 11 月中旬，水泥价格快速上涨 22%，经过 7～8 天小幅回调之后水泥价格又重新回归上升通道。

在此背景下，作为水泥板块的领涨龙头股华新水泥（600801）已经跟随水泥价格开始异动，华新水泥在经历了从 2010 年 7 月至 2010 年 11 月 4 个月的小幅横盘震荡之后，2010 年 11 月中旬开始放量走强，突破前期高点，此后几个月股价更是扶摇直上，上涨了 178%。如果在建仓完毕，股价刚刚启动之时迟疑不定，最后必将错失良机。相反，在建仓完毕股价开始放量上涨之时，在充分分析确认基本面之后，正是我们大举介入之时。

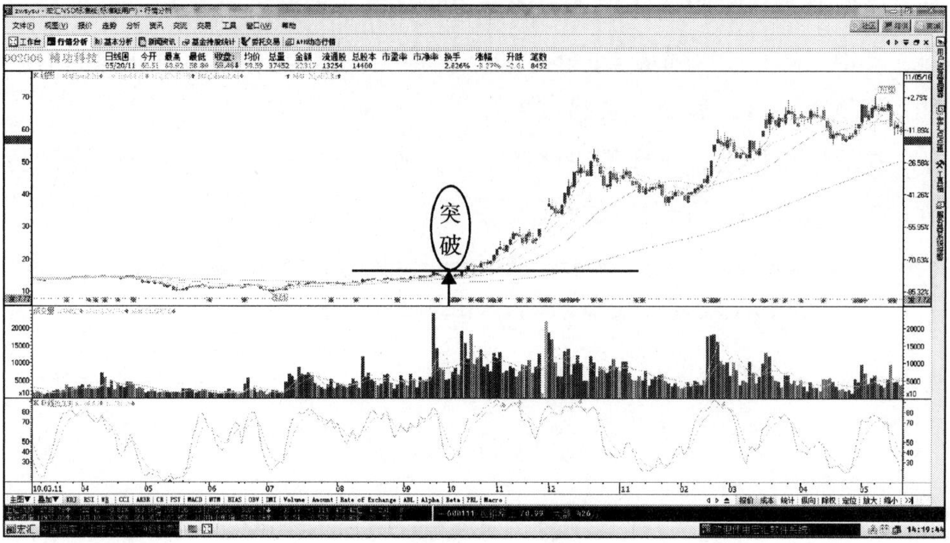

图 4－4

图 4－4 是更加经典的一个案例，精工科技是一家生产多晶硅冶炼炉和多晶硅产品的上市公司，属于 2010 年新兴产业，2010 年 9 月之前，公司接待了十几家机构的调研，但是遗憾的是，这些机构都没有买入这只大牛股，之后他们纷纷回忆，调研回去还没有反应过来，股价就上去了，之后就不敢再追进了，很明显，精工科技 9 月中旬放量拉升，交易非常活跃，而且前期涨幅不大，属于刚刚启动，此时要做的正是迅速杀进，等待获利。而不是畏首畏尾，错过 2010 年第一大牛股。

卖出也同样适用这条规则。股票的派发期一旦结束，而做的是多头的，就要马上卖出改做空头。满怀期待地继续持有毫无用处。这只股票不会再升到一个高位等你卖出，这就好比我们坐飞机，必须等所有换了登机牌的乘客上了飞机之后才能起飞，如果在航空公司和机场等待的时间范围内，乘客还没登机，飞机起飞后，就不会再飞回来接误机的乘客了。这在股市上当然也同样。

我们来看如下案例，如图 4－5 是成飞集成（002190）的日 K 线图，2010 年 7 月初，一纸投资新能源电池公告点燃了成飞集成的涨停大戏，短

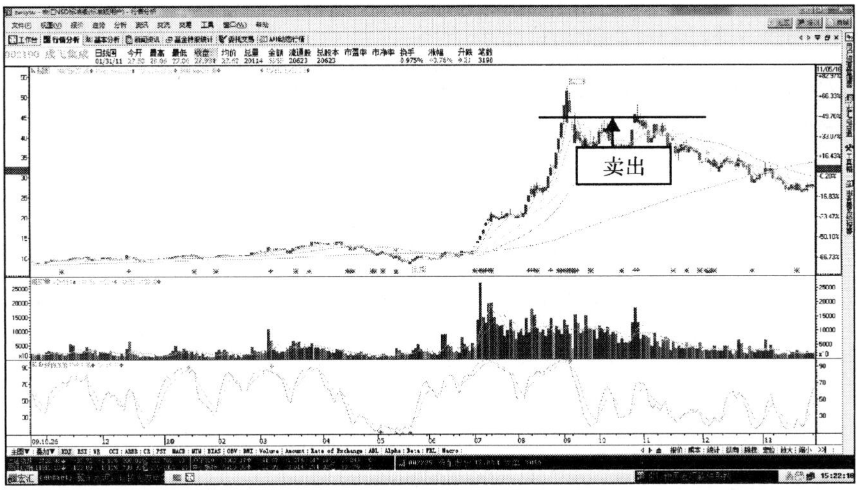

图 4－5

短 2 个月，12 个涨停，可谓是那一时期的第一大牛股，成飞集成 2007 年 12 月上市，3 年来涨幅不足 30%，属于长期建仓的强庄股了，但是在强的强庄建仓股，在派发完成后也要开始下跌，自 9 月初见顶后，成飞集成从 52 元跌到 26 元，跌去了一半。股票一直保持强势上涨，当下一波上涨时间少于上一波，下跌时间多于下一波，此时很可能已经转势，我们要尽快卖出已获利筹码。按照这个思路，在 2010 年 10 月末我们就要卖出锁定收益了。

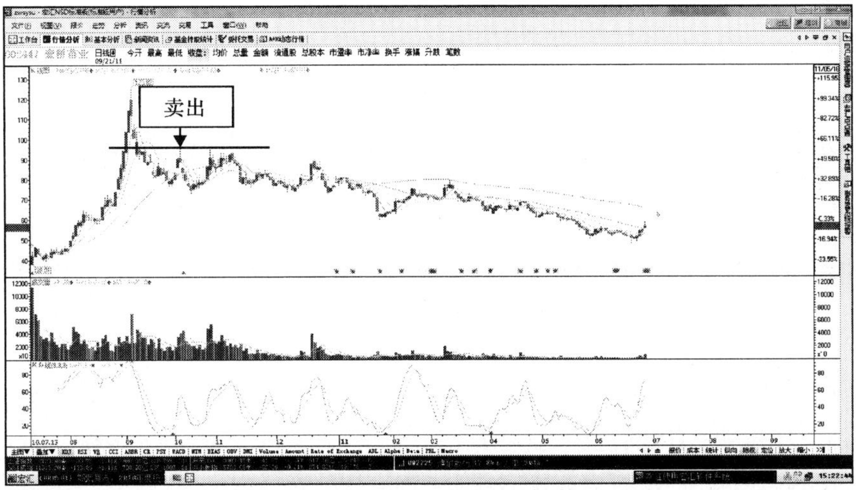

图 4－6

我们再来看另一个案例，上图是壹桥苗业（002447）的 K 线图，该股 2010 年 7 月中旬上市，之后小幅震荡了十几个交易日后，开始启动上涨行情，凭借着珍贵品种育苗的海洋养殖概念，受到了各路资金的青睐，上市不久便遭爆炒，2 个月劲升 200%，随后便进入调整，之后的几次小反弹也冲击不到前期高位了，这种属于典型的大幅拉高派发，对于前期大幅拉升的股票，一旦股价趋于调整，一定要及时卖出锁定收益，否则会进入长期的调整中，吞噬掉自己的利润，甚至造成大幅亏损。如果在高价时没有卖掉，在下次反弹高点一定要及时卖出，避免造成不必要的损失。确定转势，不要犹豫不决错过大好卖出机会。一旦我们犹豫不决，我们就会让之前赚到的利润从手中溜走。

当然，必须研究股票并能确定这些大行情什么时候开始。一般来说，吸筹或派发结束时行情就开始了。这时候，在一两个月内赚的钱会比在股票上下轻微震荡时做半年还要多。

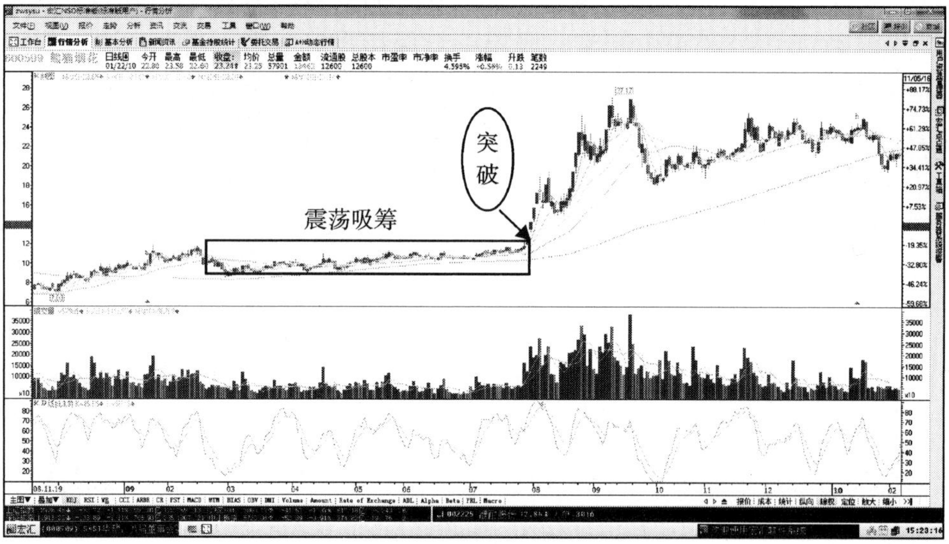

图 4－7

那么什么叫吸筹结束呢？我们来看一个案例，一般来说，大盘处于上升通道，涨幅较大，但是个股只是横盘震荡或者沿一个平缓的斜坡来回震荡，这种就是典型的吸筹状态，这种状态一般都要持续几个月，一旦股票的筹码相当集中于某一个价格区间，同时股票脱离了原先的震荡或者斜坡，并且伴随着较大的成交量向上突破，这种情况表示，吸筹阶段已经结束了。从 2008 年 10 月 28 日 1664 点见底以来到 2009 年 8 月，上证指数最高涨到 3478 点，足足涨了一倍多，很多中小板股票涨幅更是达三四倍之多，熊猫烟花（600599）从 2008 年 9 月中旬到 2009 年 2 月中旬涨了接近一倍涨幅之后，在 2009 年 2 月中旬到 7 月底这 6 个月期间，任凭大盘如何上攻，熊猫烟花总是保持在 8.5 ～ 11.5 元这个区间来回震荡，用长时间滞涨来慢慢吸取筹码，通过观察熊猫烟花筹码不断集中，70% 筹码集中度到达 4% 以内，到 8 月初，受益于祖国 60 大寿这个催化剂，熊猫烟花突然放量脱离了原先轨道，一举爆发，两个月涨幅达 140%，同期上证指数跌幅达 20% 有余。

看懂股票的运行状态，踏准股票的节奏，在其吸筹结束期买入股票，我们很可能在短期赚取不菲的受益。

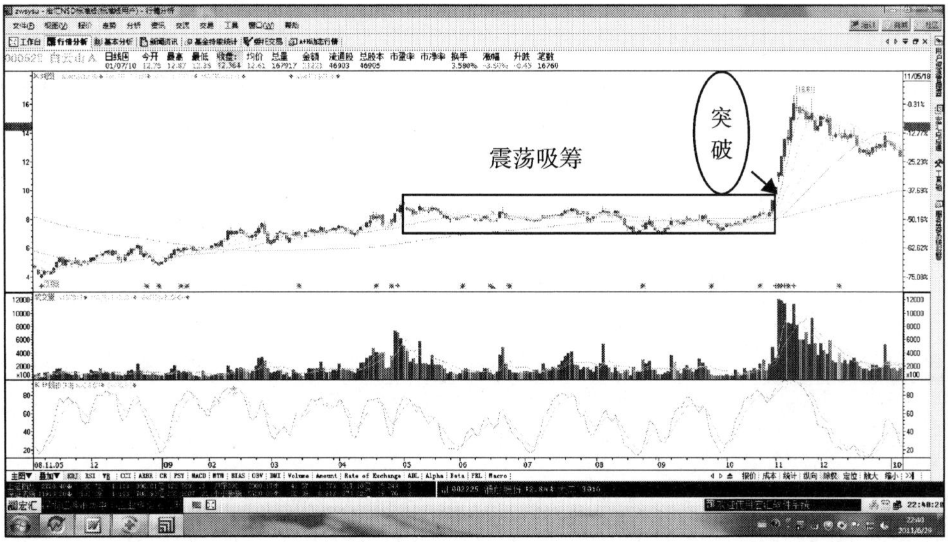

图 4－8

另一个案例如图 4－8，上证指数从 2008 年 10 月 1664 点见底后，白云山 A（000522）跟随上证指数走了一波上涨行情，上证指数一直涨到 2009 年 8 月，但是从 2008 年 4 月开始，白云山 A 开始走入独立行情，不论大盘如何上涨，白云山A基本以横向震荡为主，经历了5个多月的横盘后，筹码进一步集中，90%筹码集中度小于9%，70%筹码集中度小于5%，2009年，随着流感的持续发作，医药股迎来了一波波澜壮阔的大行情，作为滞涨的中药题材股，白云山A终于在2009年10月30日以涨停价放量突破前期震荡高位，之后连续5个涨停，10天涨幅达90%。了解股票的吸筹建仓，能够正确识别何时建仓完毕，在建仓完时买入股票，可以帮助我们抓住大黑马。

公司的股本越大，或者说，发行的股票越多，完成建仓或派发所需要花费的时间就越长。要判断是否正在建仓或派发，时间的长短和一只股票从其高位或低位上攻或下跌的总点数都必须考虑到。

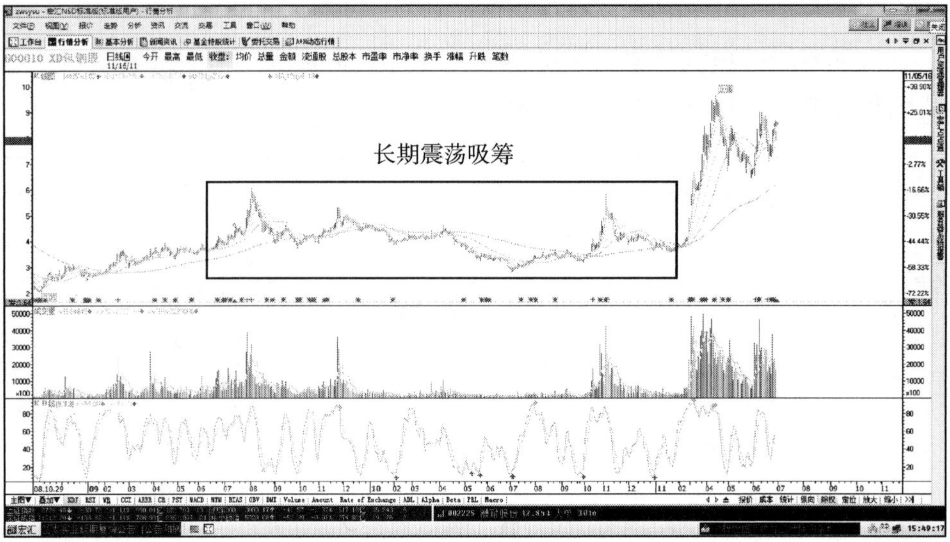

图4-9

我们先来看一个案例，图4-9所示是包钢股份（600010）从2008年底至今的K线图，该股总股本和流通股本都为64亿，属于大盘股，上证指数从2008年10月1664点见底到2009年8月初，涨幅达109%，同期包钢股份涨幅不足150%，从2009年8月初到2011年2月这360多个交易日期间，包钢股份一直处于一个100%左右的振幅区间震荡，从2009年高点到其中的跌幅也不大，2010年11月该股传闻重组，放量上涨，2010年11

月4日，公司发布澄清公告，3个月内不存在重组，此后股价进入了3个多月的盘整，在希望破灭之际，那些经过调研分析的机构却在慢慢建仓吸筹，终于在2010年2月18日，包钢股份正式停牌，以不低于3.68元/股定增16.3亿股收购巴润矿业等资产，2011年3月14日，包钢股份复牌，之后股价连续拉升，一个多月涨幅达140%左右，虽然是大盘股，经历了2年左右的上下小幅震荡吸筹后，也能达到凌厉的涨势。

对比图4－6的壹桥苗业有着天壤之别，上市不足半月，就遭遇炒家的爆炒，一个多月涨幅达150%，究其原因，除了海洋育苗养殖之外，其流通股本只有0.17亿股，比包钢股份小370多倍，这也是它能够很快被爆炒，遭炒家青睐的重要原因。这也正印证了股本越大，需要吸筹的时间越长。股本越小，需要吸筹的时间越短。

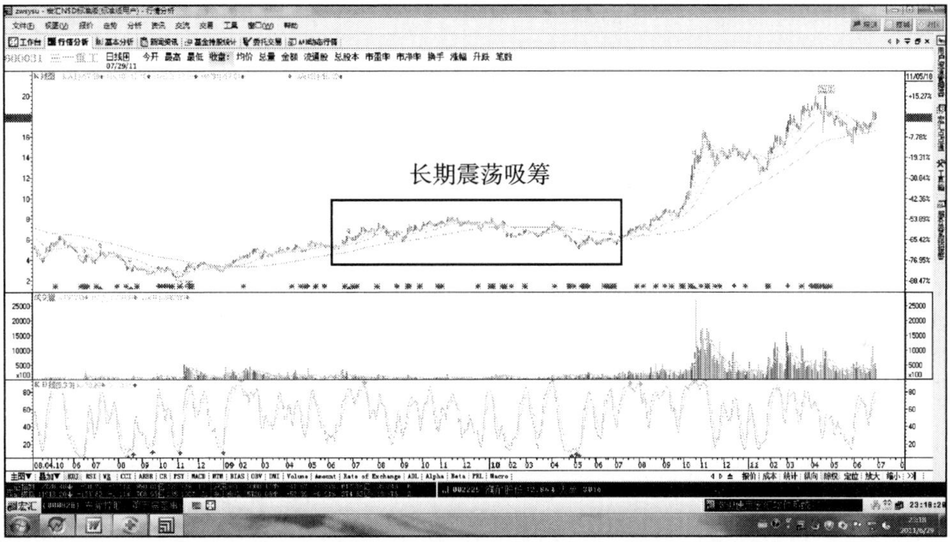

图4－10

另外一个例子，如上图4－10，三一重工（600031）是中国工程机械龙头股，业绩优良，流通股本巨大，达到70多亿，从2008年11月至2009年8月份，放量上涨，股价已涨至7元多，随后的一年三一重工一直处于横向震荡之中，这长达两年基本都是三一重工的吸筹时间，2010年10月，三一重工慢慢突破前期整理箱体，启动行情，9个月涨了将近2倍。虽然不是短期暴涨，行情不温不火，慢慢上行，也体现了大盘股的拉升特点。直到2011年3月，三一重工进入整理行情，股价走势变弱，几个月也未曾创出新高，由低位至今股价已有大幅上升，很明显，三一重工进入派发期，之所以没有直接跌下去，是因为之前吸筹很充分，控盘很高，比较难以脱手所致。一旦行情有变，三一重工将进入下降通道很长时间。根据大盘的走势和个股基本面和其涨跌幅判断个股是否处于建仓完毕或者派发期，一旦判定建仓期完毕可以坚决买入，判断进入派发期应该及时卖出股票，锁定利润。

二、建仓和派发的时间

如果一只股票在建仓或派发过程中耗费了几个月的时间，那么建仓和派发两者间的过渡就还需要花上几个月的时间。并不是所有的股票都会在第一次反弹出现时就卖出，甚至也不是在出现第二、第三次反弹时就卖出。在股票出现供过于求的局面或是知情者愿意卖出之前，必须有人买入，且股市必须获得支撑。然后，股票就会摇摆不定，小幅或大幅震荡（股票种类不同，表现也各不相同），一直到派发全部完成为止。

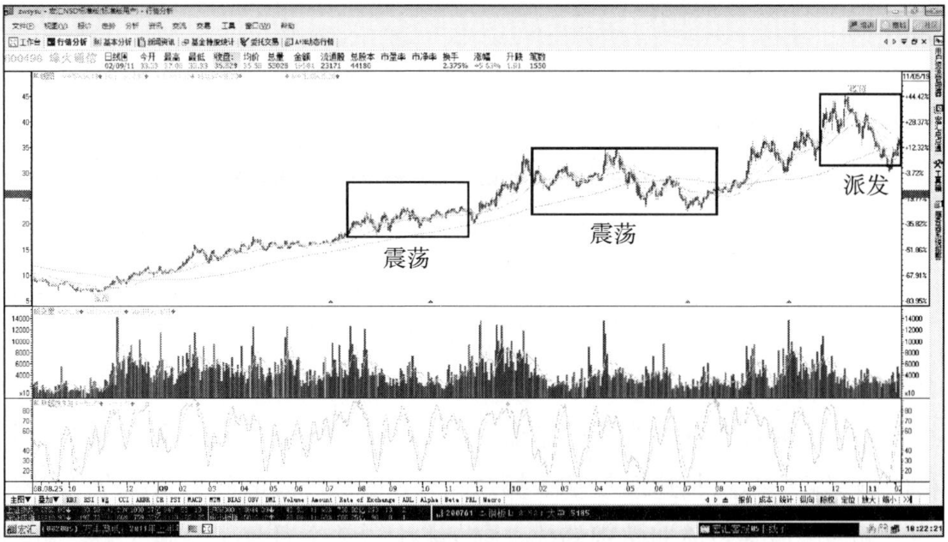

图4－11

我们来看一个案例，图 4－11 烽火通信（600498）从 2008 年见底初期建仓后，慢慢攀升，在达到派发期之前经历了好几次来回震荡。在经历多次震荡之后，随着一次高位巨量的上涨之后，之后股价趋于震荡之中，到达派发期，总之，从建仓期结束后到派发期之前是一个很长的过程，要根据大盘的具体状况、个股的基本面等作综合判断。不可贸然采用何种定式。但是到股票价格支撑不住，左右震荡，价格下行之时，长线的投资者可以逐步卖出股票，锁定利润。

股票开始下跌时也是一样。需要很长时间才能让投资者相信一只股票在以 100 元的价格出售之后，正在下跌 70 元。有些人会在股票下跌 10 元时买入，其他人则会在下跌 30 元、40 元或 50 元时买入；他们认为这只股票非常便宜，因为记得这只股票先前的卖出价格曾经是 100 元。结果呢，当股票继续下跌时，他们就都惊慌失措地连忙抛出，从而引发了这只股票最后一次的快速下跌（可能会下降 10 ～ 20 元）。

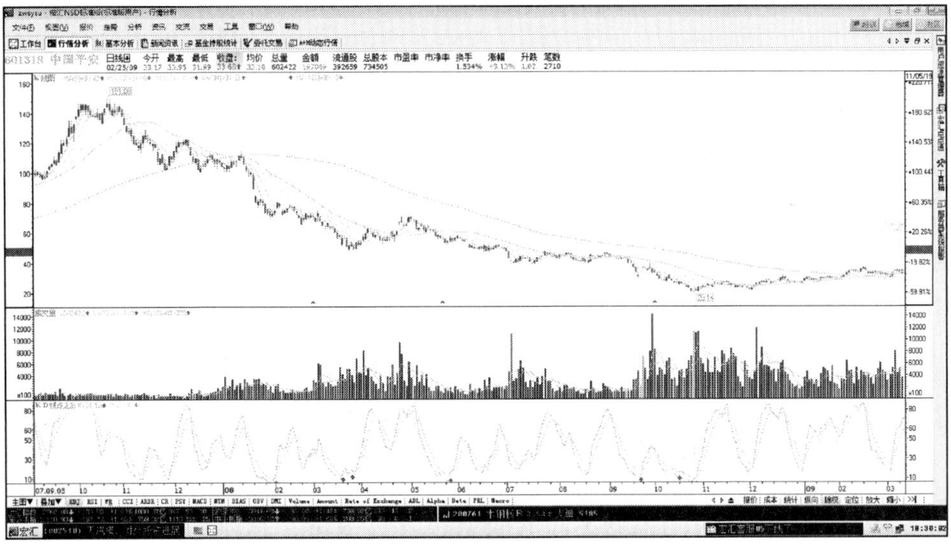

图 4－12

我们来看几个案例，2008 年熊市中，中国平安（601318）从最高的 147 元开始下跌，最终跌至 19. 88 元，不知道多少在 100 元、70 元、50 元买入的人，捶胸顿足，决定买入一只股票，不是看其跌去了多少元，而是看大盘熊市是否结束，该股票趋势是否逆转，只有这样才能找到相对安全的买入价位。

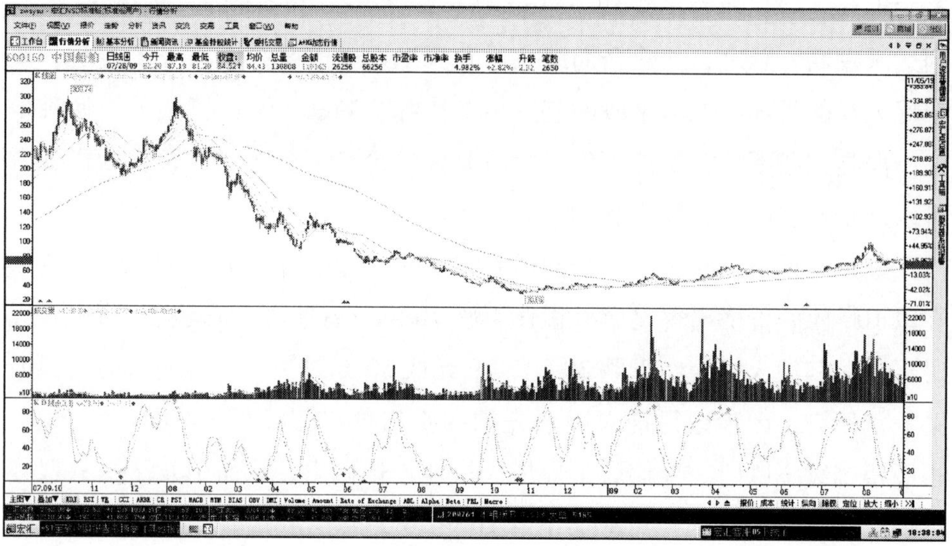

图 4－13

另一个更为典型的案例是上图所示的中国船舶（600150），在 2005 年 6 月至 2007 年 10 月这一波大牛市疯涨 38 倍多的大牛股，在 2008 年金融风暴来临时，从 300 元跌至 30.58 元，跌幅达 90%，跌去 270 元的价格，如果有人贪便宜在 200 元买入，或者在 100 元买入，都会亏损很大，至 2008 年 11 月，中国船舶反弹时间超过下跌趋势中反弹的时间，随着大盘也已经有企稳，这时股票才企稳止跌，进入一波较大的反弹行情，在此时才是介入中国船舶的时机，而不是盲目的看价格跌去多少元而决定是否买入。

派发所需的时间

股票派发所需时间依据不同的股票、发行数量、总体经营状况、该股在公众当中的知名度和广告宣传力度等因素的不同而不同。

我们先来看一个具体案例，2010—2011 年间，国家把稀土资源上升为国家战略资源，稀土价格暴涨 300%～400% 多，这为那些稀土永磁上游矿产和原材料公司业绩带来巨大想象空间，稀土永磁板块也因此成 2010 年最瞩目的题材，该板块这一年多来整体涨幅最大，图 4－14 太原刚玉

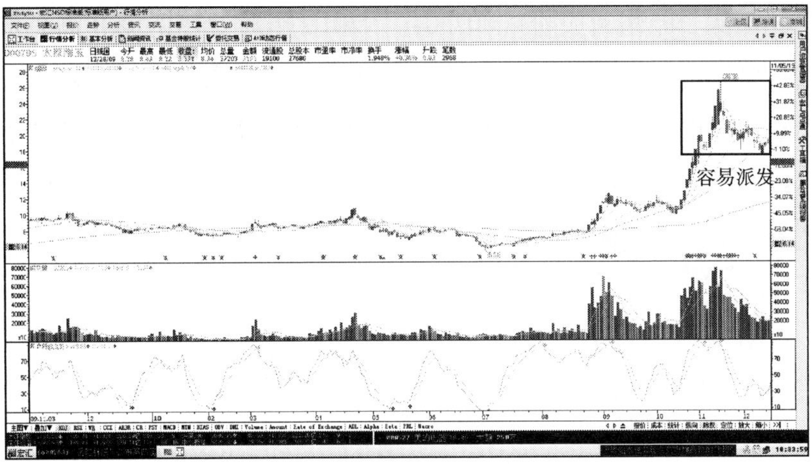

图 4－14

（000795）就是生产稀土永磁材料的其中一家公司，太原刚玉总股本和流通股本均为 2.7 亿，2010 年 7 月价格只有 5 元多，在稀土板块中属于稀缺品种，虽然中报业绩只有 0.008 元，但是这种具有实在的利好支撑，确实可以改善其业绩，2010 年 8 月，太原刚玉放量上攻，8 天涨了 60%，在随后经历了一个多月的震荡整理之后，更是走出了连续放量涨停的好戏，两个多月，涨幅达到 226%。具有实实在在的利好，并且在未来能够反映到业绩中来，总股本和流通股本较小，价格较低的股票，在派发时会相当容易，而且股价不会随着派发很快就打回原形，太原刚玉就是派发容易的一个代表。

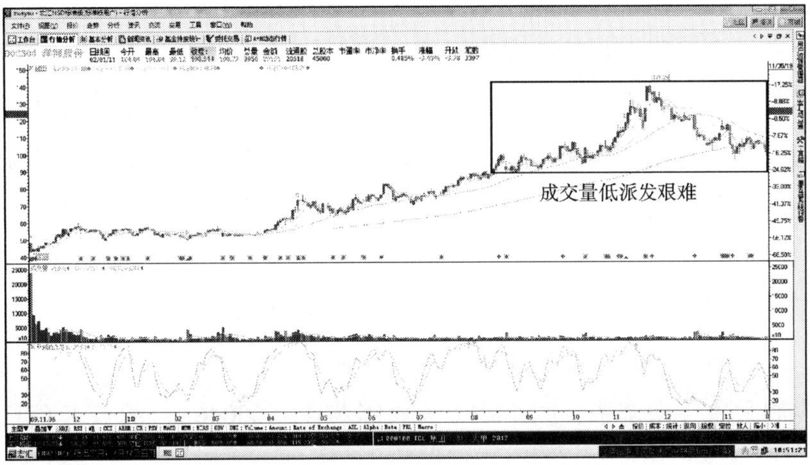

图 4－15

另一个例子是洋河股份（002304），2010年时曾经的第一高价股，上市之初便受到追捧，虽然之后股价一直上涨，但是成交量却不断缩小，甚至萎缩，可以说是控盘，但是这样的控盘无非也是自弹自唱，到头来股价虽然不跌，但是手中的股票也无人接盘，到头来还是落了个有价无市的结局。

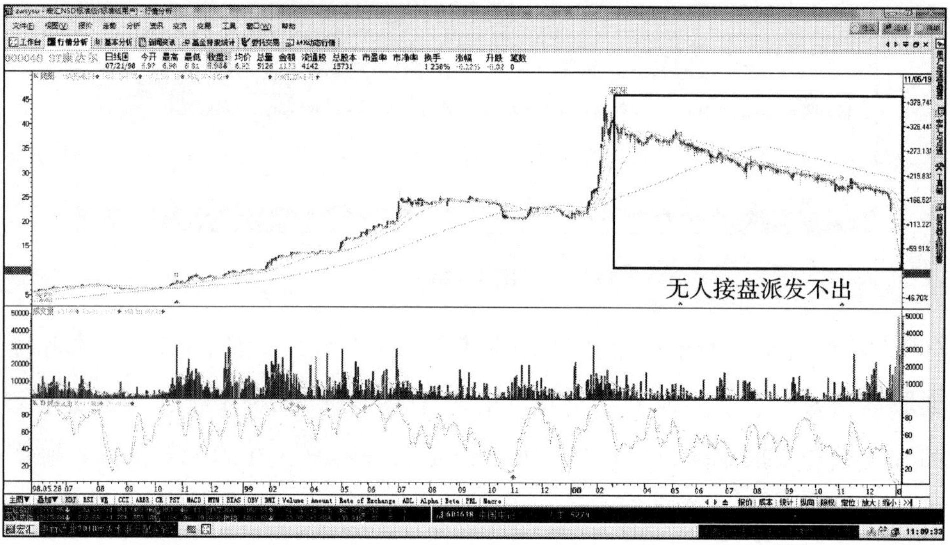

图 4-16

再来看一个例子，图 4-16 是 ST 康达尔，旧名中科创业的 K 线图，该股是 1999—2000 年比较典型的坐庄失败案例，此股票当年人气也比较足，流通盘也不大，最终还是以失败告终。究其原因主要是该公司只是一个典型运作的科技公司，实际上主营业务没有真正的高科技，另外，其坐庄者没有为自己留下足够的派发时间，只是一味地拉升拉升再拉升，最后资金链断裂，股票派发不出去，导致了悲惨的结局。这个案例也为坐庄者敲响警钟。不管是主力还是机构，留足充分的派发时间，是保证股票收益能够变现的重要前提。

当股票达到了进行派发的水平时，就会出现迅速反复涨跌的行情。交易量很大，买空和卖空都在进行。迅速上扬或是迅速下跌的股票常常吸引着人们，原因在于其中蕴藏着赚钱的大好机会。

我们来看一个例子，图 4-17 为迪康药业（600466）的日 K 线图，这

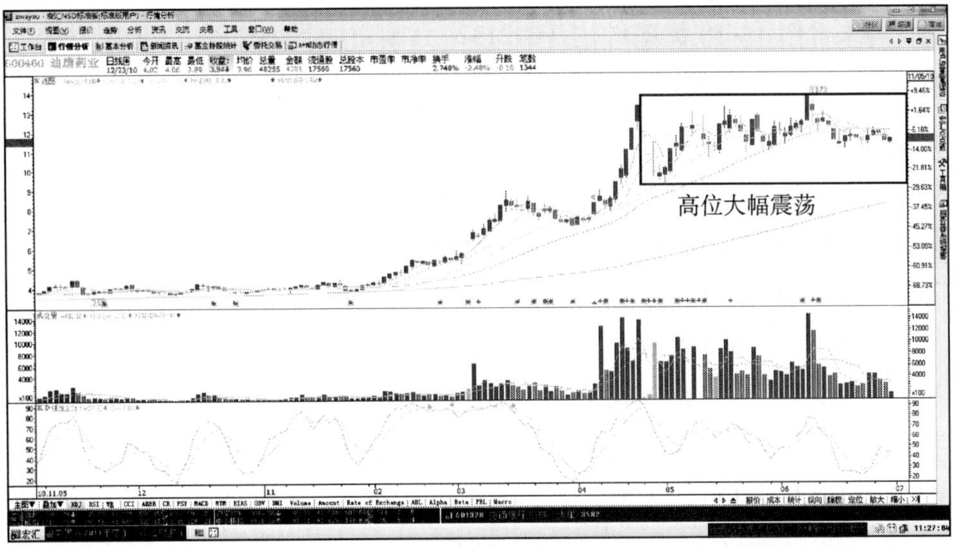

图 4－17

只低价医药股，受益于每 10 股转增 15 股的高送转利好，从 2011 年 2 月初开始慢慢走强，到 2011 年 4 月，涨幅已达 2 倍多，但随后几个跌停调整后，股价总是来回震荡，涨涨跌跌，而且周期很短，同时伴随着非常大的成交量。这些正是典型的派发状态。虽然短期大幅震荡能让我们赚取一定的利润，但是一旦跌下来不再上去，我们的损失将会非常巨大，冒着 50% 以上的亏损去博取 10% 左右的利润，显然是非常不明智的做法。

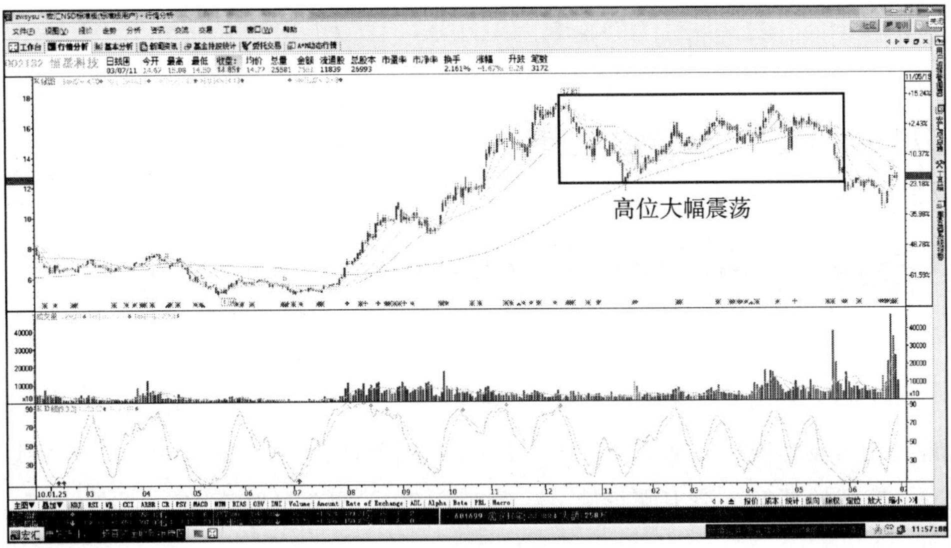

图 4－18

再来看图 4－18 恒星科技（002132），其定向增发 2.61 亿元投资精细钢丝，2.63 亿元投资年产 100MW 硅片项目，向太阳能上游进军。在公布重大利好之时，股价也涨至高位。之后进入了长期的震荡盘整之中，股价涨涨跌跌，并伴随着较大的交易量。一般来说，股价涨至高位，进入反复震荡，并伴随着成交量的放大，这就是典型的派发情况。此时要注意锁定自己的利润，降低风险。千万不可贪得短线的利润，导致自己长期的亏损。

人们一旦被说服、相信了某件事，在很长时间里都会信以为真。

江恩认为，一只股票在 120～150 元之间涨涨跌跌了七八次，就是说，每次跌到 120 元左右时就又上冲到 140 元和 150 元。公众最终就会认为只要这只股票跌到 120 元左右，买入就肯定会很快获利。可是等到这只股票最终彻底派发完毕之后，这只股票就会在跌到 120 元之下再也不会上扬了。大家都仓满囤肥，满怀期待地持有着。这只股票跌了 10 元、30 元、40 元或是 50 元，等到投资者和交易人都厌烦了、害怕了就开始卖出了。

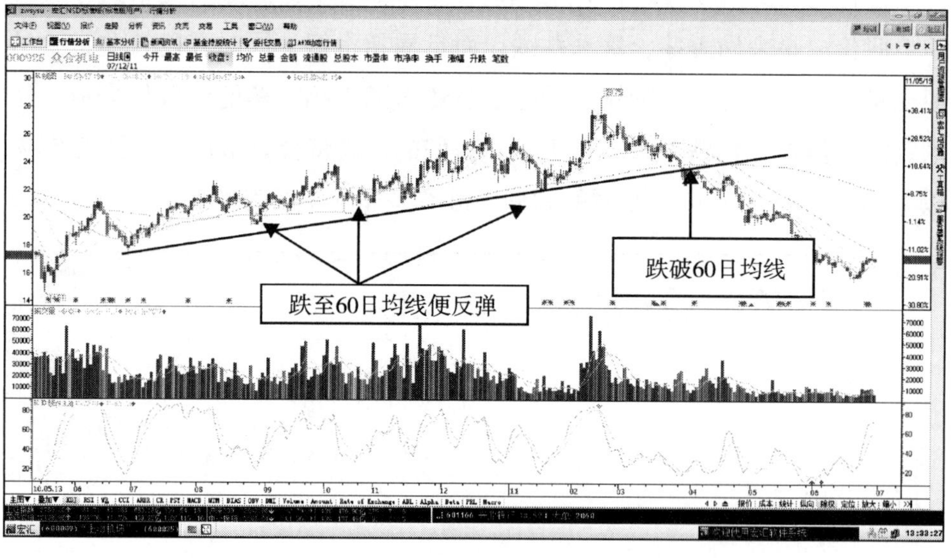

图 4－19

我们来看图 4－19 众和机电（000925）的日 K 线图，观察其 K 线我们能发现明显的规律，从 2010 年 6 月开始到 2011 年 2 月每次跌到 60 日均线附近都开始了新一波上涨行情，可是就在 2011 年 3 月跌至 60 日均线附近，突然开始了下跌浪，跌去40%多，其手法不可谓不凶残。究其原因，这只股票已经在高位横盘一年半左右，手中筹码也已经基本派发完毕，所以出现暴跌也是理所当然的事情。股票在高位震荡，意图短线买入获利就有点像赌博心理，我们始终不知道哪一次他就一跌不回头了。这种情况给人带来的损失是巨大的，利润是渺小的。所以股票涨至高位我们要多留个心眼，不要按照以往的定式思维去操作。

最为确定的派发信号包括交易量很大但迅速反复地跌涨、增加红利、股息以及给持股人派发额外权利等，这些其实都是用来使人上当的诱饵，最终必然给人们造成巨大的损失。

三、错误地判断吸筹或派发时间

在股市的不同阶段，股票吸筹或派发所需时间的长短各不相同。在公募、私募、证券公司自营和理财产品以及社保基金等集团作战的时代，比如说，他们的资金可能在年初形成并买入了大量股票，期望股价在春季出现上涨。到了4月份或5月份，股价上涨了，他们于是开始卖出股票，把所有股票尽数派发给公众。等到6月份或7月份，证券行情突然显著下跌，公众被吓坏了，就把在顶部买入的股票抛出。这时，某些基金再次买回这些股票，股票又上涨了。随着股票在不同阶段进行派发，这种情况可能会先后出现三四次，但这些只不过是次一级的派发期，最终当达到了极高位或是派发的最终区域，所有人都看多时，这只股票就会完成一次长时间的熊市的派发了。

用图4－20獐子岛（002069）来解释这个非常合适，作为深海养殖鲍鱼的龙头企业，该股一直受到基金追捧，在2010年初开始慢慢上涨，到了2010年5月左右，基金第一波货也派发得差不多了，股价开始转头下跌，调整的两个多月期间，成交量放大，明星基金们又买回公众们恐慌抛售的股票，到7月左右大盘见底，獐子岛又开始一波上升行情，伴随着成交量的逐渐缩小，基金们又悄悄把筹码派发给公众，之后獐子岛进入了长期的下跌行情当中。因为筹码已经派发得差不多了，而且拉得够高，所以派

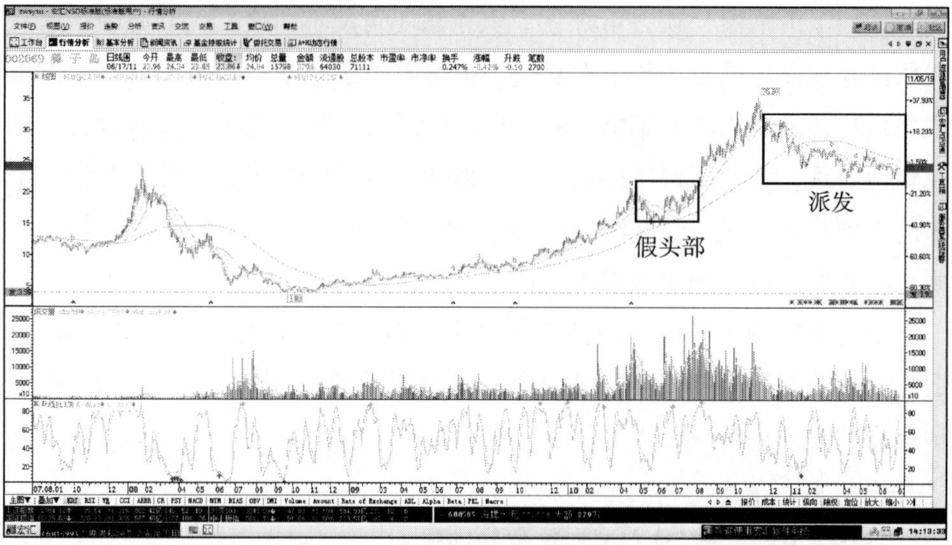

图 4－20

发中的大跌对于基金们来说微不足道，故而采用了这种套公众于山顶的熊市派发策略。

股价下跌的情形也完全一样。股市会在某一水平上停一下并维持一段时间，然后开始反弹。这时候，看跌的人就会取消所有空头交易，而股市继续下跌，先后经过两三个不同阶段的资产变现之后到达最终阶段，此时出现的吸筹就会再一次引发大的牛市行情。

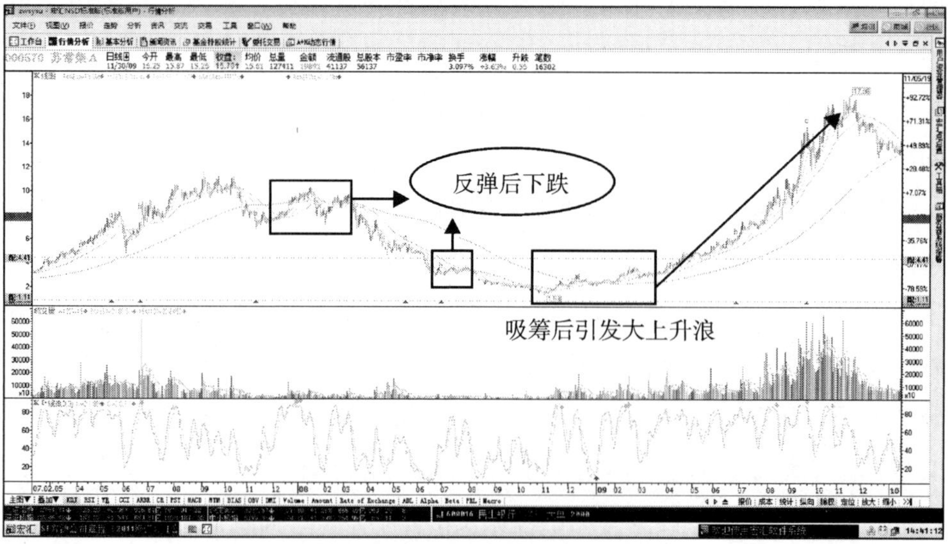

图 4－21

我们来看一个案例，如图 4－21，主营农用柴油机、联合收割机、农用运输车的制造与销售的苏常柴 A（000570）在 2007 年 9 月到 2008 年底的下跌浪中异常凶残，跌去 85%，但是股价在 2008 年 4 月和 6 月都维持了一段时间，走了一波小反弹，经历了 2 波的小反弹之后，股价共运行了 3 段下跌浪，随后在 2008 年 11 月初，苏常柴 A 止住下跌，慢慢放量吸筹，之后走出了一波 800% 以上的大牛市行情。

牛市的每次上扬和熊市的每次下跌都会分作 3～4 次起伏，每只个股都会根据自身的时间要素和起伏情况出现自身的高点位和低点位。我们去看大部分股票的行情走势图，可以看到股票下跌过程中所经历的各级点位或起伏。每一个阻力位都可能曾经被当作是底部；但由于其清楚地表明在随后出现的所有反弹都没能到达更高的顶部，因而每一阻力位都只不过是临时性的底位。

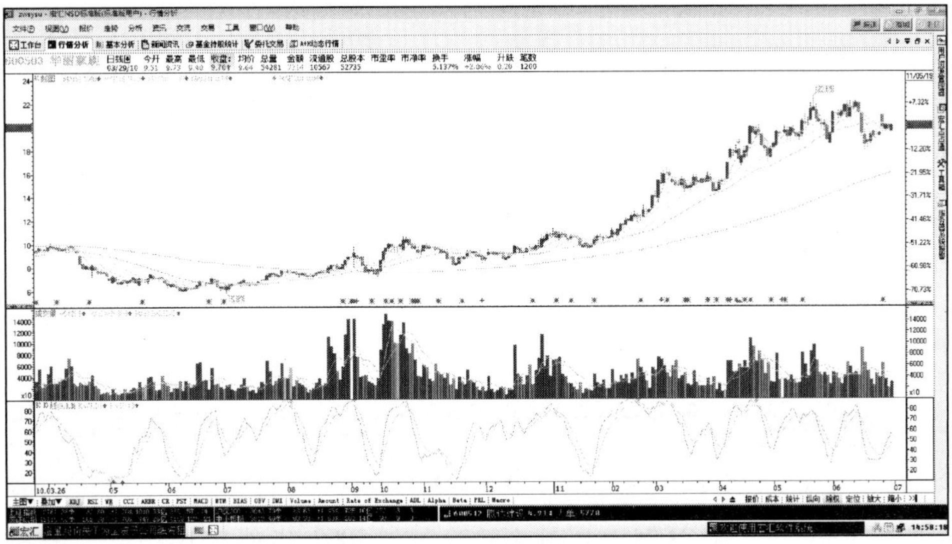

图 4－22

我们纵观图 4－22 华丽家族（600503）的 K 线图，可以发现其在 2010 年 7 月到 2011 年 4 月这波行情中，每个低点都在不断提高，一共重复了四五波的逐级拉升行情。每一次创出的新高都被打破，在华丽家族优质的商业地产项目和其出资收购医药公司，进军乙肝疫苗的研制等利好的配合下，在大盘弱势震荡中走出这样的一波牛市行情，也算是震荡市场的一朵奇葩。

再看图 4－21 中的苏常柴 A 在 2008 年下跌中，每一波低点都不断被刷新，短期反弹进行了两三波。每一次的支撑位都形似底部，可最后还是有更低的底部出现，下跌行情和上升行情中，我们不必急于抄底或者逃顶，需等到行情确实已经反转再重仓出击或是尽数卖出，否则很有可能被套较深或者错过一大波行情。

很多股票在牛市行情或熊市行情临近结束时都会暂停一下，好像在建仓或派发，又像已经到达最终的顶部或底部；可如果公众大量买入或是所有卖空者都在这一水平上补仓的话，即使是在非常高或非常低的水平上，也可能形成使股票冲至最终高位或最终低位的一个较弱的做多或做空的行情。

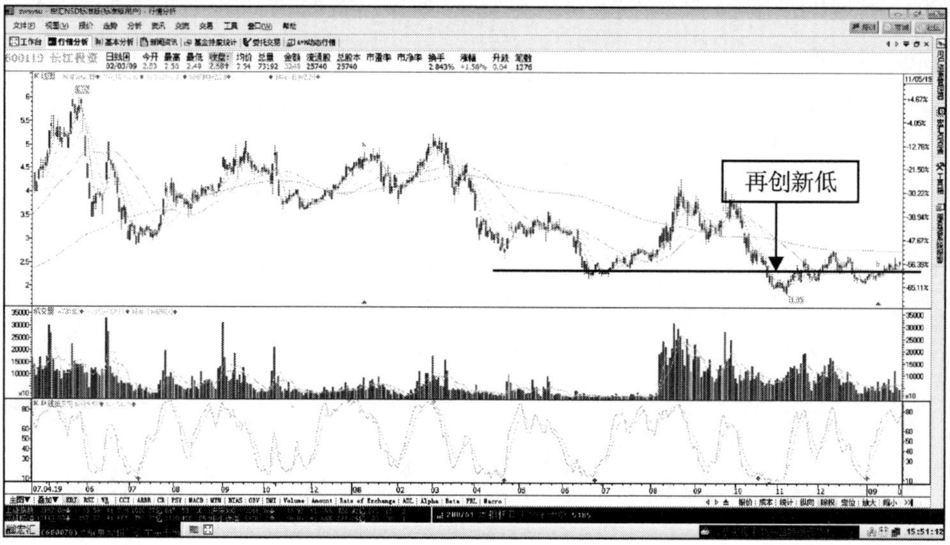

图 4－23

我们来看几个案例，上图 4－23，在 2008 年熊市中，长江投资（600119）表现非常稳健，虽然也是一波一波下跌，但是相对其他股票，同期跌幅不是很大，在 2008 年 6 月到 9 月的这段时间里，长江投资突然放量大涨，给人以明显的抢筹的感觉。这时很多投资者已经觉得该股底部已到，但随着公众们的大量买入，增量资金越来越少，在随后大盘最后一波杀跌中，长江投资创出了新低。

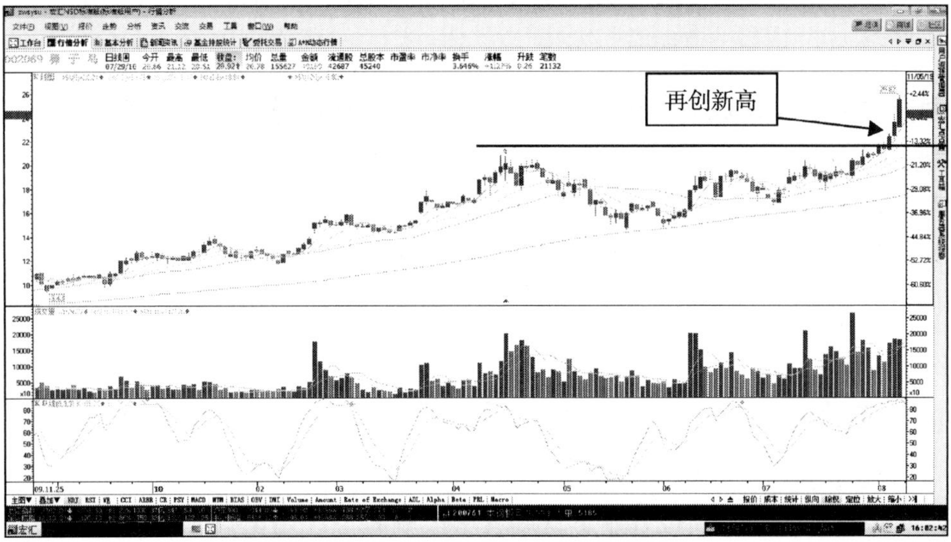

图 4－24

反观之前所述的獐子岛，在2010 年4 月经过大幅暴涨之后，已经有头部的特征了，而它也在此价位已经停留了 3 个多月时间，经历过散户们疯狂的卖出之后，基金转手做多，又一次创出了新高。

通常是在股票正在接近最终高位时，职业的空头会卖出大量的空头股；可随后发生的事情，可能会使他们受到惊吓转而开始补进。他们的买入再加上公众的买入就会把股价强行抬升至比此前的高位略高一点的水平。

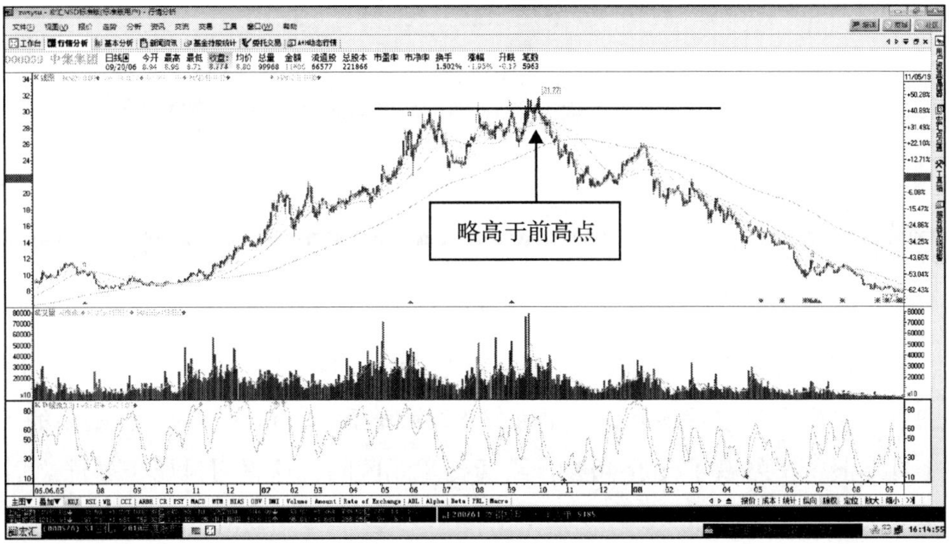

图 4－25

我们来看一个案例，图 4 - 25 是中集集团（000039）已除权的 K 线图，2007 年 7 月，该股已经涨至 19.07 元高位，一些有先见之明的人开始做空卖出这只股票，在随后十几天股价暴跌 20%，比他们预想的还要凶猛，在牛市中下跌之后，公众的买入意愿会比较强烈，加之前期做空者见股价跌幅超过他们预期，于是也加入做多的行列，很快中集集团又涨至 20.07 元，创出前期的新高，最后的疯狂过后，股价进入到大跌浪中，正式步入熊市。

四、极端高位或低位出现后何时买入或卖出

在股价从极端高位开始下跌或者从极端底位开始上扬之后，决定买入或卖出时间的方法就是去观察何时出现猛跌或飙升。一般股票会反向运动 30%～50%，有时是 100% 或以上。

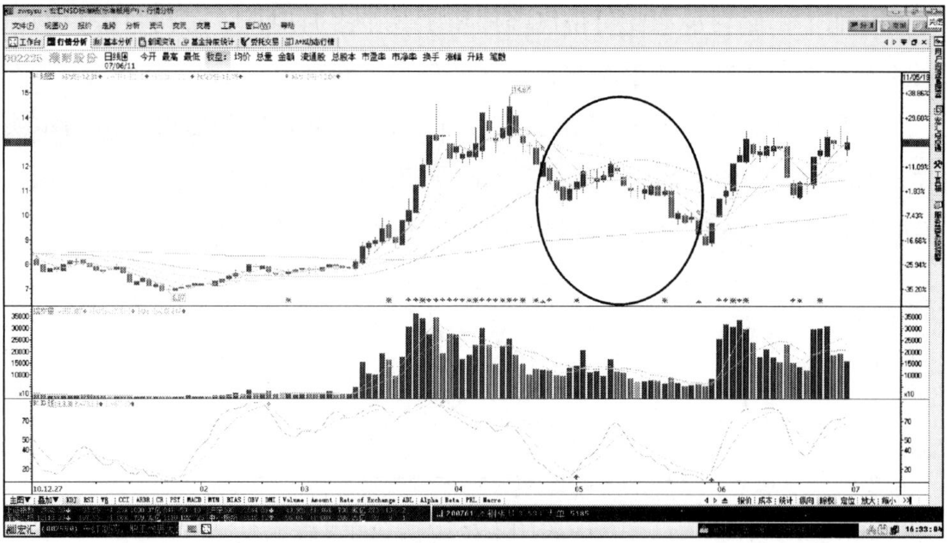

图 4 - 26

我们来看案例一，如图 4 - 26，濮耐股份（002225）在 2011 年 3 月份和 4 月份两个月放量劲升 80%，从 7.92 元涨至 14.46 元，从可在随后的 1 个月多股价又暴跌了接近 40%，跌回到 8 元区间，这里明显属于暴涨之后

的猛跌，股价基本上跌回前期的起涨点。是个不错的买点，果然随后该股又连续大涨，6 个交易日反弹了 50%。

下面我们来分析一下该股能够再次反弹的基本面因素：

濮耐股份是一家主营耐火材料原料和制品的公司，总股本为 7.3 亿，流通股本仅为 1.47 亿的小型公司，公司已是耐火材料的全国性龙头企业。从国际巨头 RHI 的成长路径看，依赖于资源和市场是关键。中国目前占据全球一半的钢铁产量，而且是菱镁矿储量最大的国家，辽宁已经开始对菱镁矿实行“两限”，资源日趋紧缺，未来全球耐材龙头将会诞生在中国，而濮耐股份有望成为全球的耐火材料龙头企业。

公司逐步整合上游资源通道，有益于毛利率的提高。公司于 2011 年 3 月 18 日公告，出资 1 亿元人民币收购海城 700 万吨储量的菱镁矿，矿产品涨价是影响毛利率的最主要因素，事实上，原料的品质也出现了下滑。目前国内非金属矿市场极端不规范，公司成功收购海城菱镁矿之后，整合矿产的通道打开，未来毛利率有望提升。

细分行业龙头和收购具有潜力的菱镁矿资源为濮耐股份的再次上涨提供了催化剂。

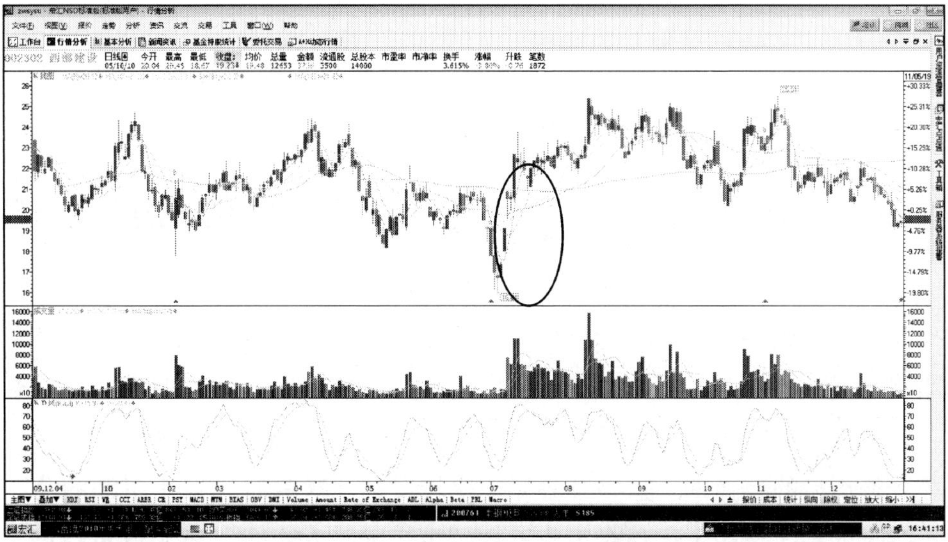

图 4－27

另外一个反面例子，如图 4－24 所示，西部建设（002302）在 2010 年 7 月公布高送转预案后仍然一路暴跌，创下上市以来的新低，随后几天西部建设股价直接暴力上涨，6 天涨幅达 35%，这正是从极低的低位开始猛升，但是这样的猛升往往预示这行情将要告一段落。事实上，西部建设在 2010 年 8 月初创下新高后，一直处于震荡整理走势。正说明了极低价位暴涨之后股票，往往进入较长的休整期，因此往往也是中线的一个卖点。

观察一下完成大行情或小行情所需的时间。股市非常活跃时，在没有重大利空消息的情况下，股票连续猛跌的时间几乎不会超过两天；或者说，到了第三天股票的卖出价就会有所提高。在第二天猛跌时买入并设置 3%～5% 的止损。

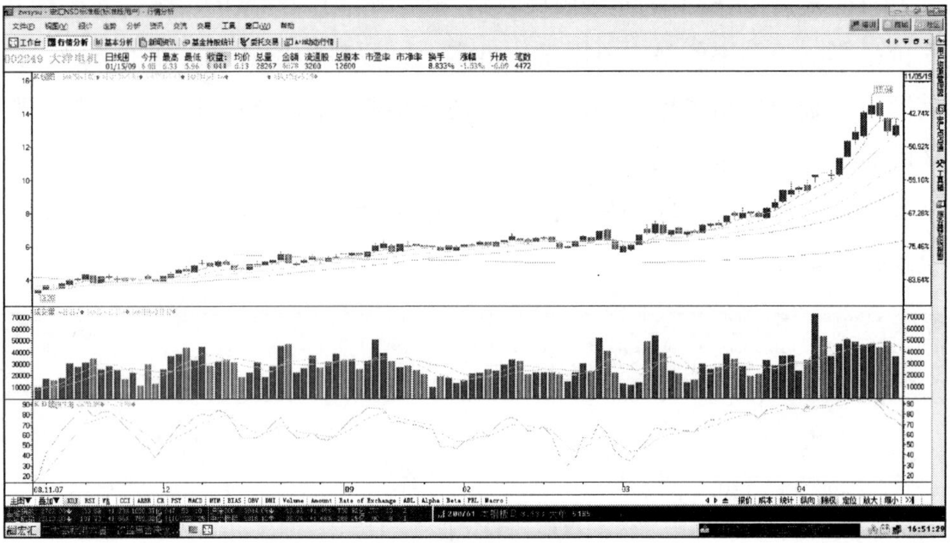

图 4－28

图 4－28 是大洋电机（002249）的日 K 线图，如上图所示，该股在 2008 年 11 月随大盘见底后进入上升通道。我们观察这一段的走势，没有发现连续 3 天的暴跌，一般连续下跌 2 天之后第三天就会反弹。在牛市中或者熊市后的反弹中，这些升势往往比较犀利，这些时候采用下跌的第二天收盘的买入技法，往往命中率不错，在运用此方法时，要尽量找趋势不错、成交活跃的股票买入效果会更好。

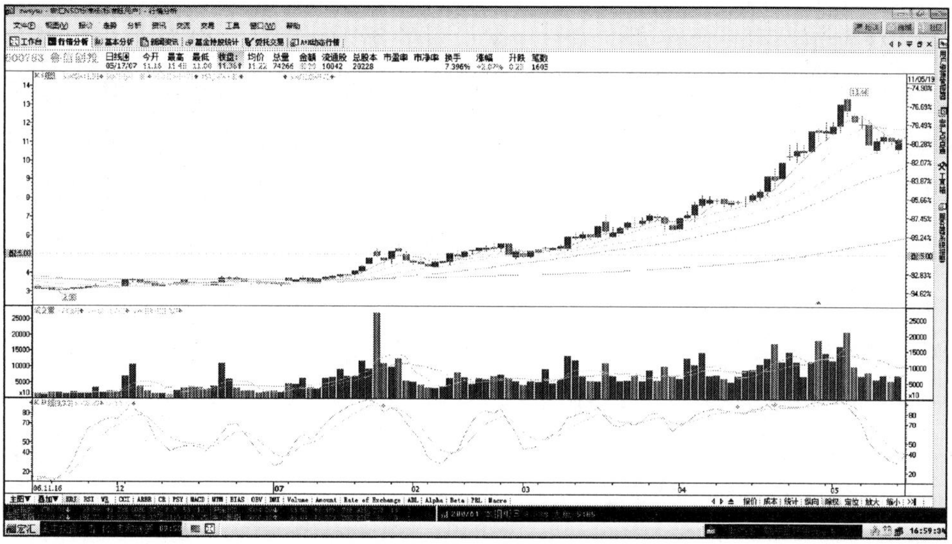

图 4－29

另一个例子，图 4－29 是 2007 年牛市中鲁信创投（600783）的 K 线图，观察其走势也是很难找到连续 3 天以上的暴跌。但是需要注意的是，这种战法的适用情况：必须在大盘连续上涨的牛市和大熊市后的第一阶段反弹中使用效果才会更佳。同时我们也要分析所买股票的基本面，排除基本面里面隐含的地雷，这样才能确保尽量安全出手。切不可盲目使用此法，生搬硬套，造成不必要的损失！

如果股票不活跃或者只是在低位或高位附近起起伏伏，就要等到股票活跃起来再开始买入或卖出。

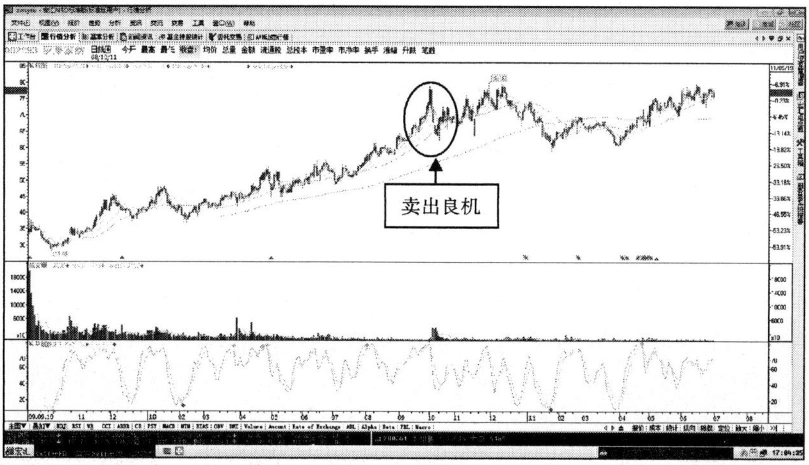

图 4－30

我们先来看一个在高位缩量后又放量的例子，图4－30是长三角家纺业龙头企业罗莱家纺（002293），罗莱家纺2009年9月上市，经历了短暂的调整之后，该股放量温和上涨，进入建仓吸筹阶段，之后进入了缩量拉升阶段，股价的上升伴随着很小的成交量，如果我们是以较大的资金在上市之初买入，在控盘拉升的阶段，我们很难派发掉手中的筹码，根据经验，这样控盘的股票到高位后庄家往往会来一次放量拉升，让股票活跃起来，制造赚钱效应，让自己能够成功派发出去，对于持有较多筹码的大户或者机构，此时正是千载难逢的卖出良机。

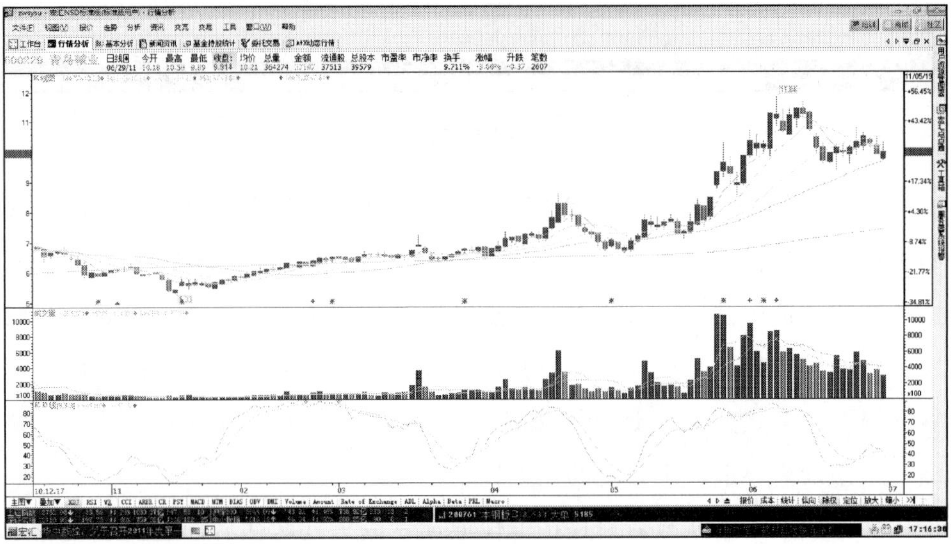

图4－31

图4－31是青岛碱业（600229）的K线图，从2010年12月到2011年3月这4个月中，青岛碱业的股价波动和成交量一直不大，处于明显的不活跃状态，进入到2011年4月份，随着纯碱的价格逐步走高，青岛碱业股价开始温和上涨并伴随着成交量的不断放大，这正显示一只股票从不活跃变得活跃起来，这也正是开始买入的时候。在大盘没有系统性风险和基本面没有问题的情况之下，一般买入之后，不久便能获利，而不需要在等三四个月。这就是在交易活跃的时候买入和卖出的优点，可以事半功倍，提高效率。

一只股票连续两个星期或更长时间都低于高位或高于底位，然后又开始活跃起来并达到新的高位或低位；这时候，只要股票在新的涨跌区域开始活跃起来就要马上买入或卖出。

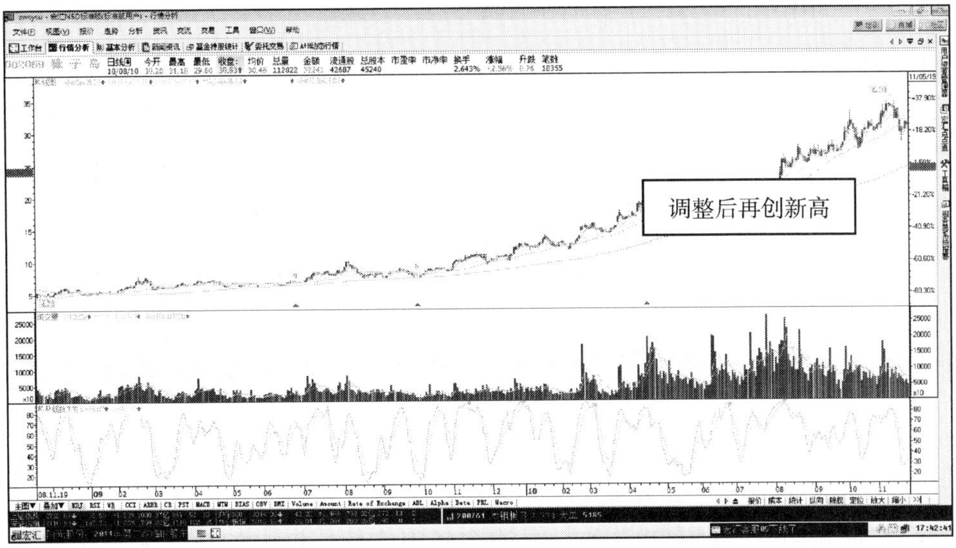

图 4－32

我们再来看案例獐子岛，一波强力的上涨之后，经历了 2～3 个月的较长期的调整之后，慢慢上行，创出新高。此后又迎来了一波 60% 的上涨。正说明了一只股票连续两个星期或更长时间都低于高位，然后又开始活跃起来并达到新的高位。这时候，只要股票在新的涨跌区域开始活跃起来就要马上买入。但不是个个股票都可以这样生搬硬套，要注意基本面是否优秀，还要注意创新高时成交量是否活跃，如果只是低量的创新高不符合活跃的条件，仍然不可贸然介入。如果一只股票符合如下所有条件：大盘没有系统性风险，股票的基本面优秀，调整时间充分和创新高时成交量活跃，那么我们就可以大胆的买入，享受之后的一段利润。

在市场不景气时，要注意股票反弹后是否再次创出新低，图 4－33 是江苏索普（600746）在 2008 年熊市的表现，在 2008 年 3 月至 2008 年 11 月期间，江苏索普在每一次小反弹后都创出之前的新低，新低后面还有更猛的新低。在熊市中，如果反弹时没有卖出股票，在创出前次新低之后一

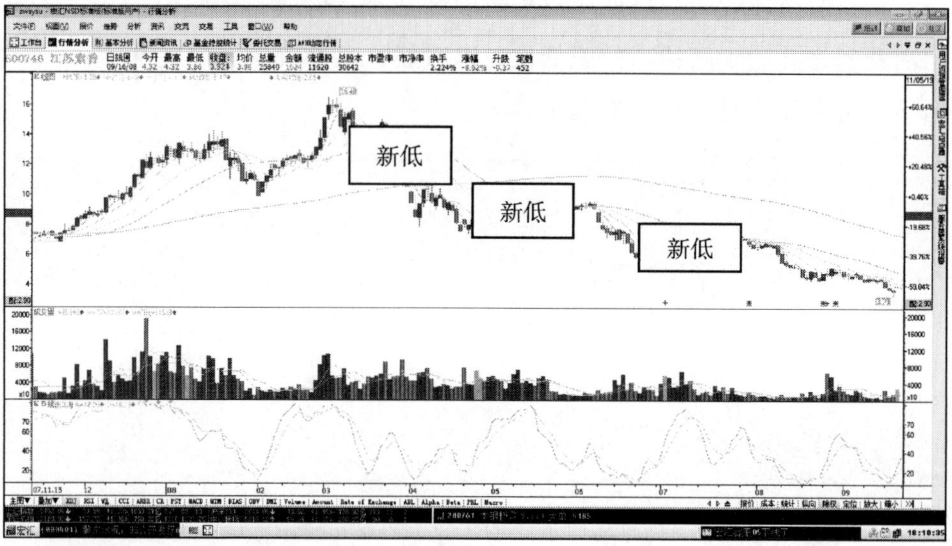

图 4 – 33

定要注意风险，在熊市初期要坚决砍仓，保住本金。

只要人们学会观察和等待，就能多赚很多钱；但人们总是太急于发家致富，结果却变得一文不名了。人们只是凭着自己的期望买入或卖出而没有任何理由！

第五章

应了解的股票信息

很多人都说股市K线图对于决定未来毫无价值，那些图只代表着过去。这是事实，但未来走势也不过是对过去的重复。所有生意人都会根据过去的生意记录来决定将来如何进货。也只有通过与过去的记录进行比较才能作出判断。我们查看一个人过去的记录，如果过去一直表现很好，我们就会判断他将来也会很好。

——江　恩

成熟的投资者可能都明白一个道理，在投资这个行业，你不会找不到答案，重要的是要明白向谁发问以及问什么问题。

因此，巴顿·比格斯，这位与索罗斯、朱利安等齐名的华尔街传奇投资家与金融大师就说：“投资者最伤神的事就是处在一张由无尽的噪声和不相关的闲话编织成的网中。噪声是人们随口说的与投资决策毫无相关的即时资讯，不相关的话则是那些说大话、漂亮话的人的闲言碎语。认真的投资者需要不懈努力，从无尽的信息和观点中吸取知识并提炼出投资良策。”

华尔街实用主义投资家比尔·米勒（作者按：他独立管理基金资产的近十年时间里，市场经历了连续 4 年上涨的美好时光，也忍受了过去 30 年里最惨痛的熊市，莱格·玛森价值信托基金创下了年均 16.86% 的收益）认为，在市场中，每个人看到的是同样的东西，阅读的是同样的新闻，得到的是同样的数据。想要得到不同结论的唯一方法就是使用一种不同的方式来整理数据，或者以异于传统的方式去处理数据。出现在新闻中的事，也体现在股价上。

近 10 年来，电脑和网络逐渐普及，投资者得到的信息量也显著增加。此前，基金经理能够收集到他人没有的信息，基金经理们的工作就是收集这些他人没有的信息进行投资决策。而现在要想找到别人没有的信息就变得非常困难了。聪明的投资者应该从收集数据转向数据分析，毫无疑问，这是一个很有意义的转变。

话说回来，众所周知的是，股票价格的涨跌是受各方面因素综合影响的，很多来自于公开媒体上的信息都可能成为我们投资决策的重要依据。然而，公开媒体上的信息固然重要，但作为信息使用者的我们，在正式使用这些已知的公开信息之前，必须对各种信息所传递出来的真实内容进行全面而细致地甄别，切不可只注重表面而忽视了更深层次的内涵，尽可能地避免犯“只见树木，不见森林”的错误。

公开信息对所有信息使用者都是一视同仁的，大家所能看到的表象均是相同的。但关键在于，有些投资人仅看到了事物的表象，而有些投资人却可以看到事物的实质。事实证明，只有那些透过现象看到事物本质的信息使用者，才能真正有效地利用好信息，并依此而作出正确的投资决策。对于信息的理解，无外乎正负两面，但如何辩证地看待呢？

1. 对看似正面的信息，同样需要进行深入的分析与理解

很多信息从表面上来看似乎是利好，但如果我们可以更进一步地去加以分析与理解的话，那或许就会惊讶地发现，信息的实质并非是真正的利好。

（1）辩证地看待每股收益。

比如，许多投资人都十分关注上市公司的每股收益，因为根据每股收益就能便利地计算出该上市公司股票的市盈率水平，并简单地理解为，只要市盈率低，那该股票的风险就不大，值得买入并持有。对此问题，本文不会去作太过深入地探讨，仅针对大家普遍所关注的每股收益进行讨论。

单就每股收益而言，其大致分为两种：一种是基本每股收益，也就是大家平时常说的每股收益。另一种是扣除非经常性损益后的基本每股收益，这一项大家平时未必十分关注。

简单说，假设一家上市公司的季报、中报或者年报中的基本每股收益非常靓丽，但如果扣除了非经常性损益后的基本每股收益却显示为微利，或者是亏损的话，那我们千万不能简单地将靓丽的基本每股收益理解为该公司业绩的出色表现。因为即便基本每股收益比较高，但那仅代表该公司的净利润比较高，一旦扣除了非经常性损益之后，其真实的净利润可能并不高。这说明当期该公司所取得的净利润中，有相当大的一部分利润并非来自于主营业务收入，它很可能是来自于出售资产，或者是获得一次性财政补贴等额外的收益。

从某种意义上来说，当期所获得的这部分额外收益缺乏持续性，更意味着今后这些收益很可能不复存在。当这些额外收益一旦失去之后，那基本每股收益也就无法继续靓丽下去了。

因此，很多时候当我们看到一家上市公司在公布了靓丽的每股收益之后，股价并没有出现大幅上涨，甚至还会出现下跌，那说明该现象背后一定隐藏着一个重要的原因，这个被隐藏起来的原因很可能就是基本每股收

益与扣除非经常性损益后的每股收益之间存在着巨大的落差所造成的。

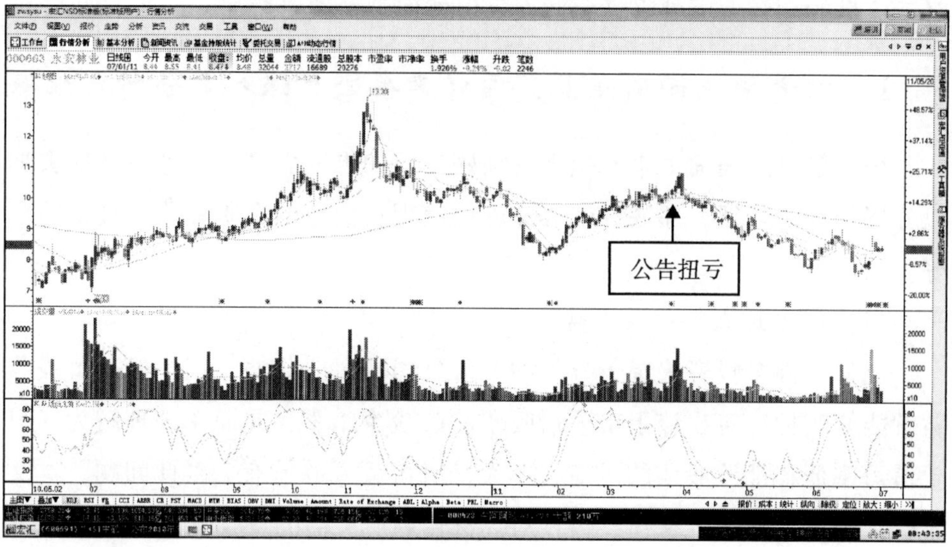

图 5－1

我们来看一个案例，2010 年 3 月 28 日，永安林业（000663）公告净利润扭亏为盈，随后其股价先于大盘开始调整，2 个月跌去 30%，很多人觉得不理解，为什么出来利好股价还跌，仔细分析其净利润我们可以发现，永安林业主营利润并没有扭亏，仍然是亏损，扣除非经常性损益的净利润为负值。虽然总体净利润为正值，但是来源于非经营性收益。这就是其公布利好仍然下跌的主要原因。我们看股票业绩，不仅要看其每股收益，也要注意其扣非经常性损益后的每股收益。我们要综合比较分析，分清楚业绩增长的来源是否可以持续，坚决避免犯低级错误，要知道，在可以预防的情况下遭受重大损失无异于财务自杀！

另外一个例子，如图 5－2 长春经开（600215），2011 年 1 月 31 日，长春经开公布净利润扭亏为盈的公告，前三个季度还处于巨亏状态，突然扭亏为盈，我们观察其每股收益为 0.282 元，但扣除非经常性损益每股收益为 －0.2375 元，差距如此之大，事实上，长春经开如此迅速完成股权变更，其目的就是为了调节 2010 年度净利润，避免被 ST。资料显示，长春经开前三季度亏损 8632 万元，其中此次置换出的经开热力亏损 4585.07 万

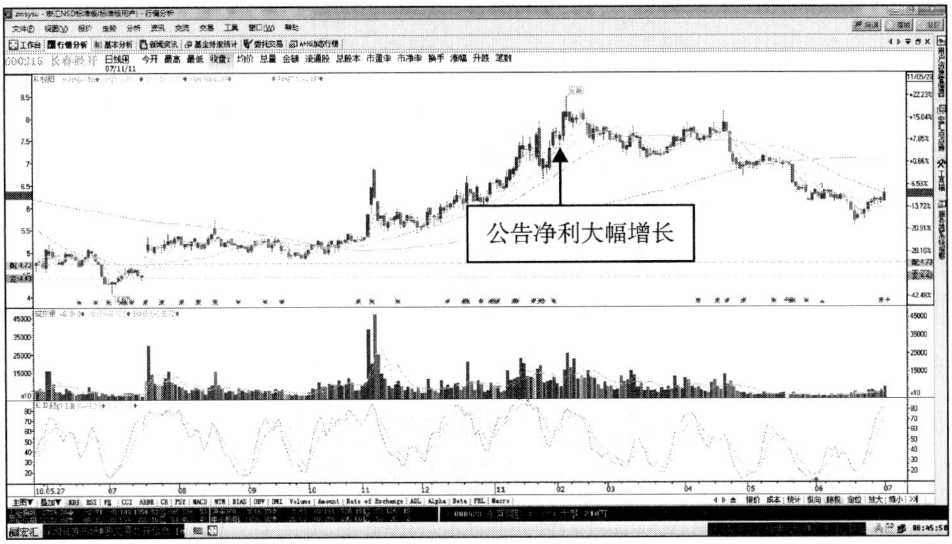

图 5-2

元，兴隆热力亏损 68 万元，而公司会展业务近三年年均亏损额在 2800 万元以上，三项资产共计亏损近 8000 万元。将亏损源置换出去，获得净利润盈利。自公布近利润暴增 3700% 之后，长春经开暴跌了 30%。对于这种情况，我们一定要分析清楚，以免造成大幅亏损。

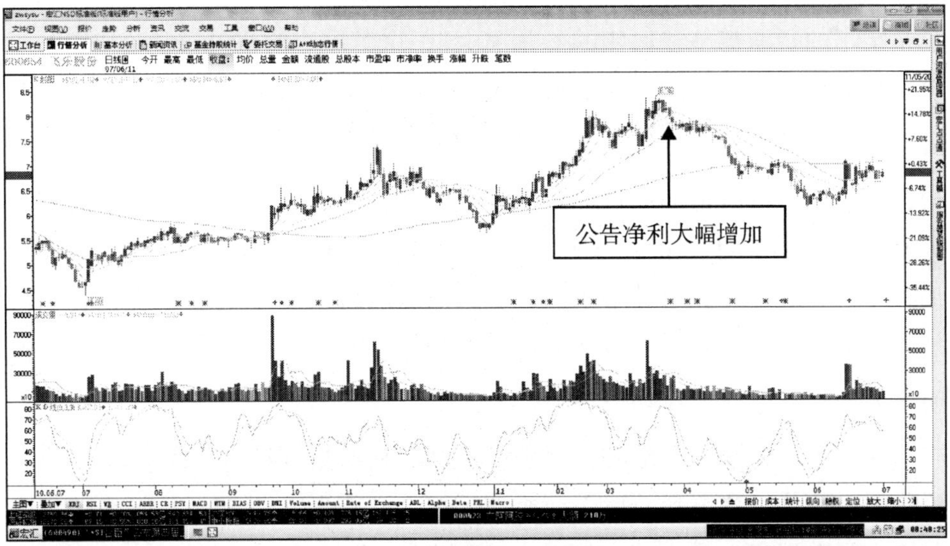

图 5-3

我们再来看一个例子，图 5 – 3 是飞乐股份（600654）K 线图，2011 年 3 月 28 日，飞乐股份公告净利润暴增 900%，基本每股收益 0.14，可是扣除经常性损益每股收益只有 – 0.04，实为亏损。仔细分析，飞乐股份业绩增长是上海市长宁区土地资源储备中心对公司拥有的武夷路 174 号、昭化路 54 号两地块实施收购，收购价格为 12280 万元，这才导致业绩大幅增长，其主营收益对其业绩来说几乎没有增长。分析公司收益增长时，我们一定要多一份谨慎，弄清楚其业绩增长的源泉在哪里，如果是主营收入提高，其业绩一直增长的公司，自然值得我们去关注，可如果只是一次非经营性收益，自然不能持久。我们要区别对待增长的原因，买入业绩能够持续增长的好公司。对于以非经营性收益提高业绩的公司，我们要谨慎对待。

（2）辨证地理解上市公司基本资料中的前十大流通股股东。

看似利好，但实质并非利好的现象还有很多，譬如某家上市公司所公布的年报、中报或者季报中显示，其前十大流通股股东均为机构投资人，此时许多中小投资人必然会简单地理解为，既然机构投资人大量持有该公司的股票，那说明该公司肯定不错，买入并持有的风险一定不大。但是，这里同样存在一系列的问题。

我们的上市公司年报数据统计截止日期为当年的 12 月 31 日，但最晚公布年报的日期却是在次年的 4 月 30 日，这其中存在着 4 个月的时间差。我们如何依此来判断驻扎在该股中的机构投资人没有利用这 4 个月的时间差来减持所持股份？我们如何保证在年报公布当日机构投资人没有利用中小投资人的兴奋情绪来进行部分减持？即便前十大流通股股东均为机构投资人，但如果本期上市公司所统计的流通股股东人数较上期出现明显增加，并且人均持股数出现了明显减少，那纵然机构投资人仍持有该公司的股份，但从股东人数增加以及人均持股数量减少这一现象上来看，至少说明该公司的流通股正在趋于分散。

我们知道，股票价格的上涨是由资金推动所形成的，但如果要使股票价格的上涨具有持续性，那必须要有大资金持有者不断买入并坚定持有来完成。大资金持有者的不断买入并坚定持有，必将导致人均持股数的逐渐增加，并引起流通股股东人数的逐渐减少，这样所形成的股价上涨局面才是一个良性的循环过程。

反之，如果股东持股数量在不断下降，流通股股东人数却在不断增加，这说明大资金持有者买入的意愿不强，持股的稳定性不够，更有可能正在逐步兑现手中现有的股份。如此一来，必将导致流通股逐渐趋于分散，而分散的最终结果必然导致股价上涨的乏力，甚至出现下跌的局面。

以上仅仅为两个大家最容易误解的实例，在实际操作中，这种“假利好、真利空”的信息比比皆是，我们的投资人经常会因为不够仔细而蒙受投资损失。

因此，在解读公开信息时，即便大众普遍认为某条消息为利好，那我们也应该仔细地去甄别一下，看看在表面利好之下是否隐藏着某些隐患。

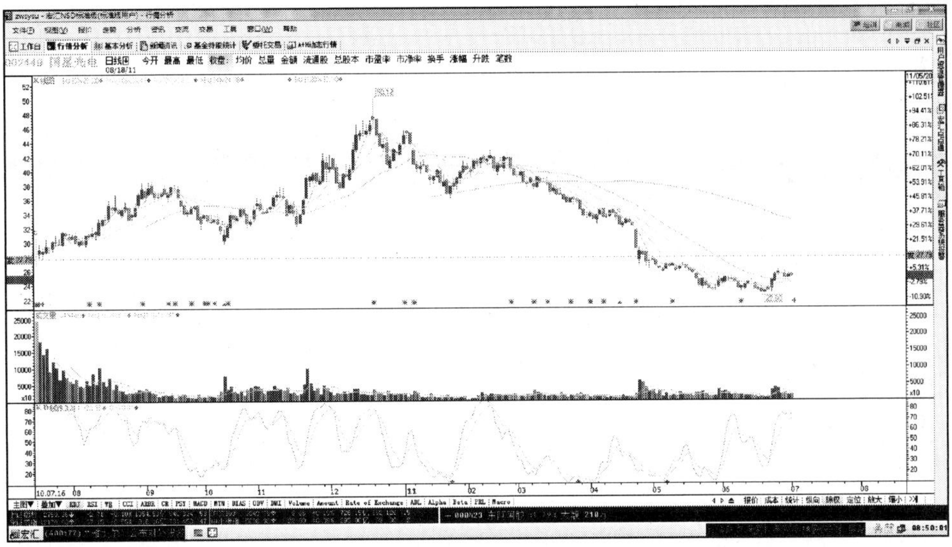

图 5 -4

我们来看一个案例，如图 5 -4，国星光电（002449），我们分析其 2010 年底股东户数为 13056 人，人均持股为 4213，前 10 大流通股东全是基金持仓，占到总流通股本的 26%，看上去一切都很美好，一个季度过去了，国星光电股东户数为 15244 人，人均持股为 3608，基金持股更是占到总流通股本的 31%，筹码更为集中了，可是股价却是一去不回头，跟随着中小板的调整，国星光电自 2010 年 12 月份至 2011 年 5 月来已经跌去过半，如果因为基金众多，都看好而买入该股，几个月便损失资产达 50%，亏损堪比小熊市了。到2011年3月底，国星光电的人均持股减少，股东户数在增加，很明显机构们也有派发的嫌疑。我们买入一只股票，要从该股的质地、大盘的状况等综合考虑，而不是只拿一个基金持股作参考。

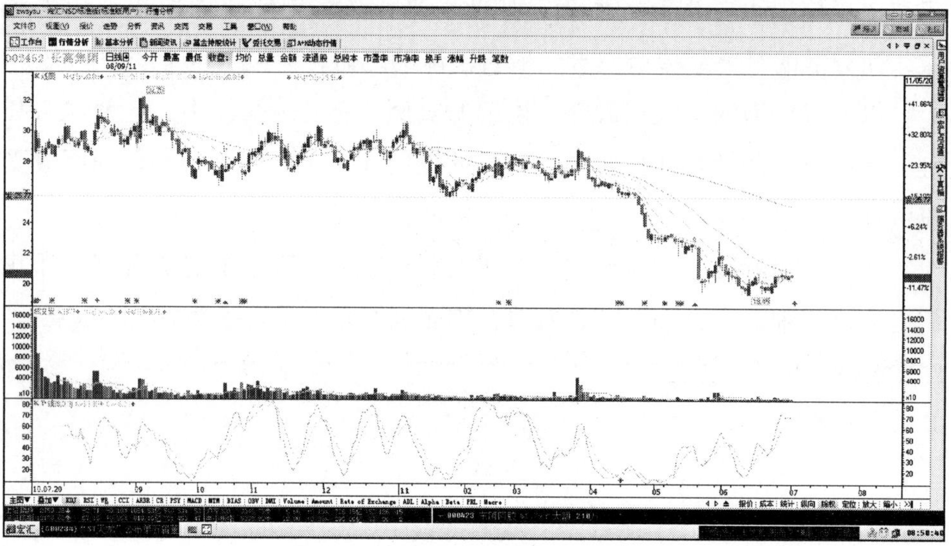

图5-5

再来看另一个案例，观察上图，长高集团（002452）的K线图，其在2010年12月底前10大流通股东基金位列八席位，占流通股东15%左右，股东户数和人均持股分别为8917人和2804股，至2011年3月底，股东户数和人均持股为10146人和2464股，较前期股东户数增加，人均持股下降，明显的派发迹象，随后跌去40%。但是我们如果看2010年底的年报就会发现基金一致看好，股票形势一片大好的信息，所以不能以基金的持股数量来判断一只个股的好坏，这只是一个参考因素而已。

我们再来看一个案例，加深印象，青龙管业（002457）2010年8月上市，随后股价小幅震荡后，创出新高，一路震荡走高，无论是2010年3季报还是2010年年报，我们可以看到许多基金扎堆，可见其基本面确实不错，比较2011年一季报和2010年年报，发现其股东户数有较大幅度的增加，人均持股有较大幅度的减少，派发迹象明显，随后也来了一大波的下跌，再次证明了以上的理论，只看基金大幅加仓，就买入一只股票的决策

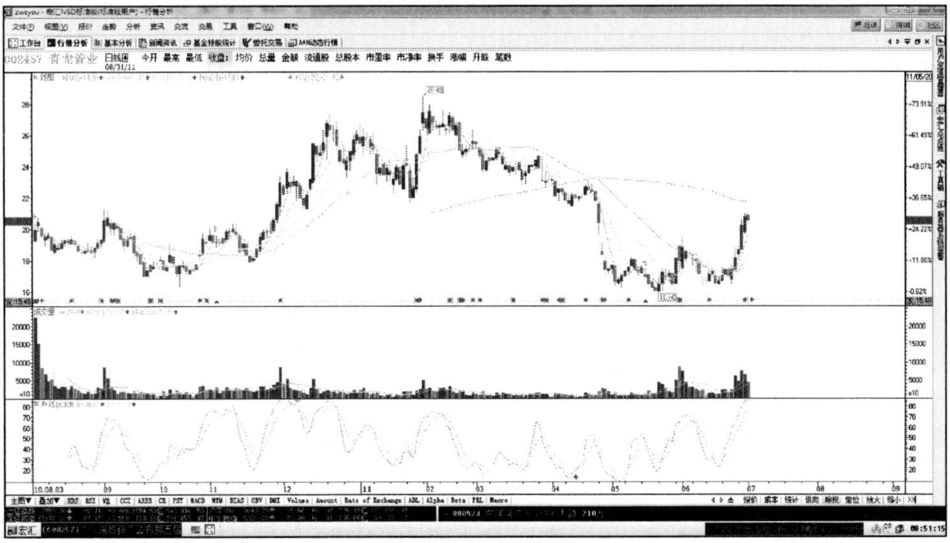

图 5 – 6

不科学。

综合以上几个案例，我们买股票首先要看大盘的环境和个股自身的质地，只从一点来判断是否买卖一只股票是非常不成熟的做法。只有综合考虑大势环境，个股基本面和技术面的方法才是更加科学的。

2. 对看似负面的信息，同样需要进一步深入地分析与理解

与“假利好、真利空”正好相反的是，在现实投资过程中，很多信息看似是利空，但实质却是利好。这里我们同样以上市公司业绩为例。

许多上市公司在公布亏损业绩的当日，股价并没有因此而出现大跌，甚至还可能出现不同程度的上涨。形成这一现象的原因可能是多方面的，这里我们仅讨论两种特殊的情况：

（1）利空兑现为利好。

也就是说，股票价格永远是反映未来的，在亏损业绩公布之前，市场可能已经提前预感到了，因此该公司的股价或许已出现过不同程度的下跌。那么当亏损业绩正式公布之时，股价很可能会因为事前风险已被有效释放

而出现上涨，这是从市场层面上来理解的。

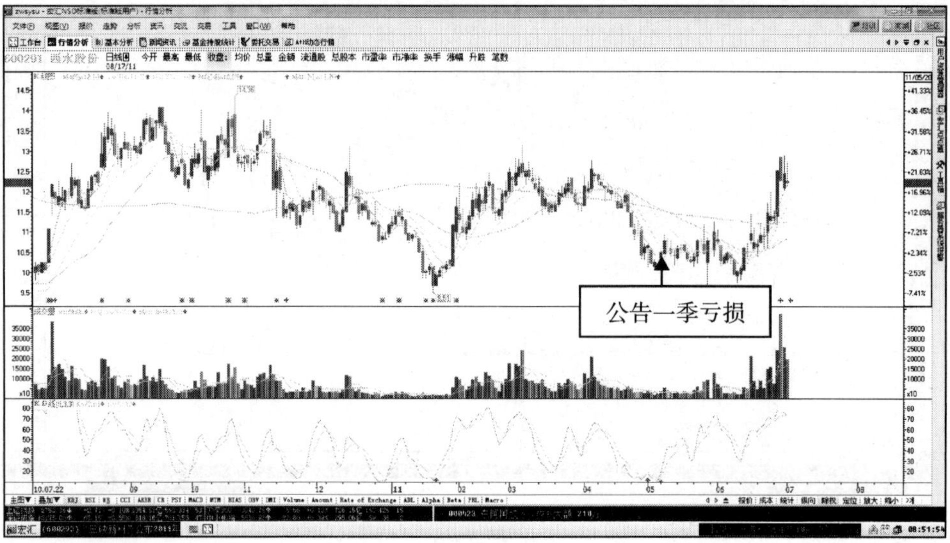

图 5-7

如图 5-7 所示，2011 年 5 月 3 日，西水股份（600291）公布净 2010 年和 2011 年一季度利润同比增亏公告，随后大盘又进入一波杀跌，可是西水股份并没有继续创出新低，而是处于一种横盘整理状态，经历了一段时间的整理之后，西水股份开始走出上升行情，究其原因，西水股份长期震荡的走势消化了其业绩预亏的利空，利空出尽，股价反而上升。

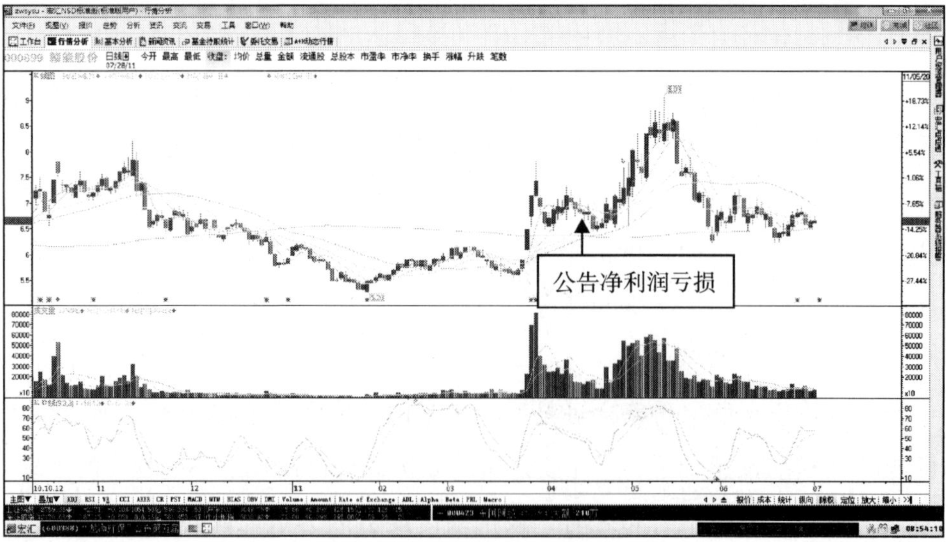

图 5-8

图 5－8 是赣能股份的 K 线图，2011 年 3 月 25 日，因与赣州稀土传出重组，股价连续大涨 3 天，公司发布了澄清公告后，股价进入整理走势，2011 年 4 月 11 日，赣能股份发布了业绩预亏公告之后，几天后，其股价不但没有下跌，反而进入新一轮上涨之中，之后才随大盘进入整理状态。

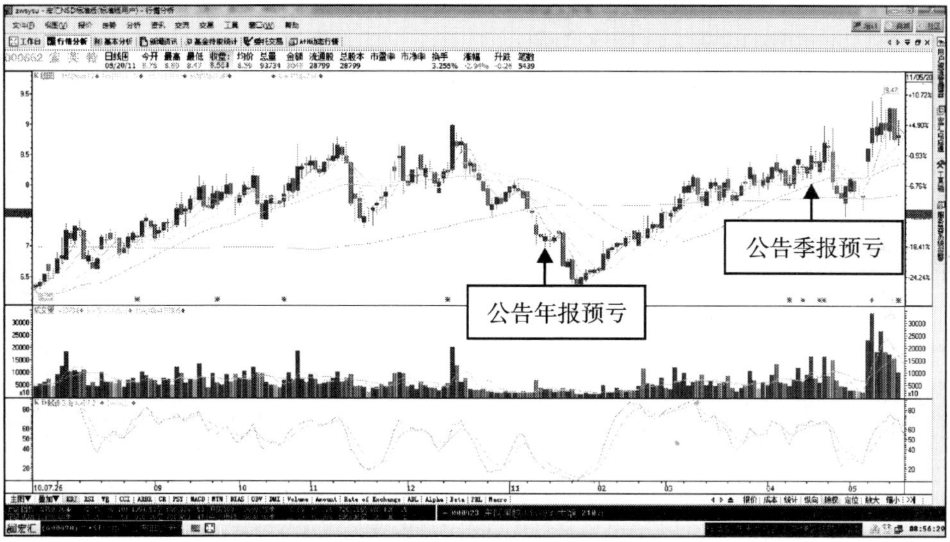

图 5－9

再来看一个例子，图 5－9 是索芙特（000662）的 K 线图，索芙特年报和季报均预亏，可是股价也并没有随之下跌，在 1 月中旬公布 2010 年业绩亏损 7000 多万元之后，股价随即下跌了几天，便很快见底，之后索芙特走出一波上升行情，涨幅达 40%，同样，在 2011 年 4 月索芙特公布了一季度业绩亏损 200 万元左右公告之后，股价也是继续震荡上行，上涨 20% 左右。有时利空兑现即为利好，不要一见到利空来了就不假思索地排除某股票，而要根据实际情况作充分的分析，看看是否有绝处逢生的事情发生。最坏的时间已经过去了，余下的日子会慢慢转好。正是本着这样的思维，我们要努力研究好那些重大利空的股票，具体分析，看看利空中是否有交易性机会可以参与。

（2）当期业绩可能仍然为亏损，但同比或许已经减亏，环比更有可能已经出现了增长。

在谈这个问题之前，我们先简单了解一下同比与环比的基本概念。

在我们研读企业财务报表时，经常会看到“同比”与“环比”这样两种提法。“同比”是与去年这个时期的数据进行比较，基数取自于去年同期。而“环比”可以是季度与季度作比较，也可以是月度与月度做比较，基数可以取自于上个月，也可以取自于上个季度。

那么，究竟是“同比”的数据具有参考价值？还是“环比”的数据更具有说服力？应该说，这两种数据都非常重要，我们需要结合起来看，需要对比着看，这样才能使我们更为全面地了解企业的真实经营状况。

图 5－10

我们来看几个案例，2011 年 3 月 28 日，＊ST 马龙（600792）（图 5－10）公布 2010 年度业绩公告，每股亏损 1.12 元，因为连续 3 年亏损，故而实施退市风险警示，但是仔细分析，＊ST 马龙的每股收益年度同比已经增长 50%，季度环比已经增长 150%，公司的基本面正在逐渐转好，在这样的情况下，公司的大股东没有放任其暂停上市，积极运作公司重组，终于在 2011 年 7 月初，公司的重组方案获得证监会有条件的通过，避免了退市的尴尬。其股价从公布退市风险警示起至 2011 年 7 月初已经涨了近

30%。这种看似即将暂停上市的股票也暗藏机会，需要胆大心细的人去耐心挖掘。2010 年 4 ～ 7 月大盘跌幅达 15%，而同期 ST 马龙却是正收益 30%。大幅领先大盘 45% 个点的收益。

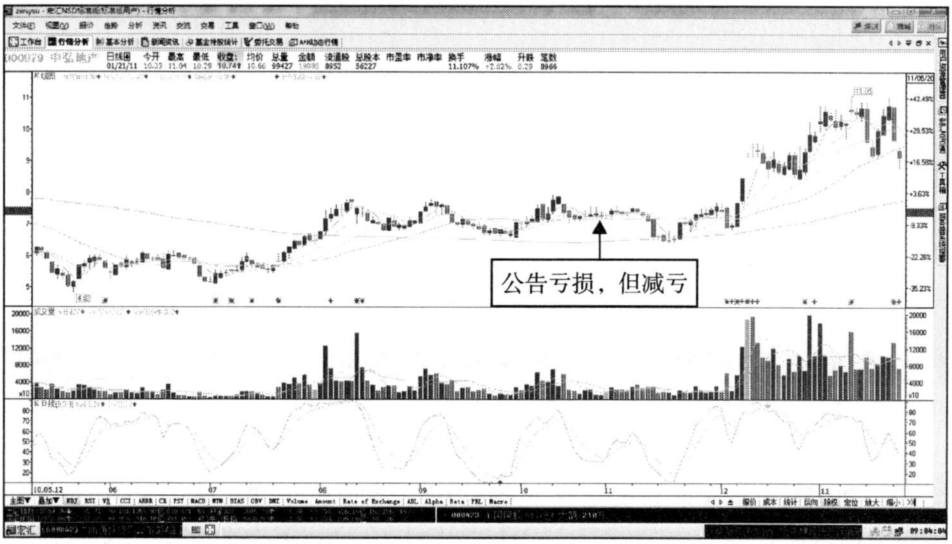

图 5 - 11

有些人可能觉得 ST 股票风险大，不敢参与，下面我们来看一个非 ST 的例子，2010 年 10 月 27 日，中弘地产（000979），（图 5 - 11）发布亏损公告，三季度共亏损 4868 元，看似很大的利空，我们再仔细观察，相比之前，其净利润同比已经增长 68%，环比更是增加 75%，看到业绩亏损的同时，我们也应该清楚地意识到，其业绩正在慢慢转好，果然，2010 年底其业绩扭亏为盈，带来的是股价的暴涨，从 2010 年 10 月至 2011 年初股价已经涨了接近 50%。对于非 ST 股票，我们更要注意其业绩减亏，带来的反转效应。

有些 ST 股票虽然业绩亏损，发生减亏后，很可能之后便扭亏为盈，摘星脱帽。2010 年 10 月 27 日，公布业绩亏损公告之后，ST 豫能（001896）还是一直平淡无奇的走势，但是平淡的背后，孕育着机会，ST 豫能虽然业绩亏损，但是近利润同比和环比出现了 28%，138% 的增长，之后股价经历了 3 个月左右的震荡之后，慢慢走入上升通道，最终在 2011

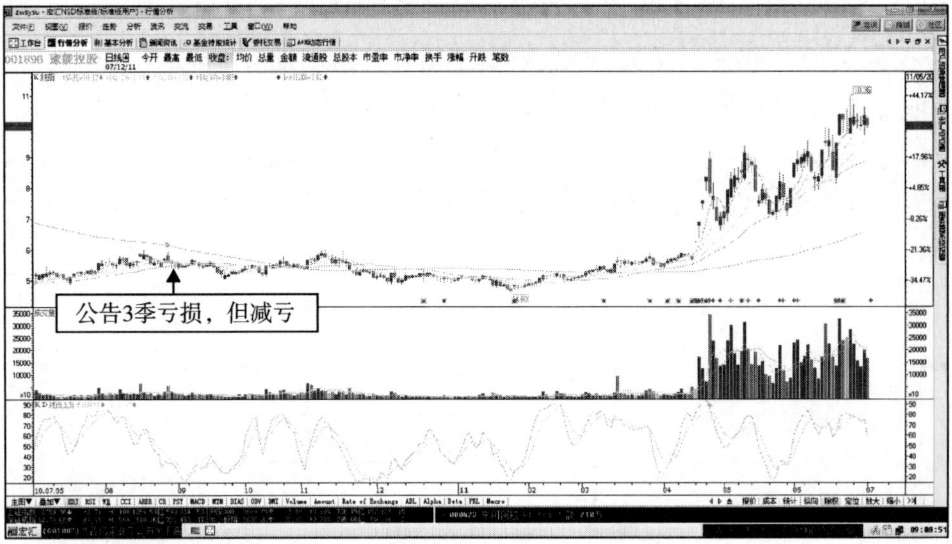

图 5－12

年 4 月 20 日，ST 豫能正式更名豫能控股，连拉 4 个涨停板，随后 2 个月劲升 70%。

综上所述，许多表面上看似是利好的消息，其实质可能并非是利好。然而，有些看似是利空的消息，其实质可能并非是利空。要正确区分“假利好、真利空”与“真利好、假利空”之间的关系，那就需要我们仔细地去加以甄别，并尽量不要犯利空信息与利多信息错位理解的错误。

从技术面分析的角度看，江恩曾经说过，所有可能影响其股票未来走势的全部信息都尽在股价浮动之中了。除了该股的股价记录外，不需要更多的东西。

很多人都说股市 K 线图对于决定未来毫无价值，那些图只代表着过去。这是事实，但未来走势也不过是对过去的重复。所有生意人都会根据过去的生意记录来决定将来如何进货。也只有通过与过去的记录进行比较才能作出判断。我们查看一个人过去的记录，如果过去一直表现很好，我们就会判断他将来也会很好。

我们来看几个活生生的案例，对于一些次新股，在大盘没有系统性风险的前提下，其实不用看基本面，只要看 K 线，也能轻松赚一波行情。对

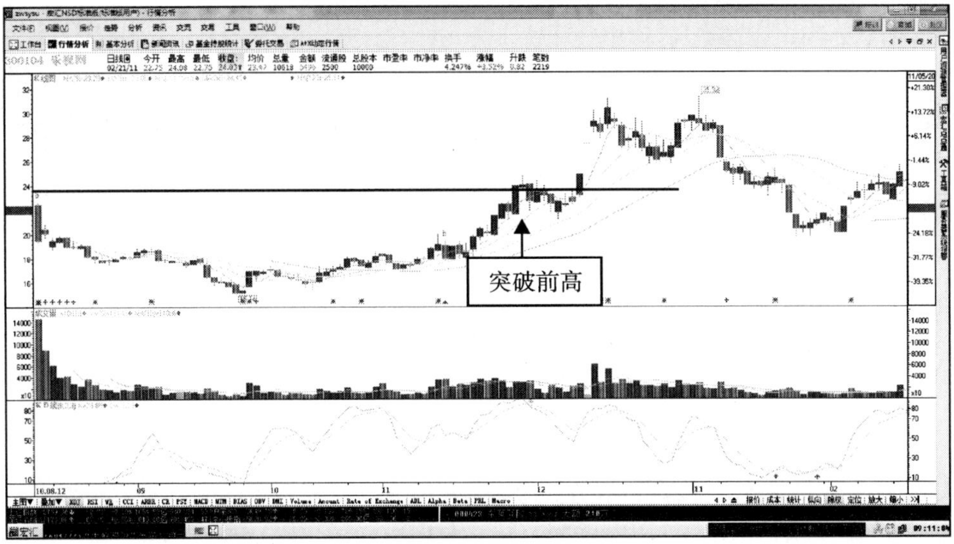

图 5－13

于一些刚刚上市的次新股，经过几周的调整后，放量突破上市前高点，我们可以从 K 线中读出此次突破的力量非常强劲，而且既然股价能放量解放了上市初期所有的套牢盘，至少说明买这些筹码的人胸有成竹，所以，这种 K 线形态，我们往往能够读出后面还有一波至少 10% 左右的拉升。例如图 5－13，乐视网（300104）就是这样的一种情况。2010 年 8 月 12 日，乐视网以 22.4 元（除权后）的价格开盘上市，之后股价震荡下行，构筑了一个圆弧底，经历了 3 个多月的震荡吸筹洗盘之后，乐视网终于突破 22.4 元的上市的最高价，之后半个多月的时间里，乐视网最高涨到 31.24 元，涨幅接近 40%。类似乐视网这种情况的股票在次新股里面还有很多，比比皆是。

对于一些股票，在一段涨幅之后回归震荡调整走势，在经历了差不多两三个月的调整之后，这些股票再次放量创出前期高点，这样的股票往往会有一波不小的上攻，在突破前次高点之后仍然是好的买点。类似图 5－14 中鲁信创投（600783）这样的例子还有很多，例如獐子岛、三一重工等。

股市 K 线图其实就是一种图画，这种图画与我们的描述相比要更为简单明了。同样一件事虽然也能用文字加以说明，但通过图画形式看到这件

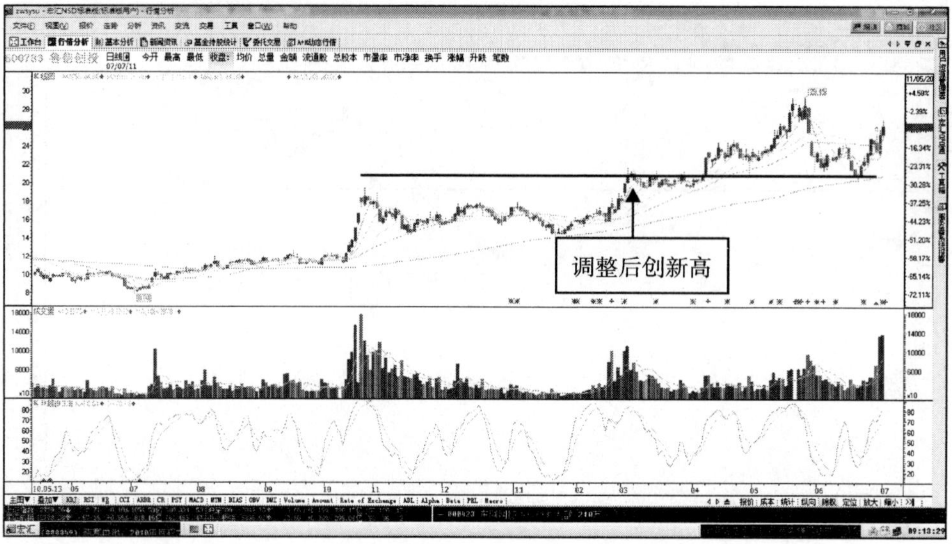

图 5 – 14

事时，会理解得更快一些。要更快地认识一个人，了解一个人好的品质和坏的品质，看照片会比读对他的描述要快得多。

对于上面的解释，江恩认为没有比《圣经》更权威的了。圣经上说："已有的，还会有；已做的，复去做。阳光之下没有新的东西。"这表明历史只不过是过去的重复。股市行情变化图是我们拥有的唯一指南，可以告诉我们股票以往的情况，据以判断股票将会如何动作。

设想创造股市的不是人而是一台机器，那么情况很可能就大不同了。但对于那些了解如何解读操盘者操作信号的人来说，股市 K 线图和以往的记录就非常有价值了。

所以，江恩强调，我们应该尽量多地取得标记有以往月度最高价和月度最低价的股票行情变化图，以及一张标记有过去半年到一年内每个星期最高价和最低价的股市行情变化图，最后，还要有一张标记有过去 30 天到 60 天内每日最高价和最低价的股市行情变化图。这就能让投资者解读这只股票过去、现在和未来的走势了。如果指示得不够明白，就得再看一会儿，一直到大盘表明多空力量的平衡方式是供求平衡还是供过于求或供不应求。

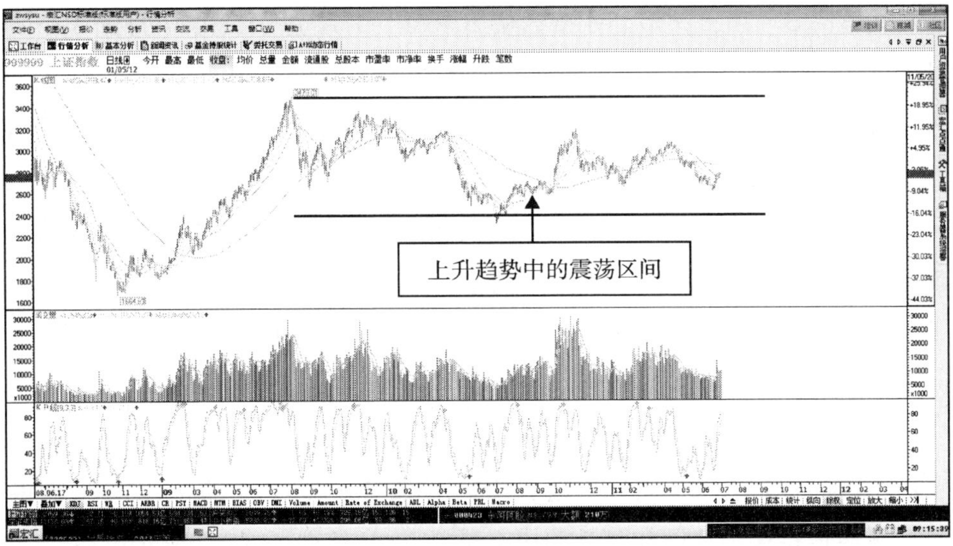

图 5－15

我们来看一个案例，图 5－15 上证指数从 2009 年 8 月至 2011 年 7 年这近两年的走势图，可以看出，大盘在这一段区间之内，走势基本处于震荡，供求关系处于比较均衡的状态。每次涨至 3000 点附近就是一个相对高点，跌至 2500 点左右就是一个相对的低点，在没有打破震荡市场的格局之前，这种逢低买入逢高抛出的思路还是有效的。

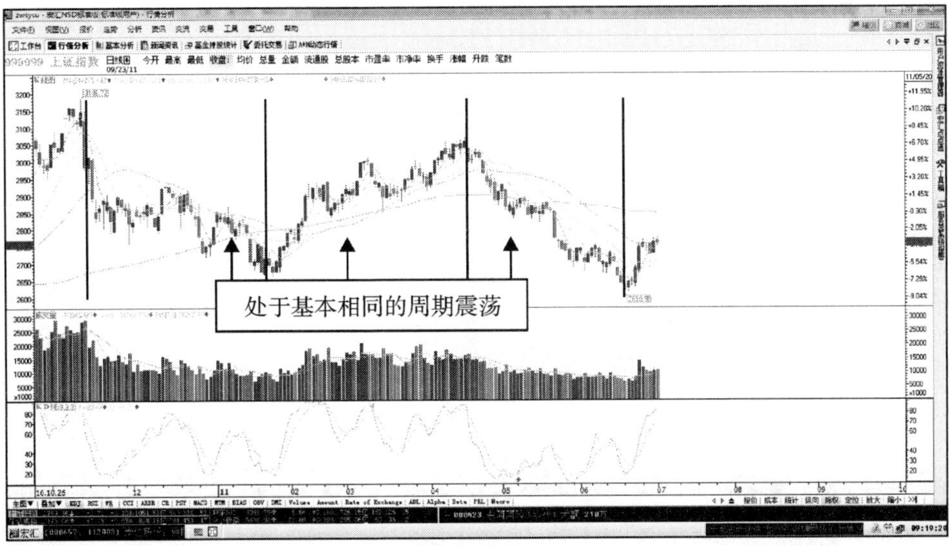

图 5－16

再看图5-16，这是上证指数从2010年11月至2011年7月近8个月的日K线走势图。我们看到大盘处在狭窄的区间做上下震荡，从2010年11月11日至2011年1月25日为53交易日，2011年1月25日至2011年4月18日也为53交易日，从2011年4月18日至2011年7月初差不多也为50多个交易日，类比之前的周期，在不出现特大利空的前提下，大盘具有反弹的需求。震荡市场上，每一波的波动周期基本一致，在这样的情况下，我们就可以用上一次的周期去大致判定下一次的顶部或者底部，到达一定的周期后，供求关系就发生变化，会产生一波相反的行情。

作为职业投资者都知道，成交量的作用不容小觑，因为其恰恰可以说明供给或需求是否大到足以引起股价的上涨或下跌。要根据已发售股票的总量来衡量每天、每周和每月的成交量。

下面三个图分别是科大讯飞（002230）的月线、周线和日K线图。从这三个图形中都可以看出科大讯飞是良性上涨，带量突破，不同周期同时发出低位放量突破的信号，这些是股价开始上涨的积极信号，事实上在科大讯飞上得到了很好的印证，从2010年3月首次放量至2010年11月底，科大讯飞共上涨了140%多。看股票是否突破，不仅要看股价是否突破，

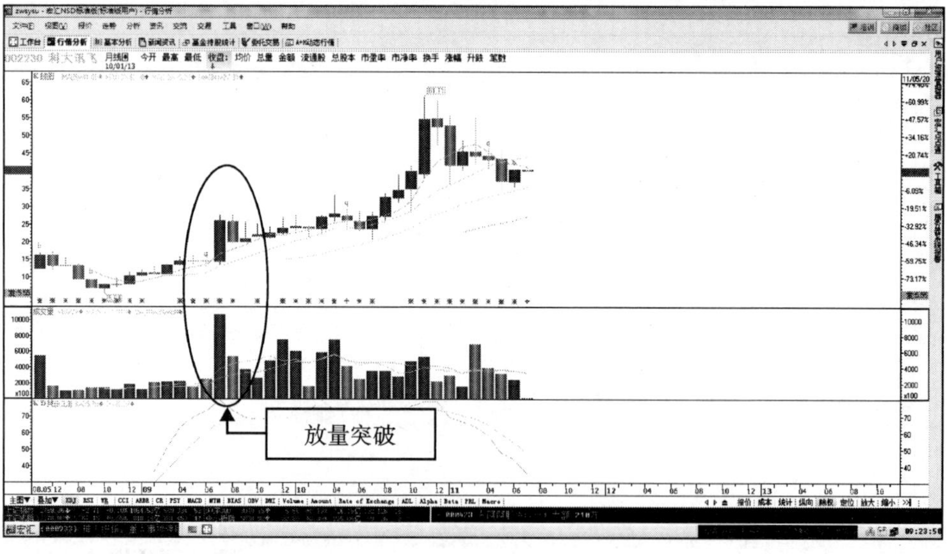

图5-17

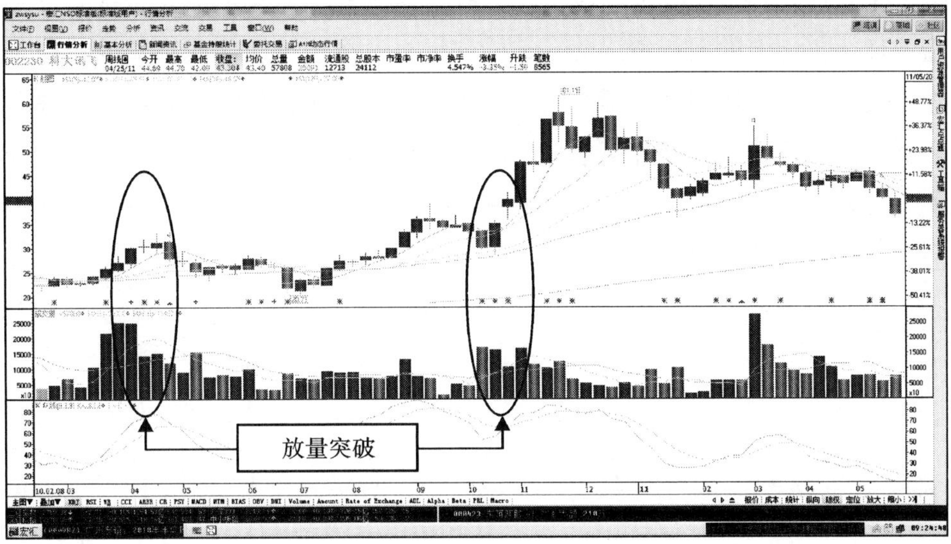

图 5－18

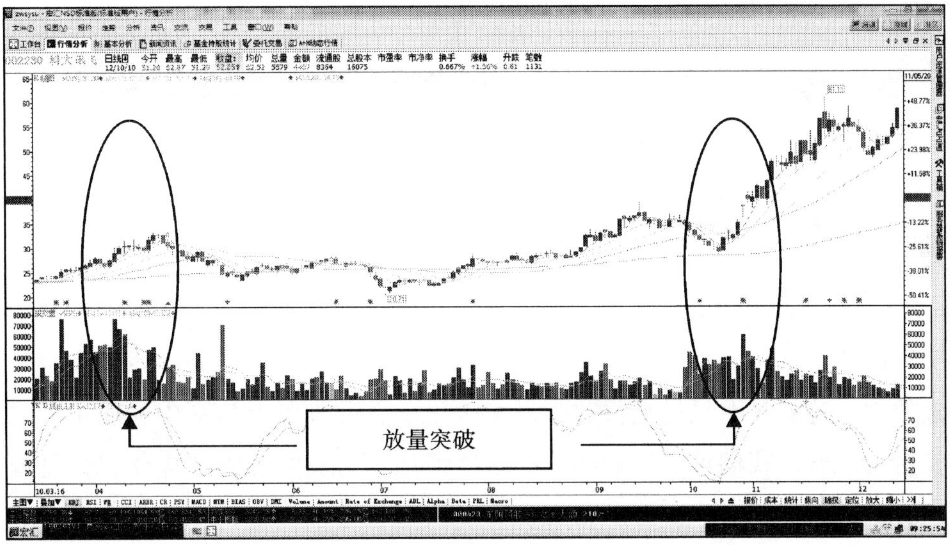

图 5－19

也要看其成交量是否配好，我们要综合考虑股价和成交量，用以提高胜率。

成交量说明了什么呢？每只个股的成交量都说明了正在买入和卖出的该股股票所占的比例。因此，只要能正确解读大盘，就能通过大盘和股价震荡来发现真相。没有大的成交量，股票自然就不能完成派发或吸筹。要造成任一方向上的大行情，就一定要有什么人在接近底部或顶部的价位买入、卖出相当大比例的股票。因此，要仔细研究成交量、卖出大量股票所需的时间以及在成交量逐渐增加时股价上涨或下跌的点数。

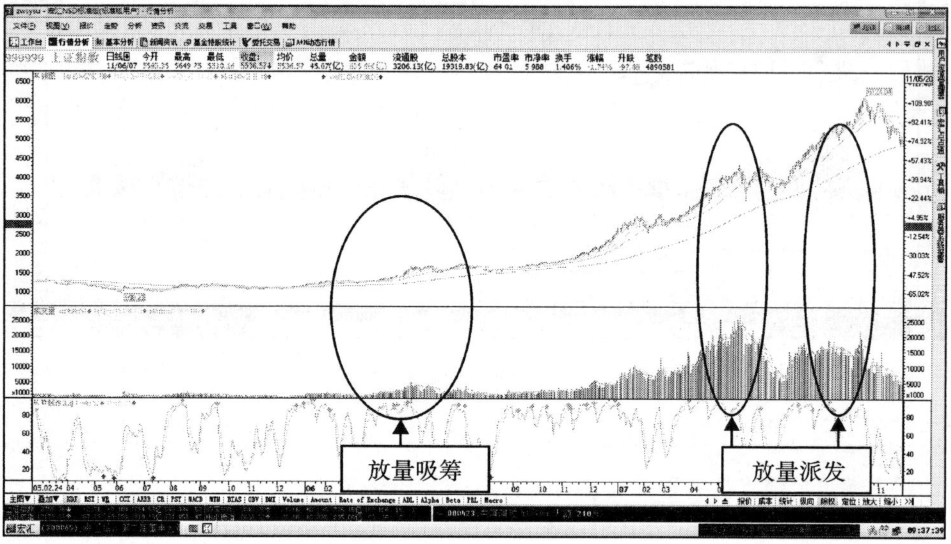

图 5－20

如图 5－20，我们来看上证指数 2005 年 6 月至 2007 年 10 月这一波牛市的价量分布图，观察上图我们发现，上证指数在 2005 年 6 月至 2006 年 8 月这一阶段，股价涨幅只有 60% 不到，成交量温和放大，这就是明显的吸筹阶段，到了 2007 年 5 月和 2007 年 9～10 月，可以看到大盘成交量飞速放大，这就是明显的高位放量派发阶段。通过股票走势图中的股价和成交量的配合，我们可以很快阅读出这些消息，为我们的股票操作提供重要的方向性指点。

如图 5－21 是晋亿实业（601002）的周 K 线图，从图中我们可以看到，晋亿实业的吸筹时间历时数周，成交量缓缓放大，最后才迎来了一波快速上攻，随着成交量的急剧放大，不断派发，晋亿实业达到一个中期头部。说到底，股票还是一种买卖，低价买，高价卖，只不过是被披着一套神秘的外衣罢了，揭开这层外衣，其实质与其他买卖没有两样。以低价进

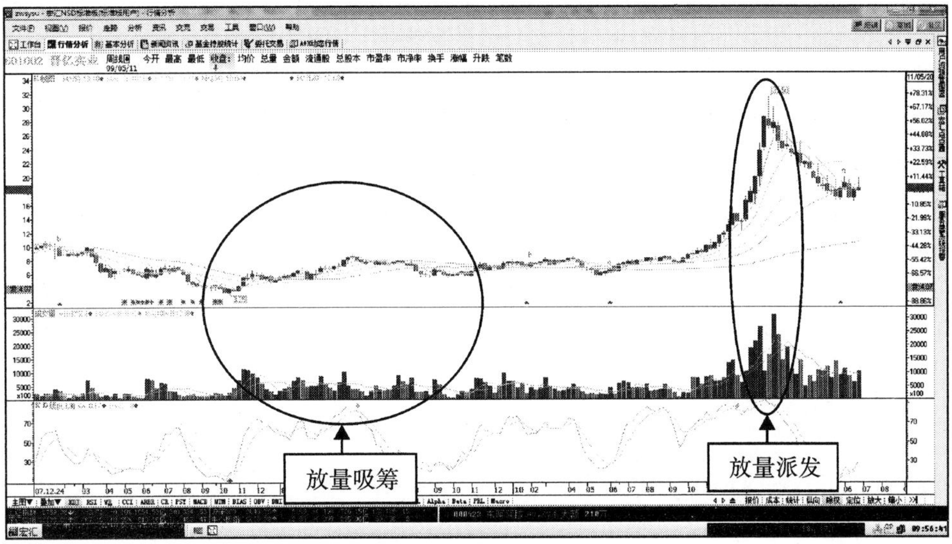

图 5 – 21

货，高价卖出，这就是任何做生意的根本性逻辑。关键在于低价的时候能否进到货，高价的时候是否卖得出去。所以，我们买股票，至少要买低位建仓充分的，更通俗的说，就是要找低位放量的。我们卖出股票，尽量选择股票较高位活跃期时卖出，否则，我们卖出股票可能会比较艰难。

第六章

股票七个行动区域

江恩对股市的研究独具匠心，他将股市分为七个区域以确定不同的行动阶段。它们分别为正常区域、正常区域以上和以下各又三个区域。

——江　恩

江恩对股市的研究独具匠心，他将股市分为七个区域以确定不同的行动阶段。它们分别为正常区域、正常区域以上和以下各又三个区域。

正常区域表示股价基本接近股票本身的内在价值，人的判断尚可信赖而且记录行情变化的大盘也能够从供需关系方面对其加以分析。“正常”区域在我们看来就表示买入与卖出大致相当，股价波动幅度很小，没有明显的动机和理由去进行疯狂的投机性抬升或打压。在正常区域周围，吸筹或派发都有可能。投资股或是金边债券在这一区域都可能开始呈现颓势，而前途看好或是被吹嘘为有望得到大笔盈余的投机股可能从这一区域开始上升。

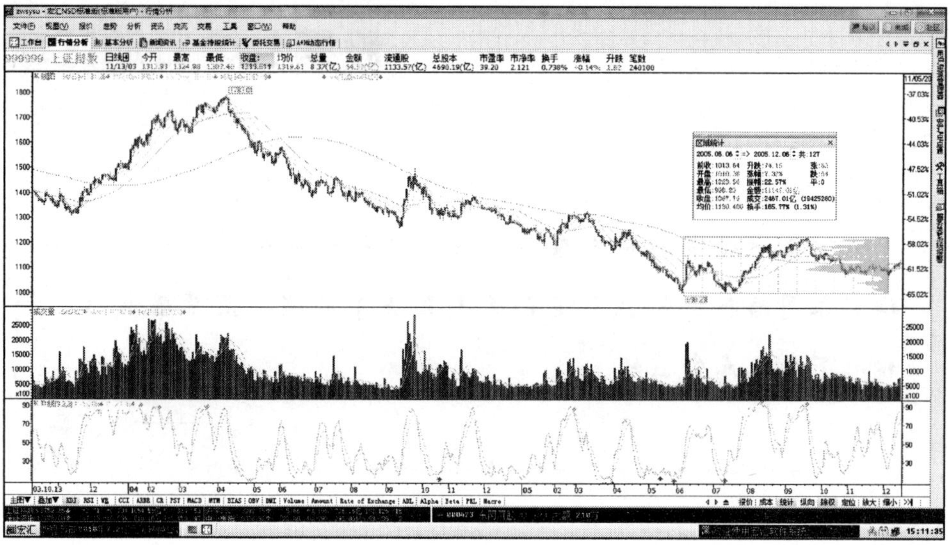

图 6－1

我们来看一个案例，图 6－1 自 2001 年 6 月见顶以来，上证指数已经走了 4 年的熊市行情，在 2005 年 6 月 998 点开始，上证指数跌势趋缓进入震荡格局，经历了 4 年熊市的股民们都非常的保守，即使大盘企稳震荡，参与的人也不多，股价呈现出来回震荡的平淡走势，6 个多月上证指数只微涨了 7% 左右，买卖动力基本相当，股票波动幅度较小，这正是一个相对的平稳区域。

再来看另一个案例，如图 6－2，在大盘的震荡供求平衡的区间之内，

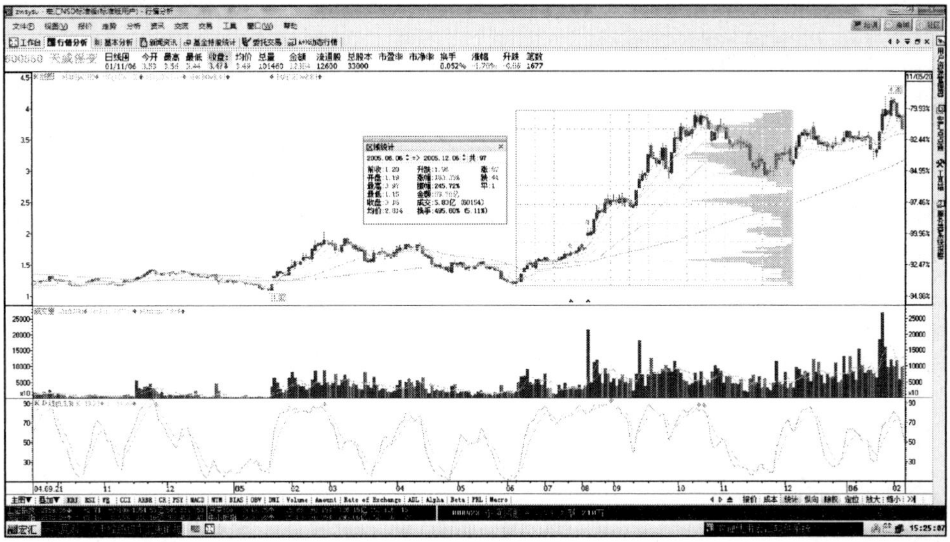

图 6-2

天威保变（600550）从 2005 年 6 月至 2006 年 1 月这 8 个月间上涨了近 200%，同期上证指数只上涨 7%，寻找原因，我们发现在 2005 年天威保变的每股收益也并不高，市盈率也不是极低，为什么率先领涨，成为龙头股呢。通过查询公司公告发现，在 2005 年 6 月天威保变投资 1.1 亿元增资新光硅业，并且同一时间对股东分红派现，给人感觉公司形势一片大好，前途无可限量，未来公司很有可能获得很高的净利润，这样一来，抱着投资未来的心态，很多投资者和投机者开始疯抢这只股票，这也是这只股票能够短短几个月在大盘平稳状态中暴涨 2 倍的原因。

如图 6-3，航天机电（600151）在大盘处于震荡的几个月中也是上涨 80% 以上，成为当时的炙手可热的大牛股。回过头去细细品味，我们发现 2005 年 6 月之后，航天机电半年和三季度每股收益一直处于下降状态，每股收益不足 0.1 元，但是公司出资 2000 多万元合资组建太阳能和清洁能源公司，转型新能源产业，给人以极大的想象空间。随后股价接连上涨。这正是炒作预期的典型代表。以未来的低市盈率为预期，去炒作这些现在市盈率超高的股票。

对于这样的股票一定要注意不能太过留恋，一旦新产业未能如期兑现

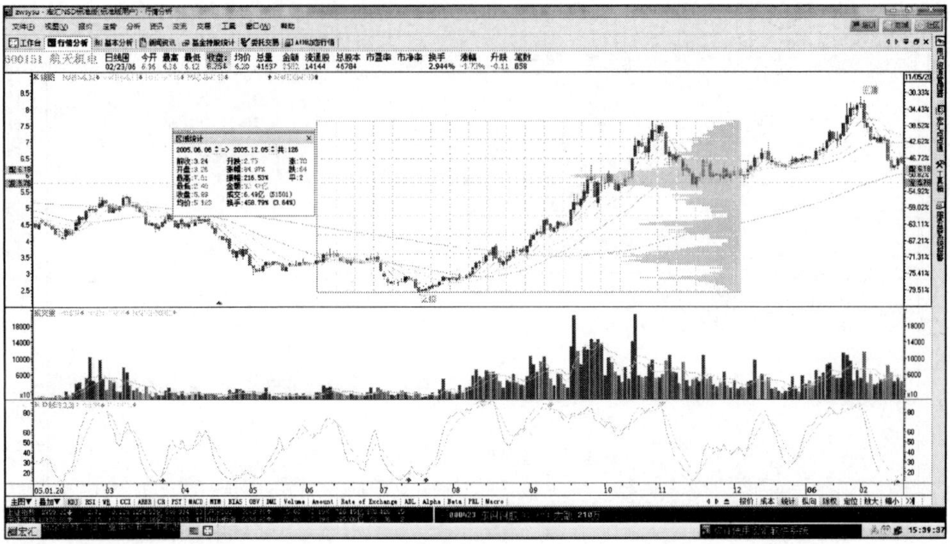

图 6－3

每股收益，一定要及时抛出，避免坐过山车，当然对于新业务能够兑现每股收益，甚至超预期的品种，我们也可以较长期的持有，要跟踪买入时的投资理由，投资理由在，我们可以继续持有该股，若理由不在了，我们要坚决抛出股票。

正常区域以上第一个区域标志着股价在几乎没有人注意的情况下平稳上扬。根据股市在总的经济环境中经历的周期，这一时段可能长达一个月、三个月、半年或一年。原因在于，用长期震荡的观点来看股市，从正常区域到第三个区域的过渡有时需要一年的时间，有时也可能需要 5 年或 10 年的时间。

继续看上证指数这个案例，从 2005 年 12 月底到 2006 年 7 月的 7 个月左右的时间里，上证指数缓慢上升，不知不觉已经上涨 60% 左右，期间并伴随着成交量的温和放大，之所以涨势不是很凶猛，是因为这是股市刚刚回暖后一些机构投资者缓慢建仓的阶段。在此阶段，放量滞涨是一种较好的现象，既吸纳了大量的筹码，股价也涨幅不大，没有吸引众多投资者的注意，这是正常区域以上第一个区域的特点。

这一时期不乏有很多大牛股的诞生，但是更多的是压住股价，放量建

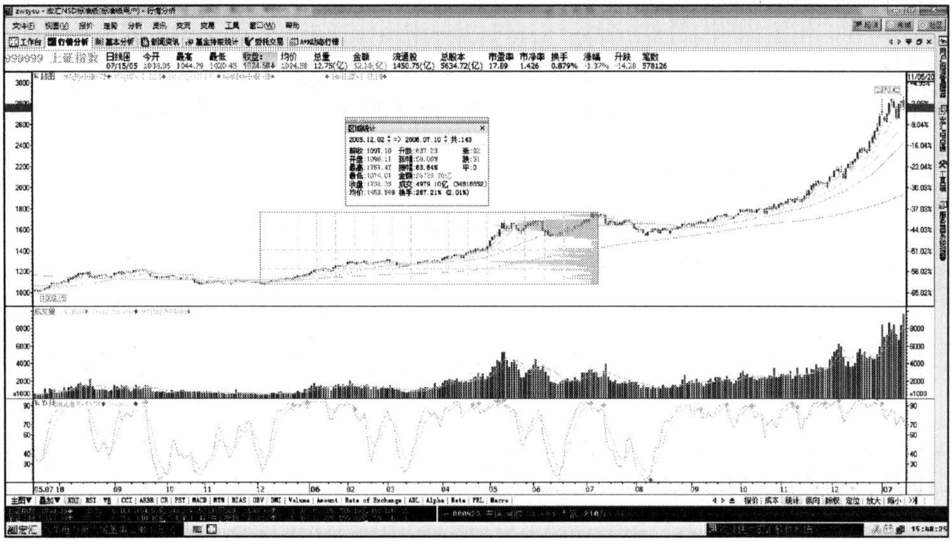

图 6－4

仓的股票居多。这一阶段这样的股票比比皆是。

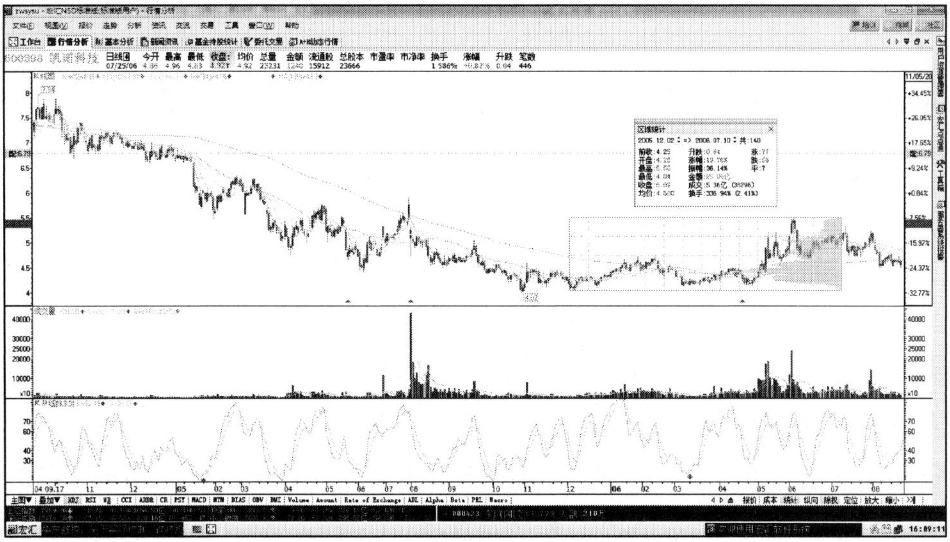

图 6－5

例如图 6－5，凯诺科技（600398），自 2005 年 12 月至 2006 年 7 月一直处于小幅震荡攀升的状态，至 2006 年六七月份才开始放量吸筹，涨幅也不大，这一阶段的众多股票多数是这个的特点，这些股票在随后的时间里走势都很犀利，一点也不落后大盘。

正常区域以上第二个区域标志着一个行动较大的时期，这时资金筹码开始瞄上某些股票。你会听到有关业绩提高的报告，公众开始对股市感兴趣，少数人开始少量买入，但大多数人则准备等股市返回到第一区域时再行买入。当然，这种反复很少会出现。

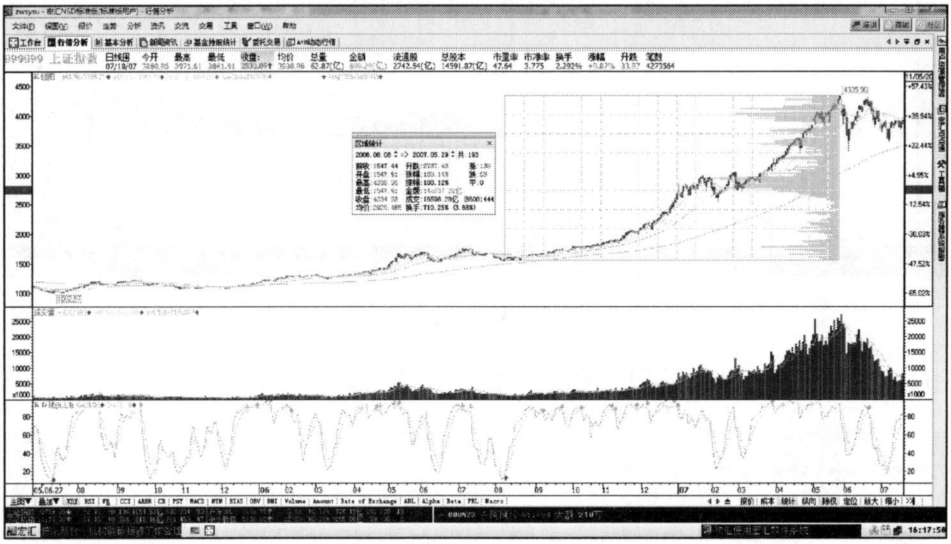

图 6 -6

我们还是先用上证指数的案例说明，图 6 -6 是上证指数从 2006 年 8 月至 2007 年 5 月的走势图，很明显地看到是一个完美的上升通道，而且成交量也是逐渐放大，比 2006 年 7 月前期的成交量要大出不少。成交量放大说明参与股市的人越来越多，随着股价的越涨越高，参与股票交易的人越来越多。但是从 2006 年 8 月至 2007 年 1 月这一波上升浪中，大盘的成交量并没有明显的放大，这说明许多投资者一时间还是难以接受越来越高的价格，都等着上证指数跌回原来上涨的起点再买入，殊不知大盘基本没有回调了，这一时期，很多股票集体上涨，牛股不断。

我们再来看一个案例，图 6 -7 是安阳钢铁（600569）的股票日 K 线图，安阳钢铁属于钢铁板块，论发展前景可谓一般，业绩也是中规中矩，随着股价的不断上涨，安阳钢铁公布了业绩增长公告，在 2007 年 4 月公告

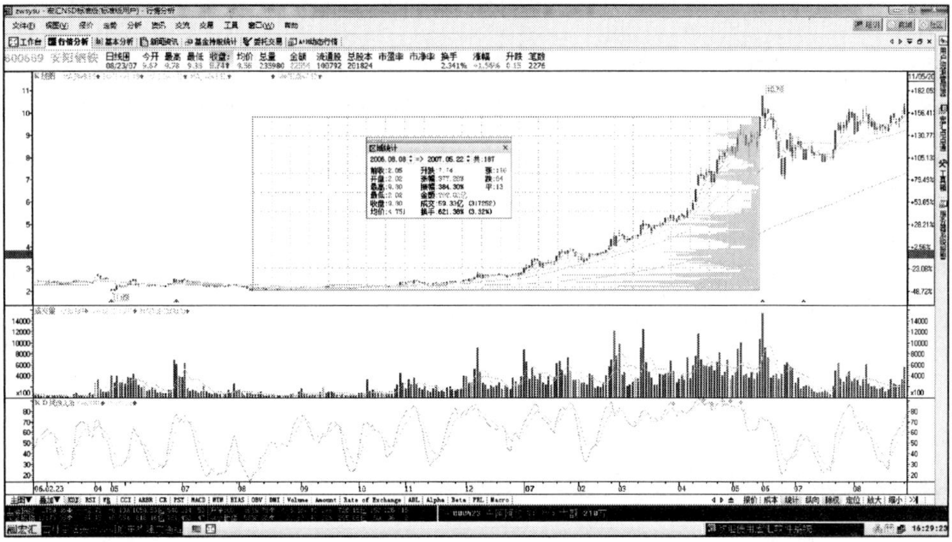

图 6-7

一季度业绩增长 7 倍多，其实际每股收益也只有 0.1 元，但是消息公布之后，安阳钢铁进入空中加油模式，股价继续攀升，这一时期，股价涨幅接近 4 倍。

这一时期，随便翻开一只股票的 K 线图，我们会发现很多都有几倍的涨幅，基本面优秀的上涨更多。

随着股票天天上涨，公众的情绪也在发生变化，从苦等股票回落再买入的失望中转变为享受目前上涨的快乐，越来越多的人加入了股市，成交量逐渐放大。人们开始忘记风险的存在，变得疯狂起来，这时候派发区逐渐到来了。正是下面我们要讨论的部分。

正常区域以上第三个区域或最高区域就是派发期。这一区域会出现大的动作和极大幅度的震荡。股票变得炙手可热，公众疯狂买入，大笔盈余的报告频频传来，红利增加而且公布派发股息。一切都很乐观。著名人物开始谈论了不起的空前繁荣。股票几个星期或是几个月持续上扬。出现的行情反复幅度很小。等待行情反复的人失去信心转而开始在股市上不顾一切地疯狂买入。你会听说很多从不玩股票的人也发了大财的消息。大家都拥有一大笔财富，所有人都在梦想得到近在眼前的财富。当然，他们期待的财富大多都还只是想像中可能得到的利润。人们还没有把那些财富兑现，那些财富当中只有10%左右在这一阶段得到了兑现。人们是那么的满怀期待，以至于迟迟不肯卖出。从2007年8月份开始，股市就处于这个区域，一直持续到了当年的10月中旬。读者中许多人都知道在他们身上发生了什么。

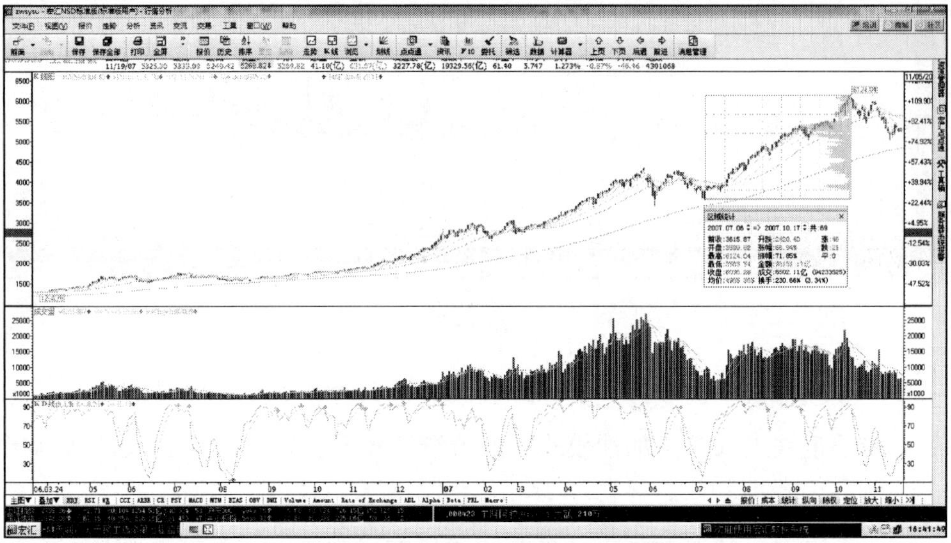

图6-8

来看一个案例，图6-8是上证指数从2007年7月至10月的3个多月的走势，上证指数3个月时间上涨接近70%，几乎平均每天上涨1%，真是疯狂的时候，这一时候很多个股涨完一波又涨一波，新高不断，连那些大盘银行股也都已经疯狂了，天天新高不断，这个时候，街边卖菜的阿婆都是股神，所有的股民都是股神，说的股票基本没有不涨的，只是赚多赚少的问题。在这样的时候，媒体、专家都宣扬股市必上一万点的言论也是层出不穷。最后的疯狂正在逐渐上演。

这一时期，资源能源股与大盘股助长了此刻的疯狂，上海能源（600508）成为能源股的领涨龙头，3个月涨幅高达203%，也带动了其他大盘股的做多热情，这些股票的涨幅也是远远大于上证指数。大盘股上涨，说明大盘再次进入了量价齐升的完美趋势之中，什么有利突破、健康

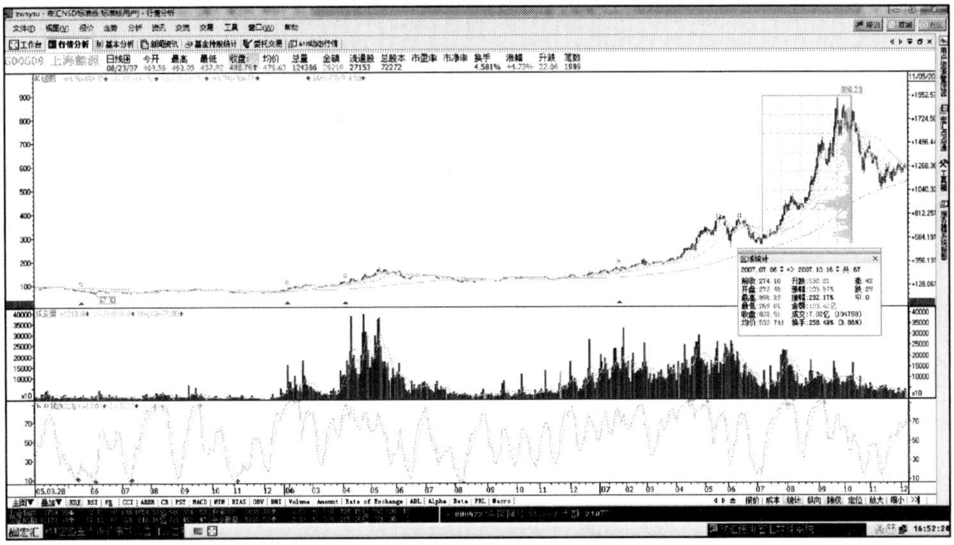

图6－9

上涨之类的言辞你会从很多人的口中听到，总之一切都很美好。可是疯狂之后，总有人要埋单，世界往往是公平的。

在这一阶段，连续很多个星期、很多个月，每隔几天股票就会时不时地上涨，持续上攻却很少出现反复。这种现象出现之后，这一阶段就接近尾声了，尽管没有人能看到这一点。某一天晚上，投资者都满怀期望地回了家，天空晴朗，没有丝毫愁云笼罩；第二天早上再来时却发现股票一开盘就开始下跌了。这种下跌可能并不是有消息传出，或其他什么原因，真正的原因是股市已经到达了供过于求的阶段。大家都已经拼尽全力地买入，再也不会一开盘就有很多埋单来支撑股价了，所以股价一开盘就跌了。这是阶段结束的第一个信号。要小心了！从根本上讲，可能会了解这第一道闪电预示着暴风雨正在蓄势待发，至少应该保护自己了。阶段结束的第一个信号发出之后，股票可能下跌一阵儿，然后又反弹至接近高点的位置而且还会维持一段时间。但这只不过是在警示："饱和点"就要到了，聪明人就会及时退出。

人类历史告诉我们：不管是矿产品、工业产品或是农业产品，都不会有无尽的需求，早晚会出现供大于求的情况。一旦某种生意有利可图，足以让少数人发了大财，人们就会蜂拥而至，从而造成过量生产、价格下跌。这只不过就是自然规律罢了。形成这种自然规律的原因在于人类自身的弱点。这既然适用于其他所有生意，自然也就适用于股市。如果股价到达了正常区域以上的第三个区域，震荡的幅度就会迅猛加大，以致可以迅速获得大笔的财富或利润。这就把各个阶层的人都吸引到股市里来。人们不停地买入，股价也跟着上涨，直到知情的、不知情的、高位的或是低位的都来满足这种需求。所有的人都发现自己已经达到饱和点，仓满囤股，开始寻找买家但却找不到。随后，所有股票迅速跌回到正常区域并一路下跌至正常区域以下的第三个区域。

正常区域以下第一个区域的标志是从高位平稳下跌，这一过程可以称为对弱势持股者的第一次恶意筛选。随后会有一轮反弹，但因为供给仍然大于需求且派发仍在继续，股票对这一反弹反应很迟钝。很多错过了正常区域以上第三个区域行情的人都很聪明，在正常区域以下第一个区域就卖出了。职业交易者看到牛市已经结束，每次一有反弹就进行空头交易。结果，股价就开始慢慢下跌。

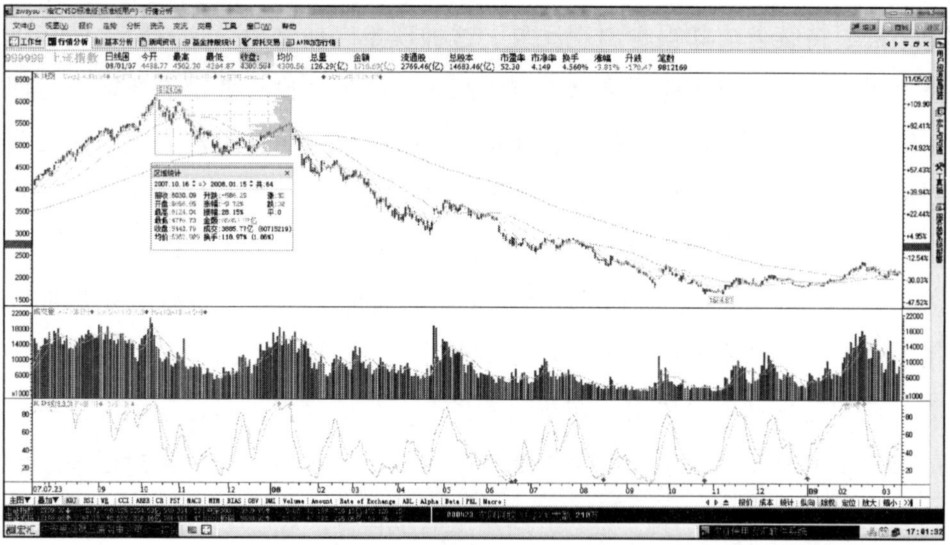

图 6－10

我们来看具体案例，图 6－10 是上证指数从 2007 年 10 月到 2008 年 1

月的走势图，可以看到，上证指数自从2007年10月创下6124点的高位之后开始下跌，调整的时间也已经超过上一次调整的时间，随后的一波反弹，无论从涨幅和反弹天数都远远低于上一波的涨幅，所以，大盘正在向不好的状况恶化，此时，反弹中成交量放大，正是一些看出端倪的投资人开始卖出手中筹码套现的大好时机。这一时期很多股票都表现出这样的走势，也正预示着历史头部的形成。

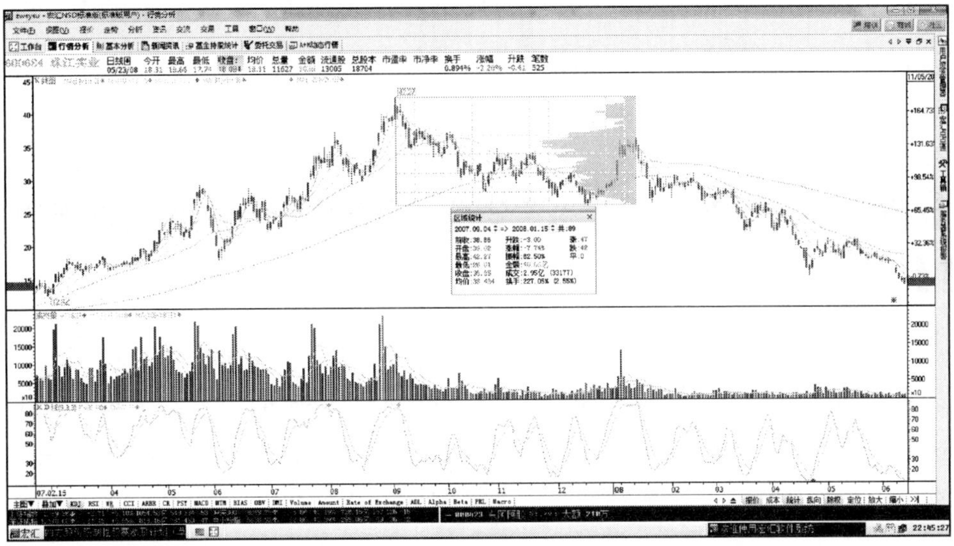

图6-11

来看个股的例子，图6-11是珠江实业（600684）的K线图，自从2007年9月后，其股价一路下挫，之后反弹到2008年1月时，放出不小的成交量，此时有经验的投资者都已经开始纷纷抛出手中的股票，锁定利润，但是那些经验不丰富的投资者往往没有意识到危险的存在，以为股票还会再创新高，一直在等待，之后的结果我想大家都知道了。

再看另外一个例子，新黄浦（600638）图6-12也是和之前的珠江实业如出一辙，在2007年8月底创出新高之后一路下跌，之后的一次反弹也是放出不小的成交量，但是没有创出前期的新高，这两个例子反弹的时间都远远低于上一波上涨的时间，下跌的时间也大于上一波调整的时间。按照波峰右移的理论推理，下一次下跌的时间最多也应该与上一次时间差不

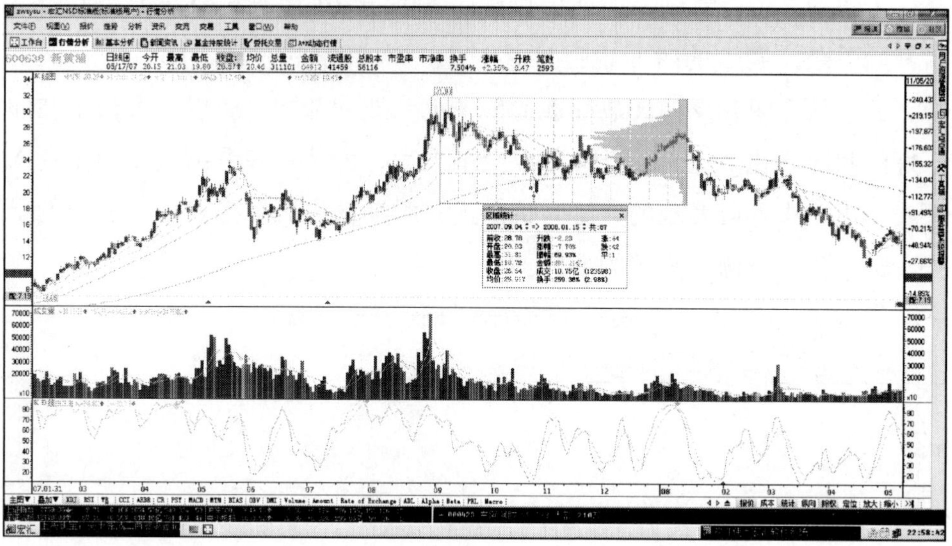

图 6-12

多，下一次上涨的时间也同样应该与上一波涨幅相当。按照这个推理，新黄浦和珠江实业属于波峰左移，趋势已经逆转。聪明的投资人正是看到了这种趋势逆转，才作出了卖出股票的决定，事实上，这样的成功率往往很高，也容易锁定已获得的利润，以免从赚钱变成亏钱。

正常区域以下第二个区域—资产变现现象增多，跌得更猛，反弹更小；有关经济滑坡的报告开始出现，总的形势使人们变得更为保守。人们的期望有所降低，人们变得较为保守并停止买入。结果是股市得不到大力支撑，于是就越走越低。

观察图 6-13 上证指数的走势图，可以看到从 2008 年 1 月中旬到 2008 年 7 月底大盘走出一波猛烈的下跌浪，期间基本没有像样的反弹，反弹周期连半个月都不到，这一波下跌近 50%，很多股民已经迷失了方向，对股票越来越丧失信心，买入的人已经停止买入，卖出的人还是那样的疯狂，一些前期赚到钱的大户或者机构们还在不断地卖出股票，股市完全处于下跌趋势中，没有任何见底的痕迹。纵观这一阶段的行情，跌幅超过 50% 的股票已经超过一半以上。

这一阶段，随便打开一只股票 K 线图，你会发现都是很猛的杀跌，上

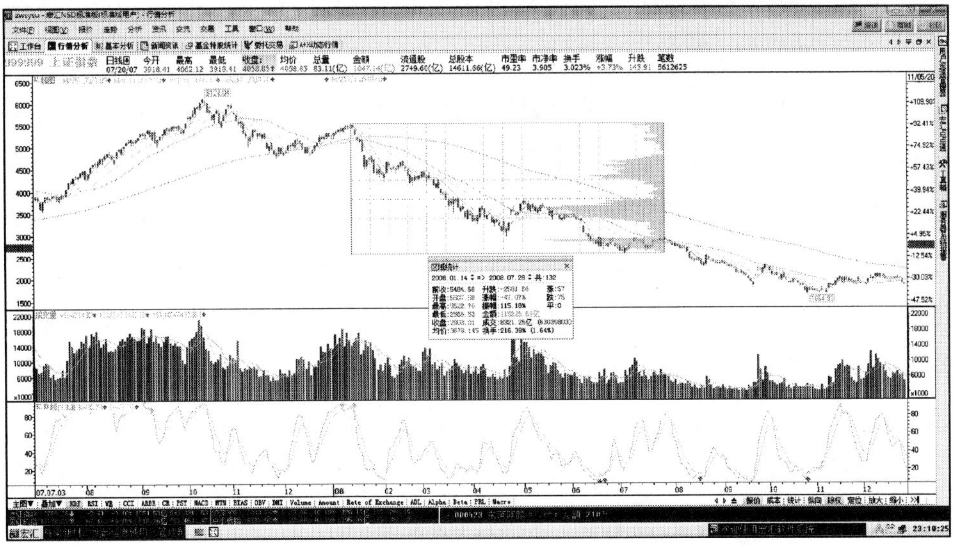

图 6 – 13

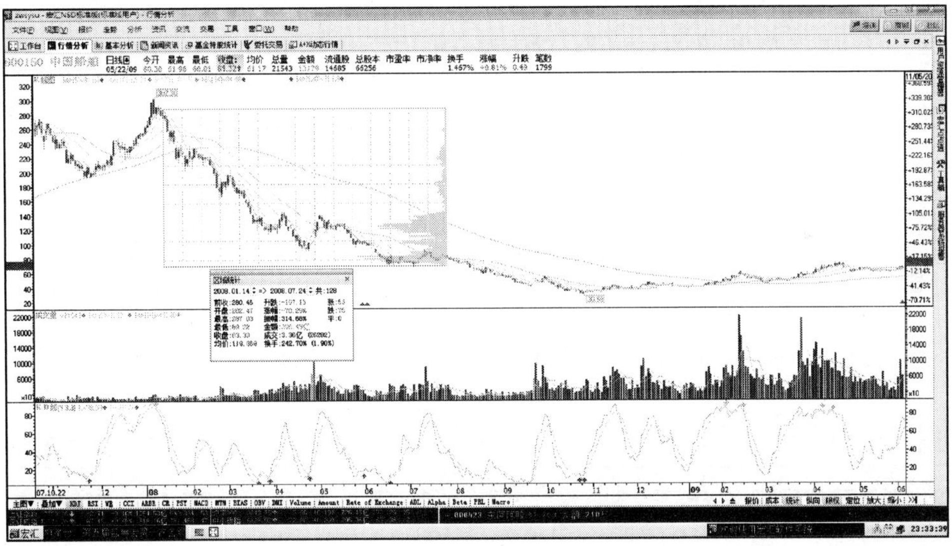

图 6 – 14

涨成为稀奇的事情。2008 年 1 月中旬到 2008 年 7 月这几个月的时间中国船舶（600150）跌去接近 70%，股价从 300 多元跌至 60 多元，让持有这些高价股的投资者从心态上变得更加恐慌。在恐慌的氛围下，股价得不到支撑，不断创出新低。

正常区域以下第三个区域或最终区域与正常区域以上第三个区域完全相反。这一区域标志着一个恐慌状况和极端悲观的时期，投资者丧失信心，开始卖出。举国上下一片骚动。报告着每况愈下的经济形势，红利停止派发或是大打折扣，就连那些处于顶部的乐观者们现在也开始谈吐谨慎了，暗示人们在情况彻底好转之前可能会变得更糟。股票的供应似乎源源不断，所有的人都在卖出股票却没有人买入。会听到人们说股票都变得比纸张还要便宜了。人们在谈论那些他们已比现行价位高 50%～100% 甚至更高的价位买入的股票。如果到了这一区域，就该停止做空，趁着人们想卖出股票时开始买入了。由于股票开始悄然上扬之后总是有很多时间去买入，在这一区域内有必要观望几个月，一直等到自己看出资产变现已经完成，吸筹即将开始为止。记着，黎明前总是最黑暗的，而太阳落山前的正午时光又是最明亮的。

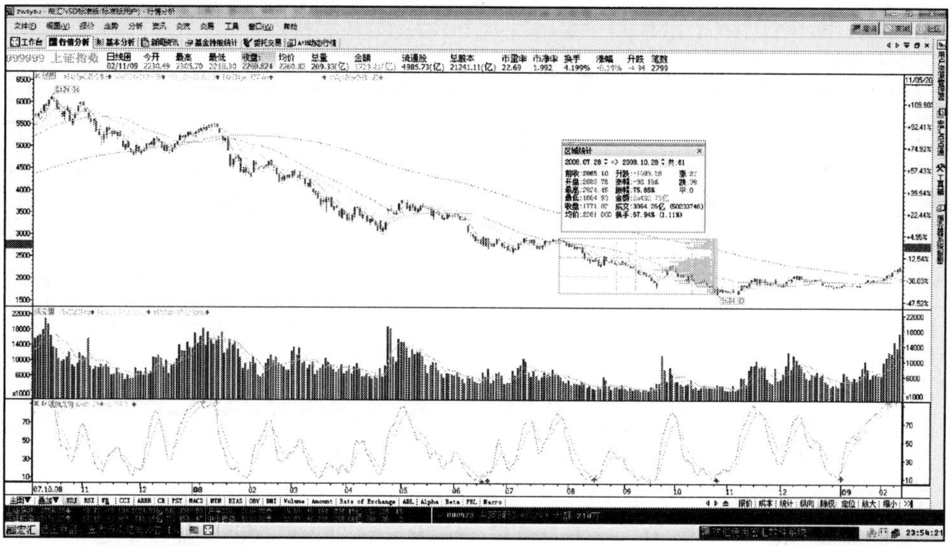

图 6－15

我们先来看上证指数的情况，上证指数从 2007 年 10 月的 6124 点跌到 2008 年 6 月的 2800 点，已经跌去一半以上，个股估值已接近历史低位水平，很多股票已跌至安全区间，但是，股市还是没有好转的迹象，原因是因为人们的过度恐慌心理进一步放大了风险，带来了更加疯狂的卖出。这使本来已经基本见底的市场又恐慌性的下跌了40%左右。这一波下跌也是很多投资者最崩溃的阶段，大家手中的股票很多都套牢50%以上，很少有资金补仓的。很多投资者对股票已经丧失信心，深恶痛绝。巴菲特说过：别人贪婪的时候我们要恐惧，别人恐惧的时候我们要贪婪。在这一阶段，很多有先见之名的投资者，开始逐步买入股票，虽然有小幅的亏损，他们也不在意。他们目光长远，敢为人先，最后往往成为市场收益的领先者。

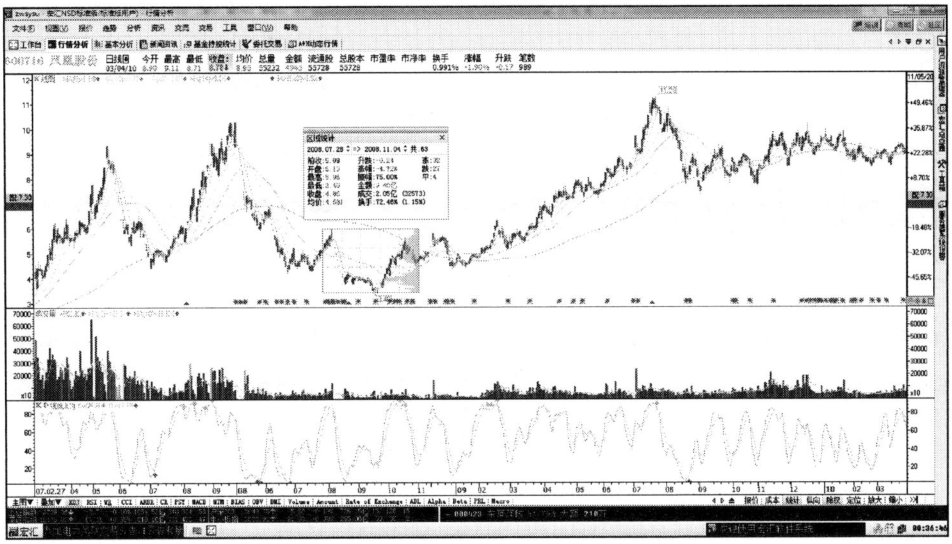

图6－16

如图6－16，凤凰股份（600716）从2008年8月至11月，该股经历了一波杀跌之后，逐渐回升，成交量也缓缓放大，透过K线我们可以发现，一批有先见之明的投资人在市场下跌趋势中已经提前进场，很快，随着大盘见底，凤凰股份很快走出一波行情。

如图6－17，苏常柴A是这波下跌趋势中跌幅较大的股票，从2007年10月至2008年7月底已经跌去接近70%，但是随后的一波杀跌又跌去55%，可谓异常凶残，但是仔细观察，2008年7月至11月虽然跌去了50%多，但是下跌是抵抗性的，时不时也会放出一些较大的成交量，很明显，已经有先见之明的投资人甘愿冒着亏损50%的风险来买入这只小盘股了，事实上，这些风险在随后的收益中都得到了补偿，之后在2009年苏

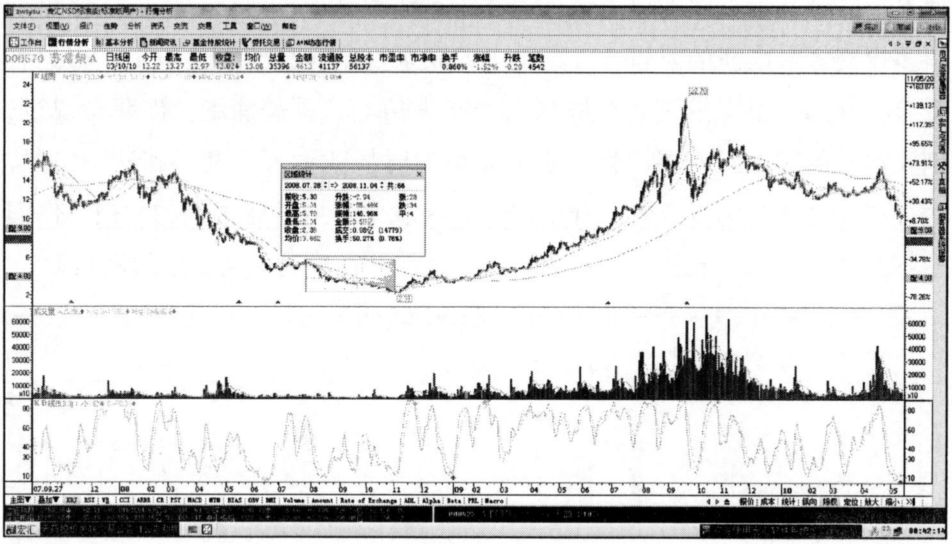

图 6－17

常柴 A 走出一波巨大且漂亮的上升浪，一年左右的时间从 1.48 元涨至最高 17.96 元，涨幅高达 1113%。当大盘跌至大家都很恐惧的下跌浪时，勇敢地逐步买入股票，你会获得比别人更多的回报。

第七章

金字塔式的利润积累

“安全胜于悔恨”，在进行投机交易时，时时刻刻都要牢记“安全第一”。

——江　恩

金字塔式交易模式并不是一个新鲜的东西，早在百年前，江恩等华尔街老一辈市场炒家就深谙其中妙处。今天，我们依然推崇金字塔式的交易模式，是因为金字塔买入法则是全世界较为风行的建仓操作法之一，无论是欧美的投资大师，还是一般的投资者，都使用“金字塔”买入法操作。金字塔买入法的特点就是将买入的投资品种的平均价格保持在次低价格。

一、什么是金字塔建仓法

下面我们先来看看金字塔式交易模式的两个方式：

1. 金字塔式买卖法

图 7－1 叫金字塔买入法：

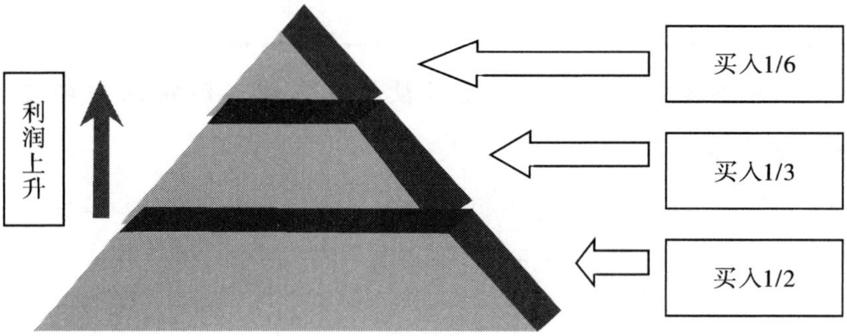

图 7－1

金字塔式买入法是指当我们所买的股票利润逐渐上升时，买入的数量应逐渐减少，从而降低投资风险。举例来说，就是当投资者认为后市行情看涨，打算买某一股票，可先用一半资金买入，如果买入后该股票不涨反跌，则不宜追加投资，而是等该股票出现上升时，再在某价位买入 1/3 的仓位，如此在上涨中不断追加买入，直到某一价位“建仓”完毕。需要注意的是，这里的买入 1/2、买入 1/3 和买入 1/6 不是固定的比率，任何投资者可以按照自己喜欢的方式设定每次买入的仓位比率，只要遵循后面的仓位比前面的低或者相等就可以了。这种建仓方式就像金字塔一样，低价时买得多，高价时买得少，平均购买成本较低，但总体盈利能力较强。

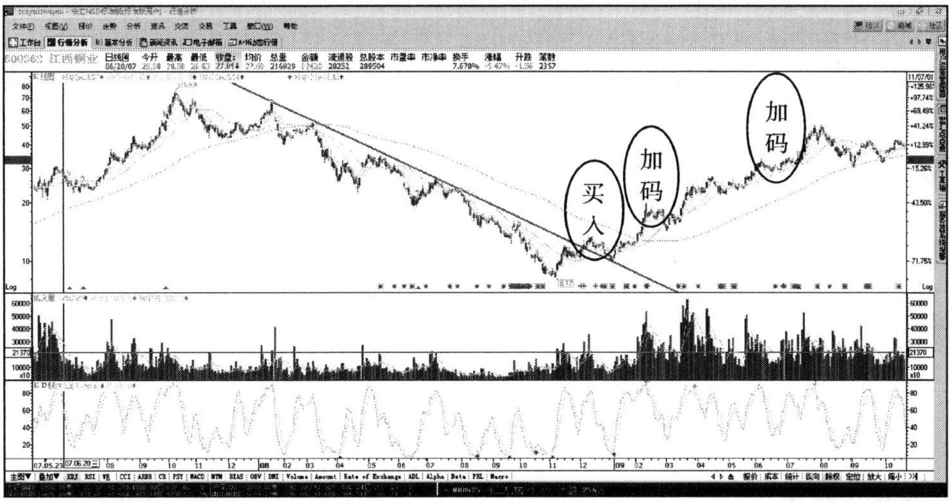

图 7－2

2008 年 10 月底，上证指数在一波跌幅达 70% 多的大跌浪后，慢慢企稳见底，许多股票开始见底回升，大盘这一波从 1664 点升至 3478 点属于一个中级的反弹了，这一阶段个股非常活跃，此时的行情运用金字塔式买入非常适合。图 7－2 是江西铜业（600362）的 K 线图。可见其上升非常有规律，涨了一波之后又进行一次小幅调整，之后又继续攀升，对于这样的绩优资源股，先低位买入一定量的底仓，等股票走稳开始上升，在随后第二波或者第三波调整上涨时逐渐加仓，这样做的好处在于更加的确定，你可以在低价时候全仓买入，如果股票进入上升通道大涨，自然不错，但如果该股票不涨了，你手中的利润也会变少。在一个相对确定的情况下，逐步增加筹码。这样就可以在保证安全的前提之下，又可以获得不错的收益，是一种稳健高效的操作方式。

另一只股票也很好地说明了金字塔买入的高效性。如图 7－3，2008 年年底首开股份随大盘见底之后，慢慢爬升，每涨一波之后，都会有一次小幅调整，在每次调整之后，不久便又会创出新高，资金会慢慢增加，而且等待上涨的时间也比较短。但是这一切都是建立在大盘处于一个上升通道之中才敢如此操作，如果大盘处于震荡或者下跌，用这种方法，只会很快损失掉本金。

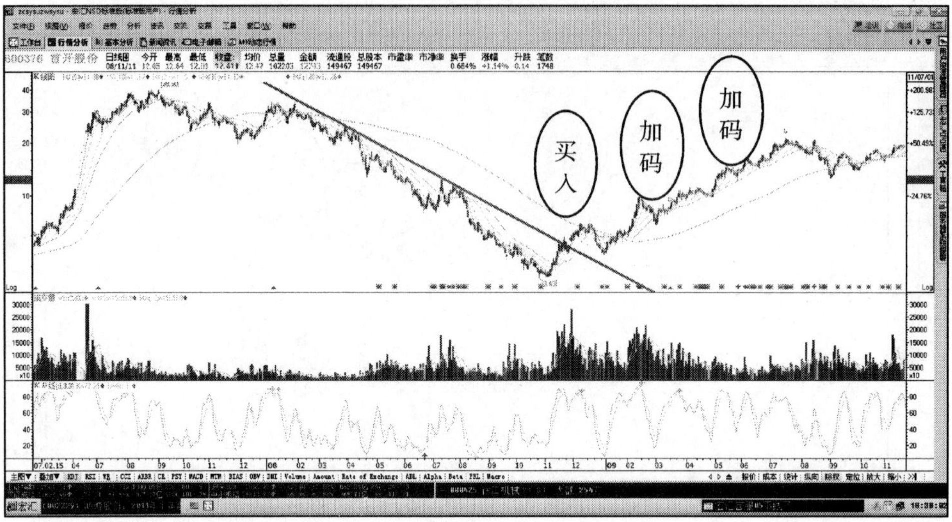

图 7 -3

注意：这种方法适用于熊市转牛市，或是在出现中级反弹的过程中，顺势买入。

2. 倒金字塔式买入法

图 7 -4 叫倒金字塔买入法：

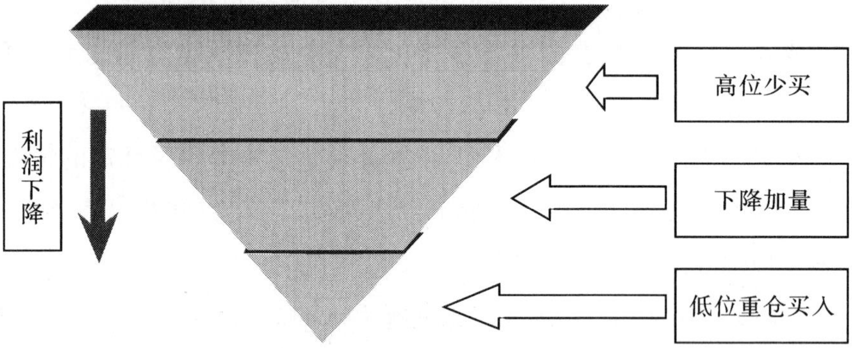

图 7 -4

倒金字塔买入法是指在当前震荡行情中，股市波动在所难免，但是只要经济长期向好，市场重心必然会慢慢提高。如果手上还有资金，可以随着股市的下跌加量买入。举例来说，可以把手头的资金分成 10 份，在大盘某个点左右时先买入 1/10 的仓位。随后大盘每下跌 100 点依次提高二、三、四成仓位。如果中途大盘回升，又可以用“金字塔式买入法加仓”。

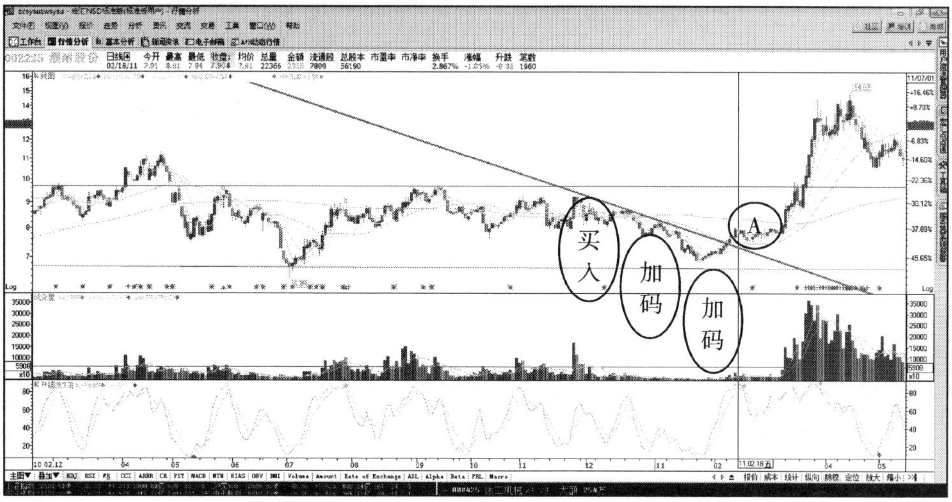

图 7 －5

倒金字塔买入法的前提是股市长期向好，而短期处于震荡之中，只有在这样的行情之下操作起来才会得心应手，所以要进行这样的操作要先判断市场处于何种状态。

上证指数从 2008 年 10 月底的 1664 点涨至 2009 年 8 月初的 3478 点，运行了一波 109% 的反弹升浪，之后进入了调整阶段，从 2009 年 8 月初至 2011 年 6 月上证指数再也没有创出新高，这两年间上证指数一直处于 2319 ～ 3478点的区间内来回震荡，可见大盘处于一个上升通道中的休整阶段。

在这样的行情下，上证指数涨至相对高位要减仓，快跌至相对低位就可以采取倒金字塔式买入法。如图 7 －5，濮耐股份（002225）经历了几次来回震荡之后，从 2010 年 11 月份开始跟随大盘逐级调整，股价慢慢走低，在这一过程中，我们可以在 2010 年 12 月中旬买入 1/10 的仓位，之后在 2010 年 12 月底再买入 2/10 的仓位，在 2011 年 1 月下旬再买入 3/10 的仓位，在 1 月初大盘已经调整至相对低点，濮耐股份也跟随大盘见底反弹，至 2011 年 2 月中旬，濮耐股份已经突破该轮调整的阻力位置，进入到图

7－5所示的A区域，在此区域，我们又可以使用之前所述的金字塔式买入法进行买入了。

上面我们只是简单介绍了金字塔交易模式的定义。金字塔买入法和倒金字塔买入法这两种不同的买入方式适用于不同的市场，大前提都是看好未来的市场是上涨的，具体情况要根据上涨的动力强弱来具体细分到底采用何种方式。

接下来我们要单独解释一下这两种交易方法的适用前提，只有搞清楚在何情况下使用这两种方法，我们才能真正理解他们的含义。

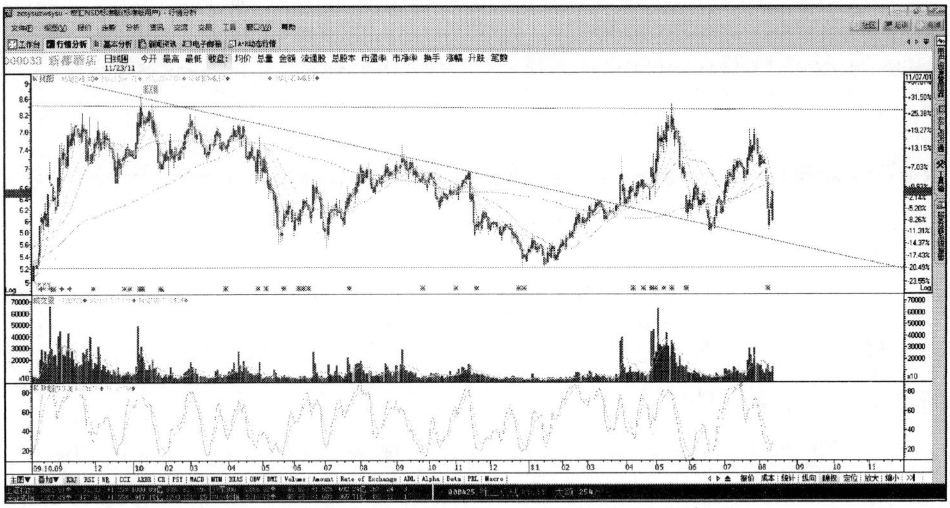

图7－6

我们再看图7－6新都酒店（000033）的走势图，从2010年9月初开始就没有创过新高，2010年10月上证指数有一波不小的行情，可惜与新都酒店无缘。新都酒店走势弱于大盘，并开始了逐级调整之旅，但在2010年12月后，上证指数已经到达一个相对低位的区域，新都酒店更是超跌，此时正是实施倒金字塔式买入法的大好时机。随后的走势也证明了此法的明智，虽然业绩一般，但凭借着严重超跌和深圳大运会题材，新都酒店慢慢上涨，3个多月已经上涨50%以上，同期上证指数涨幅只有5%。上升市场中的震荡走势，适合于倒金字塔的买入方式。

二、金字塔交易模式的适用前提

江恩说，“安全胜于悔恨”，在进行投机交易时，时时刻刻都要牢记“安全第一”。所以，在进行金字塔交易模式的运用之前，我们要先牢牢掌握其运用的不同前提。

在刚开始或者准备对股票进行持续加码时首先要将资金安全放在首位。不管是金字塔买入或者倒金字塔买入，在中国的大环境下，都必须在大势向好的前提之下，对于金字塔式买入法：在大跌之后见底的趋势逆转或者在震荡市场趋势的逆转的前提下，我们才可以进行操作。对于倒金字塔式买入法：买入的前提必须是大盘处于上升趋势中的震荡下跌之时，虽然指数短期处于下跌，但是大趋势没有破坏，经济形势仍然向好，离开了此前提，倒金字塔买入法将无法运用。

当股市朝着有利的方向发展时才是承担额外风险的时候。当正在盈利时，无论要增加买入或卖出的数量都无所谓；但如果想要进行逆市摊薄，将损失越积越大，肯定要犯下严重错误，而这一错误早晚会把全部资本都赔进去。

所以，我们在使用金字塔交易模式进行买入股票之前一定要记住一点：在开始加码前你一定要确定大趋势已经明确变好或者仍处于持续上升的前提下，在大的趋势没有确认上升之前绝对不可以进行买入操作和加码买入。

三、如何运用金字塔法则投资操作

在了解金字塔交易模式成功交易的规则和适用前提之后，接下来就必须确定进行买入或卖出操作的最佳方法。所有这些方法都有助于克服人的弱点、取得更大的成功。

为了能更清楚地揭示金字塔法则的操作情况，我们采用 100 万元的资金规模进行仓位配置，说明从买入到卖出全过程的具体操作情况。

一次完整的交易包括建仓买入、止损卖出和止盈卖出。做成一笔交易，我们要明白买入的前提、止损的前提和止盈的方法。

用金字塔交易模式，不管是金字塔式买入还是倒金字塔式买入，我们都要确定一点就是——大趋势是向上的，在此条件下，我们才能进行买入操作。止损的方法有很多，我们这里使用的是跌破趋势线无条件止损原则。止盈的方法更是不胜枚举，我们这里主要运用两种方法止盈，如果股价是跌破一轮上升浪的上升趋势，无条件全部止盈，如果股价有回调但仍未跌破上升趋势线，我们采用不从仓位利润回撤离市法。

下面我们分买入、止盈和止损三步来说明如何具体操作。

1. 金字塔模式买入

在本章第一部分，我们已经简单介绍了金字塔买入法和倒金字塔的基本含义，下面我们更详细地来探讨这两种方式的操作方法。

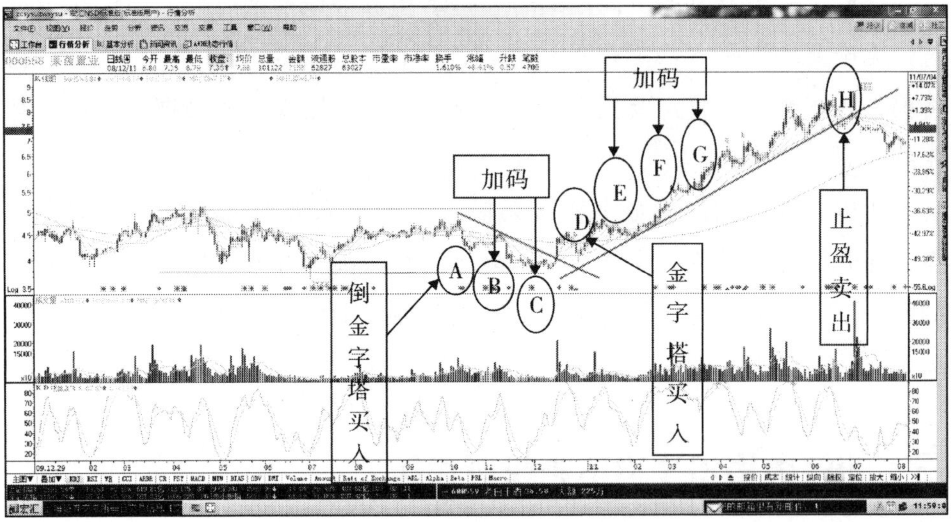

图 7－7

我们来看一个实例，图 7－7 是莱茵置业（000668）2010 年初至 2011 年 8 月初的日 K 线图，我们假定用 100 万元资金操作这只股票，自 2009 年 8 月之后，上证指数处于上升浪后的休整行情，处于上下震荡状态，此时大趋势向好，可以操作股票，2010 年 10 月下旬，上证指数处于上升通道之中，但莱茵置业相比大盘比较弱势，走了一小波杀跌行情，我们可以在A区域买入5万元的资金，随后上证指数于2010年11月11日开始下跌，由于莱茵置业前期涨幅不大，至2011年11月中旬的B区域，我们可以再次买入10万元的资金，至2010年12月初的C区域我们可以继续买入15万元的资金，至此我们持有莱茵置业30万元的仓位，2010年12月中旬，莱茵置业已经放量突破了前期的下跌趋势，趋势转好，因此我们转为金字塔式买入法，在D区域买入30万元的资金，莱茵置业在经历了短暂的调整之后，继续冲高，在2011年1月上旬的E区域我们可以再次买入20万元的资金，至此我们持有莱茵置业八成的仓位，2011年1月底，上证指数也见底反弹，莱茵置业在经历了1个月左右的调整之后，于2010年2月下旬再创阶段新高，按照金字塔买入法，我们可以在F、G区域分别买入10万元的资金，至此，我们已经满仓了莱茵置业这只股票。这里，我们完整的介绍了金字塔和倒金字塔的买入方法，上述的买入比例不是固定的，读者朋友们在运用的时候可以根据自身情况作出调整。

2. 金字塔模式的止盈

承接图7－7的案例，在满仓莱茵置业之后，莱茵置业一直处于上升通道中，并且不断创出新高，直到2011年6月底，莱茵置业终于打破了从2010年12月底以来建立的上升通道，在H区域我们应该将莱茵置业全部卖出。至此，该案例运用倒金字塔和金字塔的复合性操作完成。

止盈是建仓后股票朝着我们预期的方向发展才出现的事情，一旦股票朝着我们的预期发展了，我们就要想办法锁定这来之不易的利润，在一个上升通道中，股价跌破上升通道的趋势线，我们就应该坚决抛出股票。锁定收益。

3. 金字塔模式的止损

建仓后股票随我们的预期上涨是一件很幸福的事情，也很令人陶醉，但是无情的现实在股市里面却是经常发生，那就是建仓后股票没有按照预期上涨，反而越走越差。如果我们不能够控制风险，我们将在股市中消失。正是江恩时常提醒的那样："安全胜于悔恨"，在进行投机交易时，时时刻刻都要牢记"安全第一"。

对于倒金字塔式操作法，一旦股价离开了震荡的平台，创下新低，我们要坚决止损，而对于金字塔式买入法，一旦上升趋势在买入后打破，我们也要坚决止损。

下面我们来看几个具体案例。

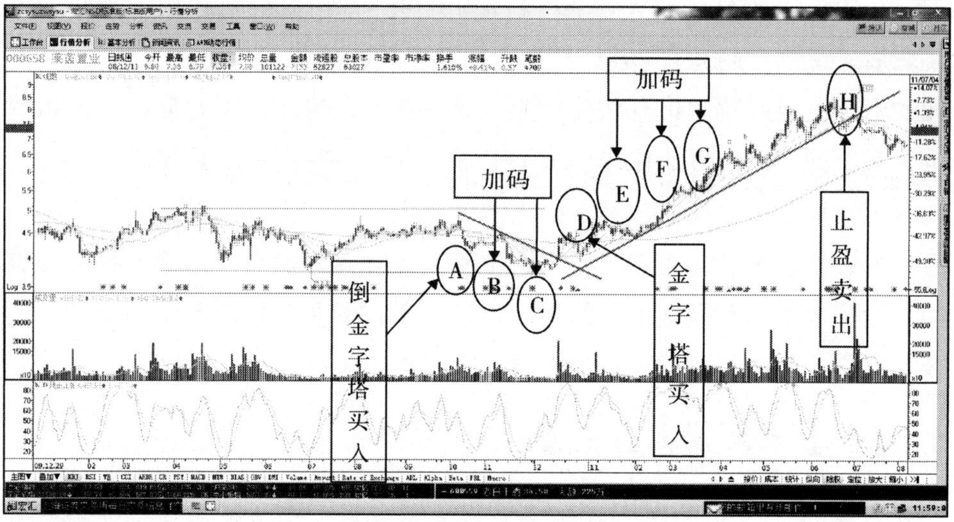

图 7－8

我们来看图 7－8 的案例，世纪鼎利（300050）自 2010 年 1 月上市后，一直处于震荡状态，2011 年 2 月底，随着上证指数的企稳反弹，世纪鼎利突破了其下跌趋势线，如 7－8 所示，此时正是金字塔模式的买入点，买入之后，经历了一个月左右的震荡，世纪鼎利重新跌破趋势线下方，形成弱市，在此时，我们要坚决止损，保住本金。回过头再看，在此时坚决止损，亏损只有 10% 左右，之后世纪鼎利股价又从 34 元多跌至 18 元多，下跌了 44%。如果不及时止损，我们一般的资金就此损失掉了，损失一半的资金，重新赚回来要有 1 倍的涨幅，其难度可想而知。

我们再来看另一个案例，图 7－9 自 2010 年 12 月上市后，流通股本只有 2900 万股的科士达（002518）迅速杀跌，从开盘首日 44 多元跌至 30 多元，2011 年 1 月底，科士达跟随大盘走了一波反弹行情，之后慢慢企稳，

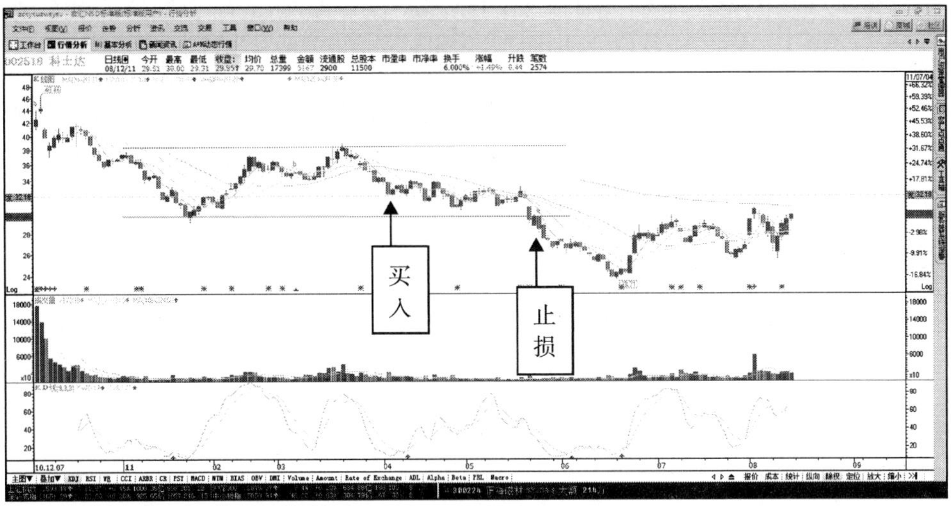

图 7－9

按照倒金字塔模式，在科士达企稳震荡下行期间，正是一个买入点，经历了 2011 年 4 月的震荡之后，科士达于 2010 年 5 月底跌破这轮震荡市场的最低点，创下新低，在此时，我们一定要全仓卖出止损，不要抱有幻想，因为我们买入的股票并没有如我们之前预期的一样走入上升通道中。科士达自从创出新低之后，跌幅仍然高达 20%。

我们买入股票，都是希望买入后股票走势能够如自己的预期，一旦事与愿违，我们一定要懂得认赔止损，永远不要与市场对抗。在股市中，一定要有认赔的心态，不要逆市硬挺，如果固执己见，结果小赢变小亏，小亏变大亏。

四、使用金字塔操作法则的注意事项

前面我们详细讲述了金字塔交易模式的含义，使用前提和具体操作方法。是不是有了这些就全面了呢，答案是否定的。

下面我将具体谈谈使用金字塔操作法则的注意事项。

1. 买股前吃透基本面

之前为了让大家能够掌握金字塔模式操作的要领，在分析金字塔模式中的案例，我们都没有加入基本面的讲述，这里我要做一个提醒，我们在买入一只股票之前，不仅要有技术面的趋势变好，更要能够知道股票背后基本面是不是有什么真正值得投资的地方，在股市里，基本面是决定股票涨跌的根本原因，技术面是决定股票涨跌的重要原因，两者相辅相成。

所以，在买入股票之前，我们一定要看弄清楚基本面，知道我们所买股票背后的真正投资理由。

前述的莱茵置业的案例，基本面也是有很多亮点，从随后公布的公告来看，莱茵置业上涨的动力在于推出每 10 股送 7 股的高送配运作和公司投资 5000 万元成立贵州莱茵达矿业发展有限公司，主营业务向开采矿产转型。虽然公布的信息存在滞后性，但是必须要有基本面的实质性的东西股价才能稳步上升。我们学习的是一种思路，用这种思路再去操作其他股票，我们就要寻找那些价位不高，同时基本面有实质利好的股票。

2. 买入后估值水平过高不宜加码

在比较合理的价位买入后持有，金字塔买入法是在股票不断上涨时加码，但是如果我们买入的股票短期涨幅较大，且估值水平大幅脱离行业均值，这样的股票我们不宜加码。

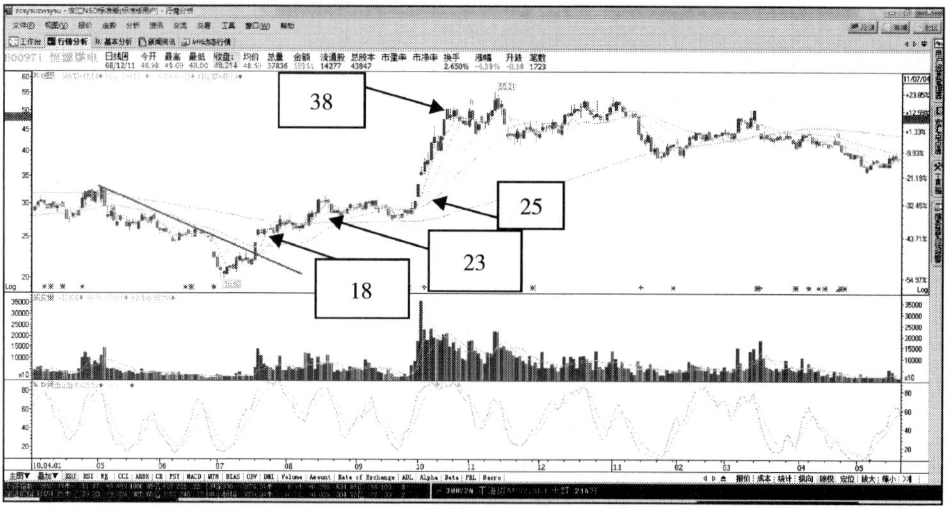

图 7-10

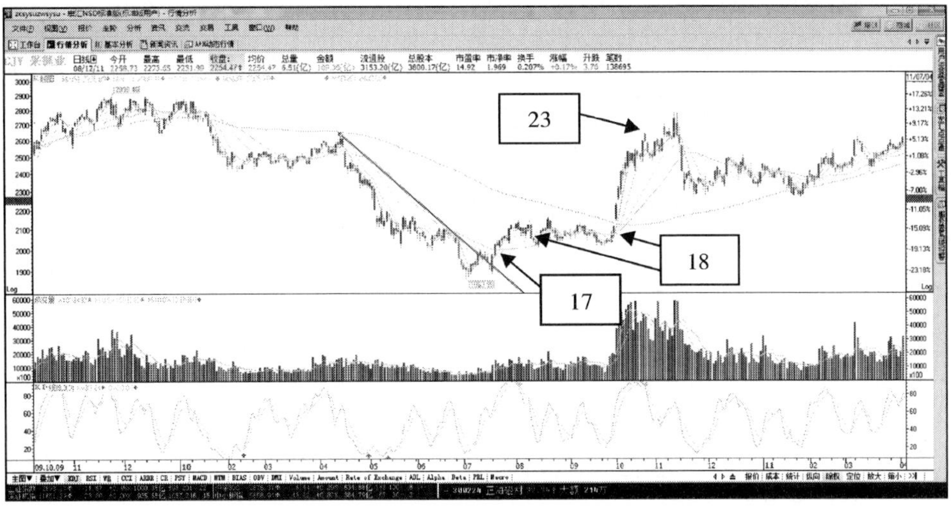

图 7－11

我们来看实际的案例，图 7－10、7－11 分别是恒源煤电（600971）和采掘行业的市盈率估值，上图所示的是在 2010 年 7 月至 2010 年 11 月这一阶段的情况。可以看到恒源煤电和采掘业指数的市盈率偏差在 2010 年 7 月中旬、8 月中旬和 10 月初都是相差不大，估值水平也都大致相当，这几个时间点，按照金字塔买入法，正是买入和加仓的时机。但是到了 10 月下旬，情况就完全不同了，恒源煤电市盈率迅速攀升至 38，而采掘行业的市盈率只有 23，恒源煤电的市盈率严重高估，在此时，在采用金字塔买入法时，我们就要学会变通了，不要一味地买，此时我们可以逐步减仓，锁定收益，直到恒源煤电打破上升趋势后，再全部清仓。对于那些有业绩支撑的股票，在操作时，我们更要多加注意其市盈率的变化情况，利用估值指标灵活确定买卖时机，争取最大限度的锁定既得收益。

3. 事件性炒作利好兑现不宜加码

事件性炒作是指某个事件性利好会在未来的某个时刻兑现。这种事件一般描述起来都会很美好，如果真正落实到上市公司，对业绩的影响可能并没有那么大，下面我们就来看几个实践性的案例。

图 7－12 是 2009 年 5 月至 2010 年 2 月期间斯米克（002162）的 K 线

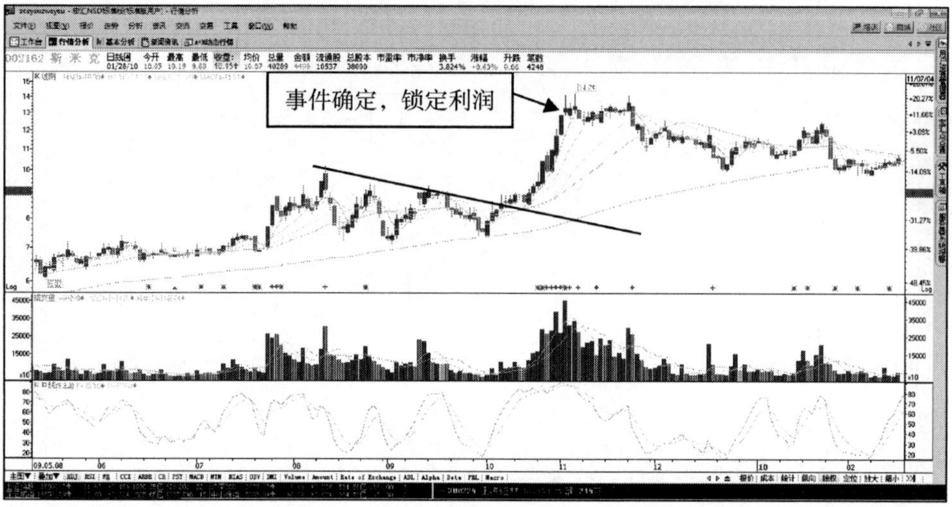

图 7－12

图，这一时间段中，斯米克也是很多人津津乐道的一只股票，2009 年 10 月底至 11 月初，斯米克创下 7 天涨幅达 44% 的快速上涨行情。催化斯米克上涨的原因不是其业绩优良，也不是其基本面有其他的什么闪光点，一切的源头，都是来自一则要在上海建造迪士尼乐园的消息，其实仅仅是游乐园的建设传闻就让一个和建设乐园毫无相关的公司股价一飞冲天，真实不可思议，之后随着迪士尼乐园进展的不断敲定，斯米克这只股票逐渐走入下坡路，这一段炒作的最高点也成为其后 1 年多时间的最高价。事件性的炒作，在事件落实之后，我们就要卖出锁定收益了，有一句话说，在朦胧的时候买入股票，在事件清楚之后卖出股票，这样才能赚取超额收益。对于事件性的股票，我们不能一味地加仓，在事件兑现之日，我们要逐步减仓出局。

图 7－13 是舟山群岛唯一的上市公司——金鹰股份（600232），2011 年 7 月 7 日，国务院正式批准设立浙江舟山群岛新区。这是继上海浦东新区、天津滨海新区和重庆两江新区后，党中央、国务院决定设立的又一个国家级新区。舟山群岛新区享受国家高级别新区待遇。虽然舟山群岛新区 7 月 7 日正式成立，但是有关舟山群岛新区的报道却从未间断，7 月 7 日之前，舟山群岛新区还给人们无限的遐想，在此刺激下，7 月初，金鹰股份

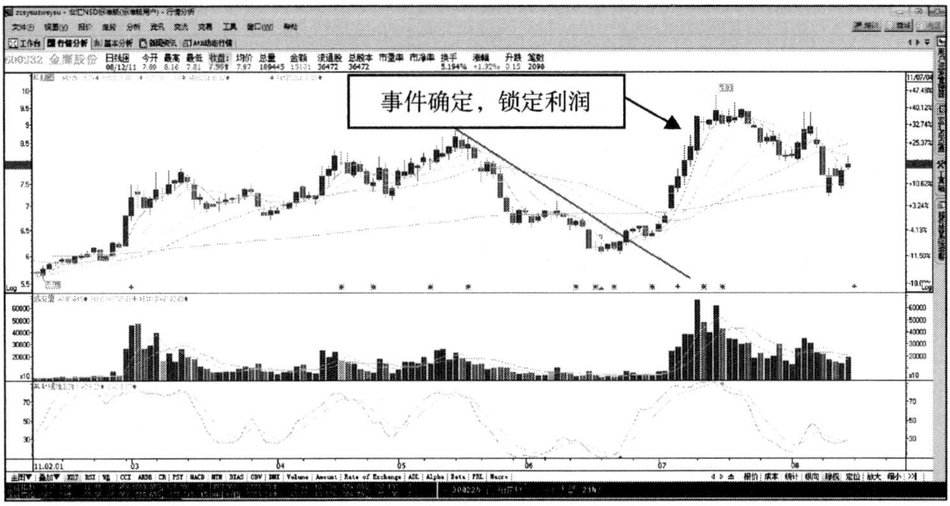

图 7－13

走出一波独立的上涨行情，16 个交易日涨幅达 53%，然而，新区正式成立几天之后，金鹰股份就进入震荡状态，最后进入调整期。如果我们用金字塔买入法操作该股票，在其利好确实兑现之日，我们应该逐步减仓，而不是继续加码。金字塔买入法也要具体问题具体分析，在确定大方向的前提之下，也要注意具体的细节，不同的股票采用不同的处理方式，只有这样，我们才能真正游刃有余地使用这些操作模式。

对于事件性的炒作，在事件兑现之日，就是我们逐渐锁定收益之时，尤其是对基本面一般、安全边际不足的股票，更是如此，避免走入利好兑现却连连亏损的窘境中。

4. 预期兑现不宜加码

预期兑现指的是公司自身有一些基本面亮点尚未兑现，在未来的阶段有可能逐步变为现实。这些亮点可能是公司转型，或者有什么投资项目以及公司的资产并购或者重组的运作等。不管是什么，在这些预期充分兑现并且股价已经有所反应之后，我们就应该警惕了，不要盲目的一味加仓，也要逐渐锁定收益。

我们来看图 7－14，中航重机（600765）于 2010 年 9 月上旬停牌，复

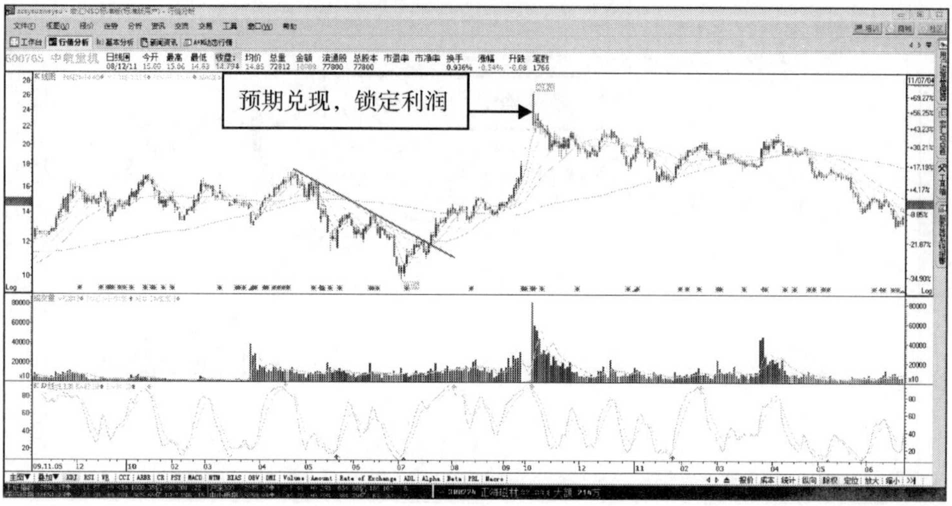

图 7 – 14

牌后公告投资 5000 万元投资激光快速成型技术和向 4 家企业增发约 11673 万股，购买新能源和锻造资产。复牌后，中航重机连续 4 个涨停，充分兑现了预期。我们从公司主营业务和公司的未来规划来分析，中航重机之前通过不断并购扩张，不断想做强做大主业，公司有在锻造业技术创新和新能源发展的规划。因此，这次重组也正是做大做强锻造业和新能源业务。

对于按照金字塔交易买入的人来说我们在 2010 年 7 月下旬开始建仓买入，随后 2010 年 9 月上旬又可以不断加码，但是在重组的预期兑现后，股价也已经涨至高位，此时虽然短暂的趋势没有改变，但是再买加码中航重机已经不是明智之举，聪明的投资者总是未雨绸缪，敢为人先，在预期兑现之后，我们要做的就是逐渐减仓，锁定即得收益。事实上，利好兑现后，在随后的 8 个多月时间，直到 2011 年 6 月，虽然中航重机也是利好不断，但是股价却始终疲软，8 个月跌幅达 43%。可见在预期兑现时不加码是一件非常明智的事情。

如图 7 – 15，按照金字塔式买入法，首商股份（600723）（原西单商场），2010 年 7 月底刚好是买入机会，此时买入后，西单商场停牌重组，2010 年 9 月初复牌后，公告西单商场拟以 9.92 元/股向首旅集团增发约 22681 万股，增发过后，西单商场母公司西单友谊集团将与拥有新燕莎集

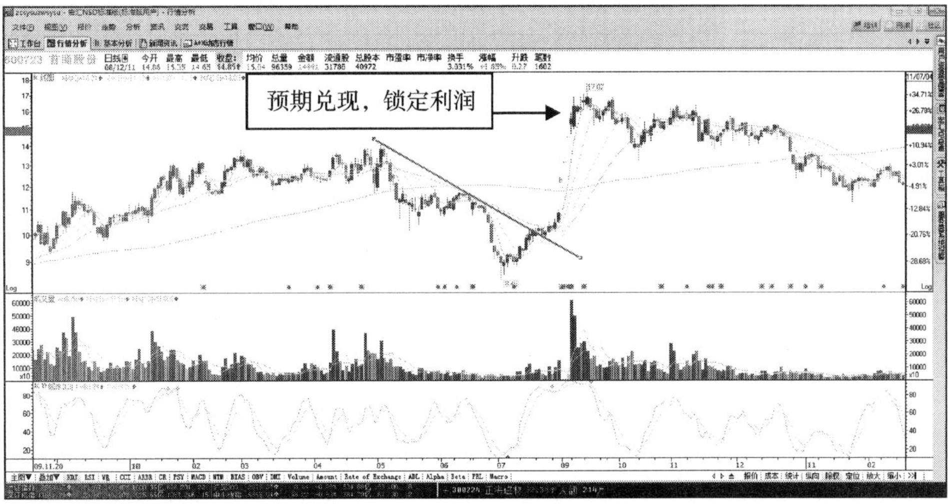

图 7-15

团的首旅集团（注：首旅集团主要从事商业零售业的是新燕莎集团，该集团目前拥有燕莎友谊商城、贵友大厦、金源新燕莎 MALL 等多家百货商场和购物中心）进行重组，首旅集团与西单友谊集团正式强强联手。两者重组有助于资本在短时间内聚集并形成规模效应，从而保证企业在市场中的优势地位。首旅集团和西单友谊集团各自的品牌受众群体都会得到丰富。

受此消息提振，西单商场连续涨了 3 个多涨停，此时预期已经充分兑现了，我们要做的仅仅是减仓锁定收益，而不是继续加仓，想象一个商业航母的美好故事。

第八章

按周期买卖股票

按比例交易法并不会因为在股市不利的时候继续买入就发挥作用。如果做第一次交易时股市就不利而且好像是判断错了，需要做的就是快速退出，不再继续买入或卖出。

——江　恩

按投资周期长短划分制定的比例组合法包含长线投资、中线投资和短线投资。长线投资是指买入股票以后不立即转售，长期持有以便享有优厚的股东收益，持有时间起码在半年以上，其对象一般是目前财务状态良好而又有发展远景的公司股票。中线投资指的是把自己几个月内暂时不用的钱进行投资，投资对象是估计几个月内可供给良好盈利的股票。短线投资是指那些股价起伏甚大，几天内就可以有大涨跌的股票。一个投资者应当把自己的资金分成较长期内不用等候获利，几个月内不用和随时可动用，搞得好可获其利，搞不好全部丧失也在所不惜的三部分，分别用于长线投资、中线投资和短线投资。用于长线投资的那部分必定要沉得住气，要保持自己的意图，放长线钓大鱼，不达目标绝不罢休，切忌股价稍有上升就轻易抛出，其成果往往是图了眼前小利而丧失长远大利。

短线中线与长线本无优劣之分，只要适应就行，只要擅长就是。在有风险控制手段的前提下，短线的积少成多，在一轮行情中也能取得超额收益。在选对股票的前提下，长线更能取得非常稳健的高收益。

有人形象地说，短线交易者是艺术家，因为无论行情涨跌，他（她）时刻需要保持对行情的热情，并始终处于紧张和兴奋的状态。而长线交易者是工程师，他（她）需要对整个过程进行控制与修正，并且需要忍受期间市场的合理调整与异常时期的宽幅震荡，以及市场低迷时期的寂寞与孤独。前者需要的是激情，后者需要的是理性。

第一节　长线投资

一、长线投资的定义

长线投资，时间上没有严格的界定，投资者不会在短期内卖掉持有的股票，通常情况下，半年以上的持有者就应该算是长（线）期投资了，但是有好多股东几乎是几年乃至十几年持有同一股票，这更是长线投资了。长线，多数情况下是以基本面为依据或者买入后期待公司出现大的发展进而带动股票价格出现涨幅。一般来说，一家公司的基本面很难在几个月内出现明显的转变，所以，如果以这种思路去介入股票的话，往往要持续半年以上，一般称为长线投资！

二、长线投资的优缺点

在一轮行情收局的时候，短线投资者往往羡慕长线投资者取得的丰厚收益，面对在底部曾经被自己买卖过，目前已经翻番，乃至翻几番的股票也往往后悔不已，或者自嘲一番。

1. 长线投资的优点

（1）可以利用现在少量的资金为将来创造稳定现金流。

对于一般的中青年来说，他们有一定的家庭负担，需要为未来生活筹划，如果选择做长线投资，短期内虽然不能获得大量现金收益，但也不会有资产损失的风险，待将来股票升值后出售，就可以获得不菲的收入。

（2）可以不花过多空余时间和精力去操作股票。

有些人可能因为工作比较忙或者有其他事情缠身，精力有限，没有过多的时间抽身关注股市行情变动，当他们想到要留意股票行情并作出交易决策时，可能已经错过了最佳时机。因此，这种人如果做长线投资，可以拥有更多的精力去完成其他更紧迫的事情。

（3）可以弥补对行情的敏感性不强和应变力不足的缺陷。

要想利用股价短期内波动贱买贵卖赚取价差，就必须有能力跟踪市场变动信息，对市场和个股反转信号十分敏感。对于缺乏对股市信号的敏感或不能正确把握信号采取应变的人，如果进行长线投资，可以避免做短线而犯下许多错误。

（4）可以培养耐心、信心和恒心。

作为一名长线投资者，要有能力独立分析和思考，不可随波逐流，不可轻易被他人意见所左右；更重要的是要有耐心，能够持有一只股票足够长时间，而不会冲动地把它卖掉；要有韧劲，能够严格要求自己；而且要随时准备忍受痛苦，敢于坦承错误；头脑要开通，不因一时得失而裹足不前。因此进行长线投资可以很好的培养一个人的耐心、信心和恒心。

虽然长线投资上述许多优点，但是一个事物总有其两面性。长线投资也有其种种缺陷。长线投资者在获得几倍甚至几十倍收益的时候，我们看到的只是他们的光环，却没有注意到他们背后的辛酸。

2. 长线投资的不足

第一，长线投资者要忍受投资期间市场大幅波动时“过山车”的折磨，要忍受原本已经取得的账面利润被阶段性缩减的痛苦。

第二，长线投资者在行情运行过程中要放弃其他许多自认为非常有把握的投资机会；必须要忍受其他个股轮番涨停的诱惑与刺激下的痛苦。

第三，长线投资者既必须时刻关注着各类市场信息动态，又必须长时间按捺不动。一年或者几年时间里只有很少的几次买卖时机，但时时经受着各种市场噪声。

第四，在局部时间里，当别的投资者享受着盈利乐趣的时候，长线投资者可能要经受阶段性亏损的打击，这种折磨足以使许多长线投资半途而废，前功尽弃。

第五，在市场极度低迷或者狂热的时期，长线投资者需要长时间保持着自身的冷静与豁达的情绪，以及客观和理性的思维，并且需要时刻坚守既定的投资纪律。

三、如何进行长线投资

1. 投资长线股的准备条件

（1）大环境的分析。

大盘环境的分析主要是对目前大盘处于何种大趋势进行分析，这样做的目的就是弄清楚目前市场的形势，属于定性分析。只有确定了大盘环境具体的操作才容易实施。

一般来说，我们把大盘分为上升趋势、下跌趋势、上升趋势中的震荡行情和下跌趋势中的震荡行情。

上升趋势是指在基本忽略微小的下跌调整浪之后，总体趋势是向上运行的。下跌趋势刚好相反。上升中的震荡行情是股指在上涨一段之后，一直横盘徘徊不前，不创新高。下跌中震荡行情是股指在下跌一段之后，股价开始横向运动，没有创出新低。

综上所述，在股指处于上升趋势和上升趋势中的震荡市场时，适合我们进行长线投资。

我们进行长线投资一定要在适合的大前提之下，否则长线投资可能带来溃灭性的亏损。

（2）行业分析。

行业分析是介于宏观经济与微观经济分析之间的中观层次的分析，是发现和掌握行业运行规律的必经之路，是行业内企业发展的大脑，对指导行业内企业的经营规划和发展具有决定性的意义。

投资者在考虑新投资时，不能投资到那些快要没落和淘汰的“夕阳”行业。投资者在选择股票时，不能被眼前的景象所迷惑，而要分析和判断企业所属的行业是处于初创期、成长期，还是稳定期或是衰退期，绝对不能购买那些属于衰退期的行业股票。

行业特征是直接决定公司投资价值的重要因素之一。行业分析是上市公司分析的前提，是连接宏观经济分析和上市公司分析的桥梁。

行业分析旨在界定行业本身所处的发展阶段及其在国民经济中的地位，同时对不同的行业进行横向比较，为最终确定投资对象提供准确的行业背景。

行业分析的目的是挖掘最具投资潜力的行业，进而选出最具投资价值的上市公司。

由此可见，只有进行行业分析，我们才能更加明确地知道某个行业的发展状况，以及它所处的行业生命周期的位置，并据此作出正确的投资决策。

投资长线股要充分了解所投资公司所处的行业和行业地位。一般来说，处于成长期的细分行业的优秀公司或者龙头公司，更具有长线投资的价值。

（3）长线股的特点。

很多人可能经历过这样的情况：自己买入的长线牛股由于短期内收益不高，于是抛售这些长线品种而去追逐短线暴利的题材股。随后的日子，题材股暴涨后出现暴跌，自己惨遭套牢，而被自己抛弃的长线价值股继续缓步轻移慢慢爬升。这就是长线牛股的典型一个特色，股票价格不随大势所动。长线主力的长期持股决定了其志在千里的决心。因此就要求投资者朋友心态随和，更不可以投机暴富心态持有长线牛股。一般讲，长线牛股平常你很难在市场上看见对它的赞美之辞，报纸、杂志、电视这些媒体上鲜有推荐，似乎不少人都将它遗忘。千帆过尽，它的魅力总是在不经意中闪现。

长线股主力很可能连杀几次跌停，威逼短线资金离场，以及清理不安定筹码。但是，这些重要的中长期趋势线不会轻易改变，即使有改变也会在短期里一举收复。假设超过一周以上时间都不收复，那么主力的用意就不是那样值得乐观。总之，长线牛股的长期持仓要忍受常人不好理解的痛苦，可以说长线获利就是漫长的市场折磨所换来的。市场的大幅波动可以轻松吃掉原有持仓的大部分利润，最难以忍受的是这种回折往往还是你认为确实要发生的，也就是说你眼睁睁地看到利润回去，这就如有人在你有准备的情况下抢走你的钱一样，这种痛苦你理解吗？你能接受吗？这也就是长线牛股难成“大众情人”的重要原因。长线交易最重要的是保持客观和遵守纪律，在很多情况下要放弃你自己鲜活的思想和判断，但结束一次成功的长线头寸却可以获取令人羡慕的回报，这也是长线之所以令人向往的原因。

长线股往往是细分行业中的龙头公司，正如巴菲特的选股思路一样，寻找具有长期护城河、对外界的因素不太敏感的企业。

长线股的业绩一般都有保证，达到预期，市盈率较低，良好的业绩是其股价维持上涨的根本原因。

（4）心态。

为什么这些牛股很难被投资者长线持有？为什么它们难成“大众情人”。说到底还是与投资者心态有关。

在投资者弄清楚大盘环境、行业环境和个股的特点之后，如何不受股票短期的波动诱导，坚定的持有看好的长线股，要做到这一点，还需要有良好的心态作为保证。

那么如何才能有良好的心态呢？

下面我从自身体会给大家出点主意：

第一，炒股资金的来源一定要是平时盈余的闲钱，炒股的资金投资最好不要占到总资金的30%，也就是这些钱亏损了不影响你正常的生活，只有在这样的前提之下，你才会对过山车行为见怪不怪；

第二，一定要在充分研究了大盘环境行业地位和个股特点之后，认为该股票适合长线投资的前提之后，才可以进行投资，只有基础扎实了，持股信心才会更坚定，心态不好时，一定要冷静考察是否符合投资理由，如果当初的投资理由仍在，就该坚决持股；

第三，对于个性急躁、情绪波动性大、性情激动型的投资者，最好不要经常看账户盈亏，不管是涨还是跌，平时多关注大趋势和经常复核投资理由，只要大趋势和投资理由未变，不要因为短期的暴利和短期的亏损而影响了心态作出不明智的操作。

长线投资者每一次成功投资所取得的回报是令人向往的，但期间的艰辛与付出也是令人畏惧的。要想获得长线投资的成功，必须要在弄清楚大盘环境行业分析和个股基本面分析的前提之下，具有良好的心态，只有这样才有可能做好长线投资。

2. 如何投资长线股

（1）投资长线股的思路。

①准备。

首先在进行长期投资之前，一定要做好前面所说的准备工作，要对大盘的环境和所投资企业的行业进行分析，做到宏观上胸有成竹，这样才能让自己具备良好的心态。

②选择。

长线投资绝不是不分青红皂白，随便抓只股票就长线投资。有些投资者认为长线投资就是在股价低时逢低买入，然后长线持有就一定能获利。其实，股票的质地是非常重要的，如果对个股的基本面没有充分的分析研究，不管个股是否具有上升潜力，随便抓只股票就长线投资，极有可能没有收获，甚至是负收益。

③关注。

长线投资不能不闻不问。有些投资者认为长线投资就像银行存款那样，买了股票之后不闻不问，指望闭着眼发大财。这简直无异于掩耳盗铃。

④管理。

长线投资要有具体的操作计划方案。这些方案的制订，有利于投资者贯彻投资思维，坚定持股信心，并最终取得长线投资的成功。但是，市场中的环境因素是不断发展变化的，我们要根据股价涨升趋势，及时地调整方案和目标，让方案和目标为自己服务，不能被方案和目标束缚住手脚。

⑤卖出。

长线投资终究还是需要卖出的。投资者不要忘记长线投资的根本目的是获利，当股价的上升势头受到阻碍，或市场整体趋势转弱，或者当上市公司的发展速度减缓，逐渐失去原有的投资价值时，投资者应当果断地调整投资组合，减仓卖出。

（2）长线投资具体案例。

之前我们对长线投资的思路进行了比较细致的介绍，有了清晰的投资思路，具体落实到投资上，就要我们按照之前的思路具体实施了。

下面我还是以之前我曾经介绍过的一个案例来说明如何实施长线投资。

在我们公司的股票池当中，2007 年的时候，有一只股票——国电南端我们曾经赋予过较高收益预期，并多次赴江苏公司总部所在地实地调研。每次调研回来的结论都是两个字：心动。当时这只股票尤其符合我的投资理念：股本不大，总股本 25506 万股，流通股本 17492 万股；2007 年年初的股价在 25 ～ 30 元之间，流通市值 50 个亿左右（我的投资理念是流动市值不超过 100 亿）；从 2005—2007 年以来，股价累计涨幅不大，2005 年最低 9. 43 元，2007 年年初最高 32 元，涨幅 2 倍多一点，而这此期间，在牛市的大环境下，很多股票已经超过 5 倍甚至 10 倍以上的涨幅。

在这些符合我的投资理念的前提下，我开始深挖公司基本面，寻找股价上涨的催化剂。经过多次实地走访调研之后，2007 年 4 月份，在 26 元附近开始逐步分批买入，还没有配置到我们计划的持仓比例，股价一个星期突然涨到 30 元之上去了，我们只好暂时拿着底仓观望。5 月份，国电南瑞的股价进一步被推高，下旬最高到了 38. 50 元。这个历史新高也成为 5 年多的历史顶峰。市场经历 2007 年 6 月份的调整，从 7 月份开始，牛市步伐继续拾级而上，但此时此刻，国电南瑞的股价却背驰而行，2007 年我们投资国电南瑞无疑是失败的。

分析基本面原因有二：

一是公司业绩释放不出来，2006 年度公司每股收益有 0. 542 元，2007 年只释放出 0. 558 元，基本持平；2008 年只有 0. 491 元，每股收益都低于投行和我们的预期。

二是电网投资低于预期，尤其是 2008 年的全国电网投资都不足国家计划的 50% 。

从上述情况我们可以总结出，即使我们对大盘大行情判断准确了，对行业和个股基本面的研究没有到位，行业发展旺季没有到来，个股业绩没有真正释放，买入这样的股票，即使在大盘行情向上的前提下，在这一阶段收益也会大幅低于其他股票。

2007 年 10 月份开始到 2008 年 10 月的熊市，国电南瑞自然随波逐流下跌。2008 年 4 月份股价最低为 15. 18 元，这个时候，大熊市才走到半山腰，上证指数从 2008 年 4 月份的一个反弹高点 3700 点一线继续下跌到 2008 年 10 月 1664 点的时候，国电南瑞却没有再创新低，这在当时的市场环境下，是凤毛麟角的股票了。

2009 年初到 4 月份，国电南瑞还真就在 26. 86 元下方较长时间的徘徊，进入 2009 年 4 月下旬，股价开始大幅拉升，周升幅达 20%。国电南瑞在经历近 4 个月的蓄势之后，终于一举突破 26. 84 元这个价格水平。

虽然我们 2007 年在国电南瑞上有过失败的投资的经历，但我们并没有放弃它，因为这只股票太符合我个人的投资理念，所以我们底仓也就一直没有出来，相反，2009 年开始我们继续开始实地的调研。

这个时候，国电南瑞的转机来了，我们预计股价会得到市场的认可和机构的深度挖掘，原因有三：

第一，行业龙头：公司是国内电力自动化领域的技术领先企业和市场龙头企业，在高端电力二次设备市场占有率高达 50% 以上，大股东南瑞集团注入农电自动化业务资产，完善公司高低端电力自动化业务。公司电网相关产品售予国家电网，有一定程度的垄断性。

第二，轨道交通：我国规划至 2015 年建成 2400 公里轨道交通，是世界最大城市轨道交通市场。公司全资子公司国电南瑞（北京）控制系统有限公司是专门从事轨道交通电气化项目的产业化和市场化工作，全资子公司中德保护控制系统有限公司是西门子最大代理商。公司曾成功参与运作德黑兰地铁、广州二号等项目，目前正在参与北京轨道项目、广州三号、南京一号线、重庆轻轨、武汉轻轨等项目。2008 年度显示，公司轨道交通电气及保护业务同比增长 17. 42%，占总收入的 21. 6%，成为公司重要的利润来源。

第三，数字化变电站：2008 年度公司在广东电网变电站技改批量项目招标中中标 15 座变电站的数字化改造工程，随着未来数字化变电站在全国推广，将成为公司新的盈利点。

同时，控股股东有增持公司股份的强烈愿望。

很快，国电南瑞（600406）2009 年 5 月 14 日公告称，公司控股股东南京南瑞集团公司 5 月 13 日以 29 元/股的价格增持公司股份 2892240 股，占公司总股本的 1.134%。增持后，南瑞集团持有公司股份 92551680 股，占公司总股本的 36.286%。

南瑞集团为此出资 83874960 元。公告显示，南瑞集团拟自 2009 年 5 月 13 日起的未来 12 个月内，继续增持公司股份，增持比例合计不超过公司总股本的 2%。受此消息影响，2009 年 5 月 14 日早盘，国电南瑞在大幅高开后被资金快速拉高，盘中成交量出现快速放大，截至早盘 9 时 35 分，国电南瑞报 30.80 元，上涨 8.37%。

同时，2008 年电网投资明显低于预期的局面，受到中央高层的重视，因此，2009 年为落实国家“十一五”规划、扩大内需保增长的关键之年，电力行业和城市轨道交通行业作为国民经济可持续发展的重要物质基础，有望迎来行业的景气高峰。国电南瑞（600406）作为国内电力自动化领域的技术领先企业和市场龙头企业，背靠实力雄厚，拥有强大的行业背景资源和具有大量优质资产的控股股东，同时享受电网建设和轨道交通建设双高峰的空前机遇，未来业绩将有比较明显的释放。

针对国家“4 万亿刺激经济计划”，国网公司和南网公司 2008 年 11 月宣布了最新投资计划。与原有规划相比，国家电网公司计划未来 2 ～3 年内电网投资规模达到 1.16 万亿元，新增投资 6100 亿元。南网公司在原规划 1100 亿元的基础上每年增加 300 亿元投资。当时我们预计，未来两三年，我国电网投资将迎来爆发式增长期。

在电网投资加大的情况下，公司作为国内三大高端开关研发和制造基地之一，产品受益最大，同时，公司产能释放正逢其时，未来几年业绩增长有充分保障。

公司基本面的改善和行业机会的转机，催化了国电南瑞股价的上涨，2009 年 5 月份，也就是在控股股东增持公司股份当月，股价就创出历史性

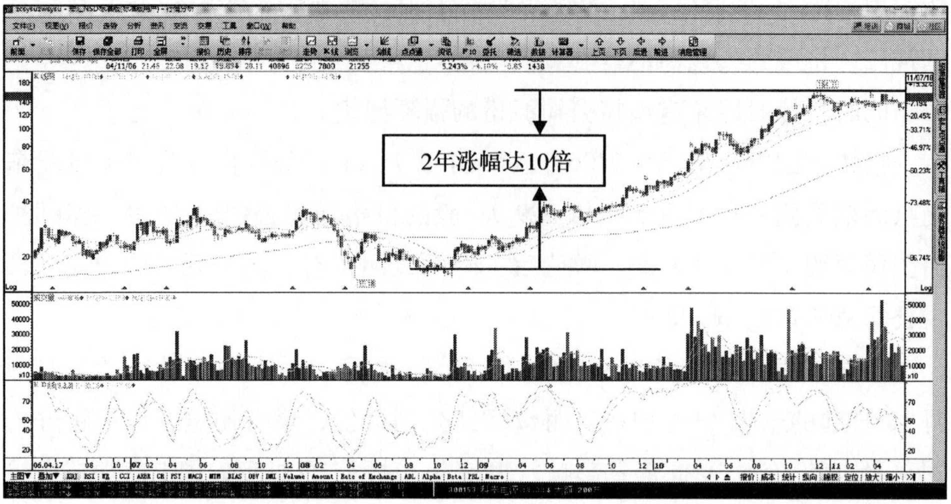

图 8－1

新高。随后几个月，股价出现小幅波动。

2009 年 7 月 16 日，国电南瑞（600406）发布公告，公司拟收购南瑞集团城乡电网自动化、电气控制及成套设备加工业务相关资产（含债务）。交易标的账面净值为 23965.38 万元，评估值为 40260 万元，购买价格为 40261 万元。再一次兑现股改承诺。

城乡电网自动化业务相关资产：即城乡电网分公司，主要业务集中在中低压继电保护领域，包括为电力系统的 110 千伏以下电压等级变电站、各种容量发电厂和电力系统外石油石化、钢铁等市场的客户提供保护、保护监控一体化产品和系统集成、技术咨询、工程调试等服务。

电气控制业务资产：即电气控制分公司，主要应用于电力系统中发电设备运行与控制自动化、电力系统电力电子技术应用领域。主要产品为发电机励磁系统系列产品。南瑞集团的发电机励磁专业长期保持国内的龙头地位。

成套设备加工业务相关资产：即成套设备厂/分公司，主要应用于电子产品生产工艺研究及加工制造；电气设备各种类型机械载体的工艺研究、产品开发与生产制造；电网自动化、电厂自动化、工业自动化电气设备、电气控制设备的成套生产、系统调试和服务支持等。是国内业界最大的电力系统自动化设备生产制造基地之一，拥有国际先进的以表面贴装（SMT）设备为主的电子工艺及生产加工系统；以自动和半自动调试环境为主的产品电性能测试及生产调试系统。

购买了这三块资产对公司有何影响呢？拟购买的三块资产除将增厚公司业绩外，对公司的影响还包括减少同业竞争、增强整体竞争力；有利于加快风电控制系统研发和产业化进程；有利于完善公司上下游产业链，减少关联交易等。

同时，我们对公司作出的盈利预测是：不考虑本次收购资产及电网公司加快智能电网建设的影响，我们之前预测公司 2009—2011 年 EPS 分别为 0.65 元、0.77 元、0.84 元；我们预测拟收购资产 2009—2011 年 EPS 分别为 0.222 元、0.277 元、0.302 元；收购资产后 2009—2011 年 EPS 分别为 0.872 元、1.044 元、1.143 元。

我们的投资评级是：本次完成收购后，南瑞集团尚有稳定技术分公司、水情水调环境监测分公司、大坝工程监测分公司、信息系统分公司、通信系统分公司及对南瑞继保、深圳南瑞、南瑞自控的股权没有进入国电南瑞，未来还有资产注入的空间。智能电网建设公司亦将会大大受益。我们维持“买入 - B”投资评级，目标价位 50 元。

2009 年 7 月 22 日，国电南瑞晚间发布 2009 年半年报，由于新签合同同比大幅增加，公司上半年净利润增长四成。

期间公司实现销售收入 6.04 亿元，同比增长 31.65%；净利润 0.76 亿元，同比增长 42.24%。实现每股收益 0.2996 元，同比增长 42.26%。

公司表示，净利润增长主要是由于新签合同较上年同期大幅增长使得营业收入增加，同时加大费用控制力度所致。

国电南瑞的内外兼修，使之前我们一直担虑的公司业绩方面的问题已不复存在了。

2009 年 10 月 16 日，公司公布三季报，实现每股收益达 0.67 元。公司亮丽的三季报主要源于稳定内生增长以及外延资产注入带来的业绩增厚，同时公司成本费用控制能力有所提高。

作为国内电力二次设备龙头，公司具有较强的技术优势和市场优势，不断资产注入的预期更使得公司作为未来智能电网领导者的行业地位凸显。原有业务盈利增速明显，体现公司稳定的内生性增长。2009 年前三季度，公司原有业务实现净利润 1.27 亿元，对应每股收益为 0.50 元，同比增长 57%，其中第三季度实现净利润 5090 万元，同比增长 85.93%，继续延续二季度良好的增长势头。

外延资产注入增厚公司业绩，持续注入仍旧值得期待。报告期内，公司基本完成对控股股东南京南瑞集团公司城乡电网自动化、电气控制和成套加工业务相关资产的收购。从业绩披露看，前三季度收购资产实现归属母公司净利润 4321.49 万元，贡献 EPS 为 0.17 元，同比增长 20%。前两季度分别实现净利润 1370 万元和 2468 万元，三季度净利润下滑明显，为 484 万元，预计全年可以实现 7500 万元左右的净利润。

公司费用控制能力有所提高。前三季度，公司费用得到有效控制，对盈利增长起到积极作用，期间费用率仅为 19.13%，较上年同期下滑 3.5 个百分点，其中管理费用下滑将近两个百分点。

综合这些基本面因素，国电南瑞 2009 年下半年到 2010 年年报公告期间，股价不断得到市场的推高，我们在 30 元之下增加的仓位也获得了较大的投资收益，突破 26.84 元之后，一波非常强势的行情也把股价推向更高，江恩的 50% 定律得到了很好的印证。

2010 年 1 月 28 日，国电南瑞率先公布年报，业绩符合预期，并有 10 送 10 的分配方案。

国电南瑞发布 2009 年年报显示，实现销售收入 17.78 亿元，同比增长 29.2%，实现归属于母公司净利润 2.5 亿元，同比增长 44.5%，每股收益 0.98 元。符合之前我们的预期。拟每 10 股送红股 10 股并派发现金红利 1.5 元（含税）。

各项业务情况：电网调度自动化收入增长 21.9%，毛利率下降 5.2 个百分点；变电站自动化收入增长 26.7%，毛利率上升 0.5 个百分点；轨道交通自动化收入增长 53.6%，毛利率下降 2.4 个百分点；火电及工业自动化收入下降 39.2%，毛利率上升 28.8 个百分点；城农网自动化收入增长 62%，毛利率持平；电气控制自动化收入下降 2.1%，毛利率增长 4.7 个百分点。用电自动化收入为5.9万元，但毛利率高达83.2%。我们预计2010年轨道交通、城农网仍会高增长、新增加的用电自动化业务收入规模将迅速扩大。

2010年经营计划比较保守：2009年度公司新签合同26.5亿元，同比增长39.47%；2010年，公司计划新签合同33亿元，计划实现销售收入22.3亿元、归属于上市公司普通股东的净利润3.24亿元。不考虑新业务的增长，公司计划和我们之前预期非常吻合，考虑新业务智能用电的收入和利润规模迅速扩大，我们预计公司2010年股权属于母公司净利润将增长50%。

资产并购预期明确：在年报中，公司明确2010年要内涵式发展与外延式扩张并重，完成非公开增发股票，募集发展资金，加速实现公司在智能电网、轨道交通自动化产业扩张。

巩固传统产业优势，培育新增长点，通过并购、合作新建等资本运作方式，扩大经济规模。

针对2010的公司情况，我们暂时不调整公司盈利预测，不考虑增发摊薄，2010年与2011年EPS分别为1.30元、1.71元。之前公司采用现金收购方式从国网电科院进行了多次资产收购，国网电科院还有许多资产没有进入国电南瑞，未来还有资产注入的空间。维持“买入－A”投资评级。

从我们上述的分析可以看出，这次我们在确定大趋势向上的前提下，对国电南瑞的行业地位和基本面及业绩预期一直处于紧密跟踪状态，在电网投资加大的情况下，国电南瑞作为国内三大高端开关研发和制造基地之一，产品受益最大，国电南瑞在未来几年内都具有一个坚实的护城河。从后来的走势来看，也印证了这一点，从2008年年底至2010年末，国电南瑞股价涨幅也接近10倍。我们从2009年之后逐渐加仓也获得了不菲的收益。

纵观我们的操作流程，确定大盘的大趋势，之后在对行业和公司进行调研，深刻挖掘公司基本面，反复复核基本面，看其业绩是否能够兑现，跟踪分析。至于何时卖出，可以在行业的增长放缓或者公司的基本面已达定点并且开始走下坡路的时候，锁定自己的利润。

下面我们再来看另外一个案例，这个案例现在还没有兑现，拿到这里讨论是因为其也具备长线持股的条件，至于未来能否有骄人的收益，我们拭目以待。

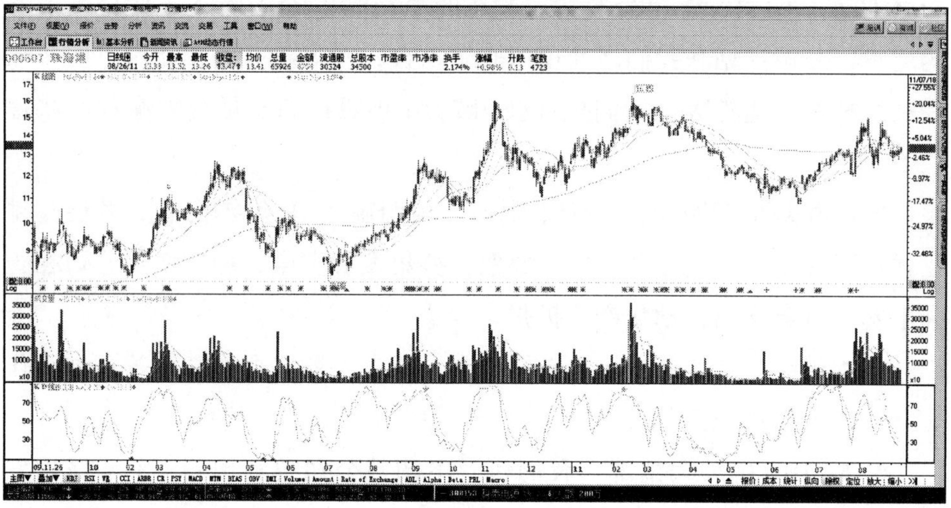

图 8-2

上图 8-2 所示是珠海港（000507）的日 K 线图，原名粤富华，总股本 3.4 亿股，流通股本 3 亿股，公司于 2006 年 11 月 27 日召开了 2006 年第二次临时股东大会暨股权分置改革相关股东会议，审议并通过了重大资产置换暨关联交易事项及股权分置改革方案，将 1999 年置换入本公司的上述公司股权及其他部分股权、债权、存货等资产与珠海市人民政府国有资产监督管理委员会所拥有的珠海功控集团有限公司的 100% 股权进行置换。置换后，公司变更经营范围为主营：玻璃纤维制品的生产和销售、电力项目投资、房地产开发。2010 年 9 月 13 日，公司办理完成相关工商变更登记手续，公司名称正式变更为“珠海港股份有限公司”。

珠海港控股集团有限公司注册资本 30 亿元，坐拥总股本只有 3.4 亿的小股本壳公司粤富华。珠海市政府赋予了珠海港在珠海特殊的行业地位，要把珠海港打造成珠海市龙头企业，集港口物流、电力能源和化学化工的综合企业。因此珠海港在地理位置、政策等方面都具备比较持久的护城河。

未来做大做强珠海港这个企业，其壳资源也就是现在的珠海港（000507）必须具备强大的造血功能，即再融资的能力，具备了再融资能力才有利于企业长期发展。要具备再融资能力，企业的业绩必然要节节高升，这是一个良性循环。

公司进一步集中股权，巩固大股东地位，享受企业快速发展所带来的回报。珠海港股份有限公司（以下简称“公司”）于2011年7月1日收到第一大股东珠海港控股集团有限公司转来的珠海市人民政府国有资产监督管理委员会（以下简称“珠海国资委”）珠国资〔2011〕181号《关于无偿划转珠海港股份有限公司市属国有股权的通知》，现将有关情况公告如下：本次股权无偿划转的相关情况 经珠海市人民政府同意，拟将珠海市纺织工业集团公司（以下简称“纺织集团”）持有公司的23407041股股份及纺织集团下属全资子公司珠海经济特区冠华轻纺总公司（以下简称“冠华轻纺总公司”）持有公司的6468000股股份，合计29875041股股份（占公司总股本的8.66%）无偿划转给珠海港控股集团有限公司（下称珠海港集团）持有。

本次股权划转前，珠海港集团持有公司股份56568194股，占公司总股本的16.4%，为公司第一大股东；上述股权无偿划转完成后，珠海港集团将持有公司股份86443235股，占公司总股本的25.06%，仍然为本公司第一大股东。本次股权划转完成后，珠海国资委仍为公司实际控制人。

本次股本划转完成后，纺织集团和冠华轻纺总公司将不再持有公司股份。

下面我们再来看看公司主营业务的情况。目前公司的主要受益贡献来源于港口物流、电力能源和化工等产业的投资受益。

港口物流（占比43%）：公司坚持并购和对外合作双管齐下发展港口物流业，煤炭储运中心和30万吨级油码头等项目的建设发展前景良好，货源有保障，达产没有问题，港口物流有望在2012年腾飞。在大股东珠海港控集团实施“西江战略”的大背景下，公司多次组织对西江沿线各港口项目投资的调研分析，在年报中更是把加大对西江流域码头的投资力度作为2011年首要头等大事来抓，我们预计公司在2011年可能会通过并购或新建的方式加快对西江流域码头的实质投入。

投资煤炭储运中心项目：2011年3月，公司拟与中国神华和广东粤电发能投资共同签订《神华粤电珠海港煤炭码头有限公司合资协议》，设立神华粤电珠海港煤炭码头公司，共同推进珠海港高栏港区神华煤炭储运中心项目，公司持有项目公司30%股权。项目预计建设期为2～3年，预计正式运营后第二年开始产出效益。

项目投资，建设原油、成品油码头：2011年2月25日公告，公司拟与中化实业有限公司在广东省珠海高栏港铁炉湾合作建设原油、成品油码头及储运设施项目。项目内容包括30万吨级油码头、300万立方米原油、成品油仓储库区和连接广东相关炼厂的输油管线。现就相关前期合作事项达成框架性协议，协议中未界定具体的投资金额，无生效附加条件。项目是优质项目，具备较强的盈利能力，但短期内无利润贡献。

港口物流仍处于培育期，有望在2012年腾飞：2010年11月，公司以14500万元竞得中国外轮理货总公司珠海公司100%股权等7家公司股权，主营业务变更为港口物流业。

电力能源（占比32%）：公司2010年实现净利同比增长93%，电力投资稳定贡献1.2亿元。电力能源实现稳定高额收益的同时，公司也积极的进入电力能源自主经营环节，高栏岛风电场项目预计2011年年中部分风机并网发电，年底将全部安装完成，将为电力能源板块形成稳定利润增长提供保障。投资收益（占比25%）：公司参股15%的珠海BP化工实现了9300万的投资收益。与外资巨头合作PTA项目：2004年5月，公司和英美石油化工控股公司、BP（中国）投资有限公司在英国伦敦共同签订了关于珠海碧阳化工有限公司的PTA二期项目的意向书，计划投资总额估计为3亿美元，PTA二期项目完成后，合资公司的产能估计将由现时每年35万吨增加到每年120万吨。预计将于2012年第一季度投产。PTA项目解决了融资、原材料供应以及技术转让问题，对公司利润贡献极大。

我们认为，公司2011年仍将依靠投资收益提供业绩支撑；2012年开始，主业培育进入相对成熟期，高栏港商业中心，风电业务以及物流项目进入收获期，主业贡献利润比重将增加；同时，考虑珠海港作为珠海港口建设和发展资本平台功能的重要地位，公司未来股价催化剂来自集团对珠海港港口资源的整合；我们对公司2011—2013年的业绩预测分别为0.96元、1.08元和1.02元，对应PE分别为13.53倍、12.02倍和12.74倍，维持公司“推荐”评级。

从行业和个股基本面来分析，珠海港都非常优秀，目前大盘又处于上升中的震荡市场，所以珠海港这只股票具备长期投资的特质。未来走势如何，我们拭目以待。

第二节 中线投资

前面我们介绍了长线投资的情况，下面我们来看看中线投资。

一、中线投资的定义

中线投资，从持股时间上来看，是持股周期在3个月至6个月之间的投资。当然，这样的划分不绝对。

二、中线投资的优缺点

中线的优势：持股时间稍长，避免短线波动，不影响投资者日常的工作，不受股价短期趋势的干扰，能获取中线稳健收益，不频繁进行高买低卖的操作，能够坦然面对下跌（这与短线追高被套后被动持股是不同的），敢于重仓（短线股票投机性太强，大多数投资者赚钱的时候参与的仓位都是比较轻的）！

中线投资的不足在于有时候会错过后面更大的行情，或者坐了过山车。持股大半年白忙活一场。

三、如何进行中线投资

1. 投资中线股的准备条件

与前面的长线投资类似，中线投资一样需要对大盘大环境和个股的行业有所分析。一般来说，中线投资更适合在上升或者下跌中的震荡市场的阶段底部区，另一个区别的是中线投资比长线投资更右侧，特别是在基本面上。作为中线投资者有时候对股票业绩的要求可能没有长线投资者那么苛刻，可能有时业绩并不太好的股票也可以作为中线股票投资的标的物。如果市场上已经有某个热点板块被认可且一直炒作了一段时间，但是与之相类似的股票，股价确仍然在低位，这时候，就是我们中线投资的一种非常不错的标的，我们称之为基本面右侧型。

与长线投资类似，中线投资者也要求具有非常平稳的心态。一定要拿出自己至少一年以内不需要用到的资金去做中线，不要拿自己急需的流动资金操作，以免被套了之后变得非常被动。对大盘环境个股所处的行业和个股热点情况非常了解，一定要选择那些对业绩确实有提振的且可以持续的热点去投资才会有不错的准确率。

2. 如何投资中线股

（1）投资中线股的思路。

先定性，确定大盘所处的位置是否适合操作中线股，如果大盘处于上升浪中的小幅调整，或者上升浪中震荡市场的调整底部或者下跌浪中震荡市场的调整底部区域，这些位置，一般来说，做中线是比较安全的位置。当然，如果大盘趋势逆转，我们要随机应变，学会止损。

在确定大方向的前提之下，寻找那些短期已经业绩释放的行业或者短期已经有某个题材热炒的行业，在这些行业中去寻找那些热点呼声很高，股价却没有大涨的中小盘股票。这也是之前所述的基本面右侧型企业。

找到这样的企业，在大盘的合适点位逐步建仓，之后往往会有不错的收益。

（2）中线投资的案例。

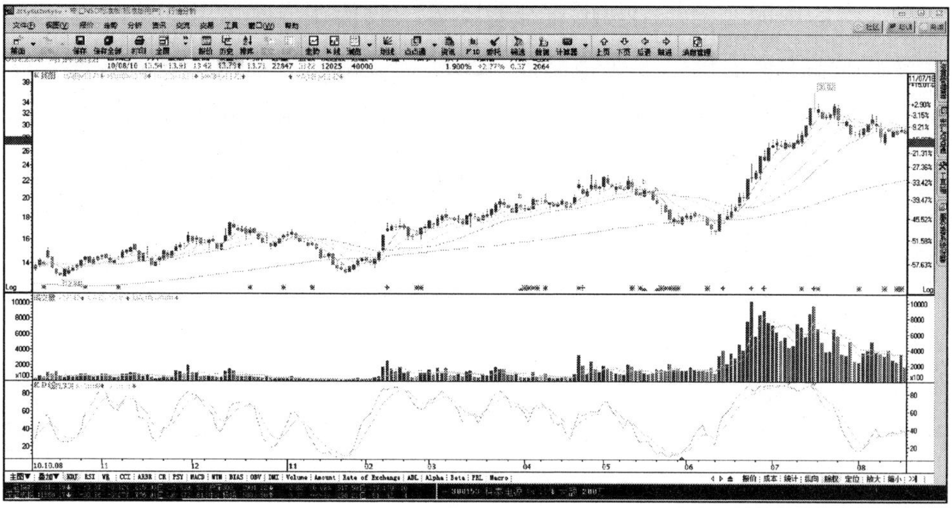

图8－3

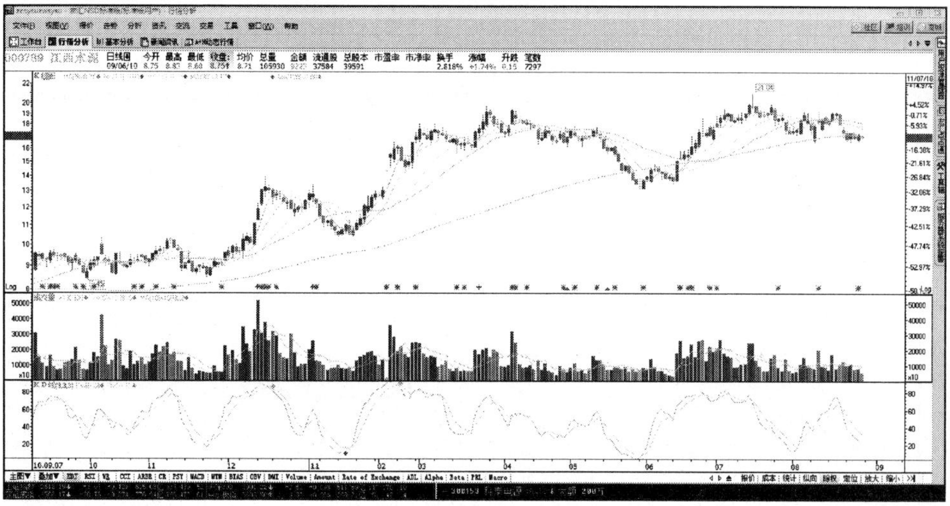

图8－4

图8－3和图8－4分别是塔牌集团（002233）和江西水泥（000789）从2010年10月至2011年8月的日K线图，自2010年12月起，水泥价格开始震荡上行，至2011年4月份，许多水泥品种价格涨幅已达50%以上，与生产水泥有关的上市公司股价也都有所表现，大部分水泥股票价格翻

倍，江西水泥就是其中在 2010 年 12 月至 2011 年 4 月股价翻倍的一只股票，相比江西水泥，塔牌集团在这段时间股价涨幅不足 30%。塔牌集团与江西水泥的水泥产量与销售规模都差不多，股价差异却如此之大，这正是我们实施基本面右侧型的典型例证，2011 年 6 月，大盘也进入阶段反弹时间，在随后的一段时间里，塔牌集团涨幅达 98%，成为水泥股的领涨龙头股。究其原因，其上涨的动力还是来自于对水泥价格的上涨补涨行情。

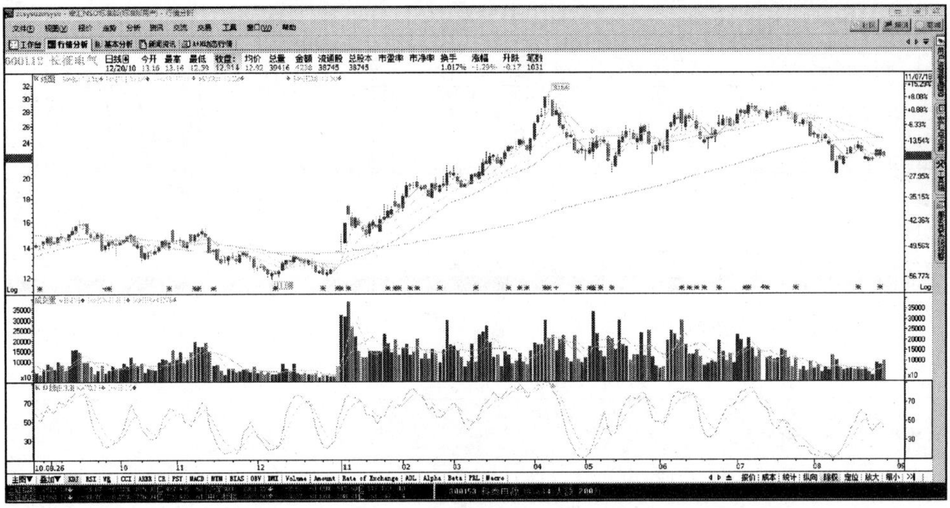

图 8－5

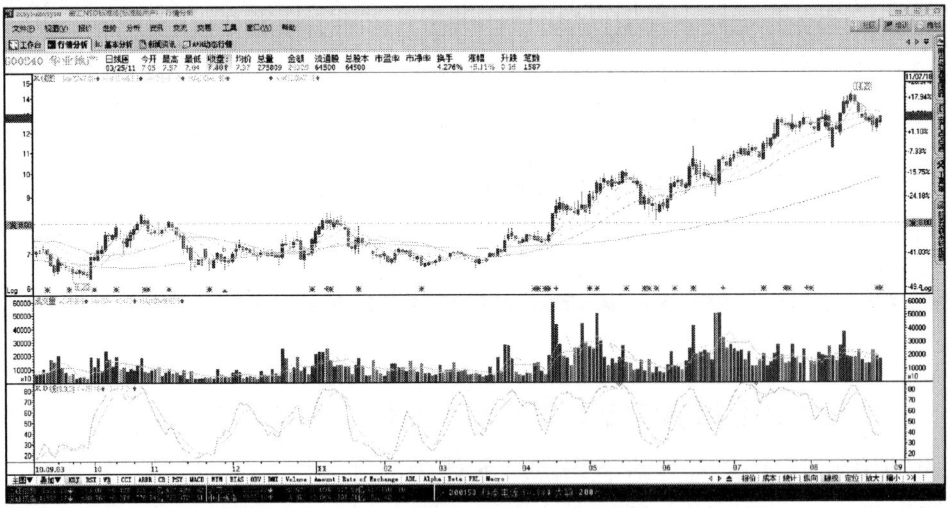

图 8－6

我们再来看其他的案例，2010 年 12 月 31 日，长征电气（600112）（图 8 – 5）发布公告称将开拓矿产业务。公司表示，拟采取购买矿业公司股权、联合开发等多种方式开拓矿产业务，通过充分整合遵义当地矿产资源，并对矿石进行深加工，完善产业链，打造新利润增长点。具体包括参与当地政府钼镍矿资源整合工作，通过对相关矿业公司股权收购等方式，掌握一定数量矿产资源及采矿权。同时，条件具备后投资建设矿石加工厂，对矿石进行精深加工。

长征电气当天封住涨停，随后连续大涨，3 个月股价涨了 140% 多。在长征电气大涨之后，在随后的日子里，只要公司涉及矿产开采的业务，股票都会跟随涨一些。

2011 年 5 月 5 日，华业地产（600240）（图 8 – 6）公告在北京设立全资子公司华业矿业，注册资本 4500 万元，正式进军矿产开采业务。

当天股价大涨 6.56%，然而此时大盘走势一般，华业地产股价小幅下探，到了 6 月初，随着大盘跌势放缓，华业地产股价慢慢启动，3 个月左右股价涨幅达 50% 多，而同期上证指数涨幅为 –3.61%。

相比多伦股份，华业地产股价还处于很低的低位，但是两者具有相同的基本面因素，所以这又是一个典型的基本面右侧型代表。一种基本面热点之前有了赚钱效应，后面的市场一般就会继续认可他。这正是中线投资的妙处所在。

第三节　短线投资

一、短线投资的定义

我们这里所说的短线投资是指持股周期不足 3 个月的操作，可以是持股 1 个月或者 2 个月也可以是持股几天，甚至持股一天也属于我们所说的短线投资的范畴。

二、短线投资的优缺点

从本质上看属于投机行为。短线投资所冒的风险较大，但有时收益很可观。对做短线者来说，公司业绩好坏、市盈率高低是不重要的，重要的是股价是否有相当幅度的频繁涨落，从而有利可图。一般而言，受经济周期影响较大的公司发行的股票，所支付的股息较高，承担的风险也较大，是短线投资的优良对象。

短线与长线本无优劣之分，只要适应就行，只要擅长就是。在有风险控制手段的前提下，短线的积少成多，在一轮行情中也能取得超额收益。在选对股票的前提下，长线更能取得非常稳健的高收益。

有人形象地说，短线交易者是艺术家，因为无论行情涨跌，他（她）时刻需要保持对行情的热情，并始终处于紧张和兴奋的状态。而长线交易者是工程师，他（她）需要对整个过程进行控制与修正，并且需要忍受期间市场的合理调整与异常时期的宽幅震荡，以及市场低迷时期的寂寞与孤独。因此，前者需要的是激情，后者需要的是理性。

然而，短线投资如果做得不顺，思路不对，就有可能深度套牢或者频繁止损之后，累计造成大幅亏损。

三、关于如何进行短线投资

1. 投资短线股的准备条件

在从事短线投资之前，我们还是首先要搞清楚市场的大环境，这是我们一切操作的前提，因为我们短线赚钱，是建立在大盘或者个股处于上涨的情况之下，如果大盘环境不适合操作，处于下降通道，这时候，做短线，就相当于像向大海扔钱，扔出去了基本就回不来了。因此，做短线赚钱，一定要在大盘的上升通道去操作。即上涨市场中的上涨段，震荡市场中的上涨段和下跌趋势中的反弹段去操作。只有把握住了大方向，我们做起短线来才会顺利。

其次，从事短线投资，应视投资者所拥有的资金状况而定。如果投资者拥有资金的时间较短，且自身的财产较大，可应付短期的巨额亏损，则具备了从事短线投资的条件。如果投资者拥有资金的时间较长，又处于经济趋势不断上升的时期，则以长线投资为优。因为经济稳定上升时，股市的主要趋势为盘旋上升，在短期内，股市升降的幅度一般不大，投资者不易在变化不大的股价中获取较高的利润。

另外，我们从事短线投资要有成熟的操作模式和止损止盈的纪律。只有有了成熟的操作模式，应对突发事件的时候才会胸有成竹，不会手忙脚乱不知从何下手。

最后，操作短线要有冷静的心态和犯错误之后的迅速调整能力。否则，几次大幅亏损之后，短线操作者的信心很有可能就丧失了。

2. 如何进行短线投资

（1）如何进行短线投资。

我们在判断大盘处于上升通道的前提之下，利用自己的闲置资金和稳妥的短线模式在市场上进行操作获取利润。短线操作的模式有很多种，不同的人有不同的方法，在大盘处于上升通道的情况之下，这些方法往往都比较有效。我们在这里只简单介绍几种模式供大家参考，由于短线操作有很多的不确定性，所以请大家务必小心谨慎，看清楚前提之下再去操作，同时要注意止损。

（2）短线投资的案例。

由于短线的模式多种多样，很难说出孰好孰坏，不管白猫黑猫，只要能抓住老鼠就是好猫。这里只给出一种我个人认为比较稳妥的方法，仅供大家参考。

虽然是短线，我们的方法还是与基本面有关。

我们来看图 8－7，安纳达（002136）从 2011 年初至 2011 年 8 月的 K 线图，从 2011 年初开始钛白粉价格逐渐走高，2011 年 3 月中旬开始，安

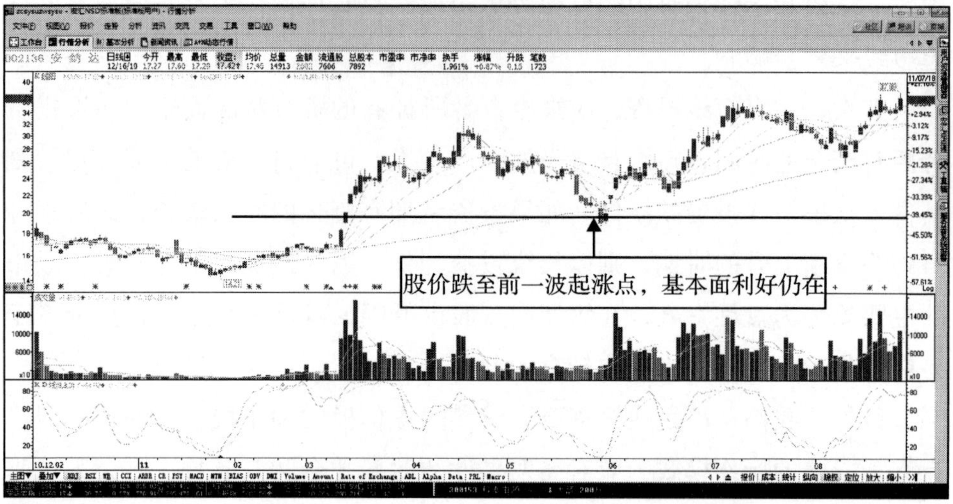

图 8 –7

纳达放量大涨，迅速攀高，一个多月涨幅达 90%，随后随着大盘的下跌，安纳达又以飞快的速度下跌，在 2011 年 5 月 30 日基本跌回了之前的起涨点，但此时，钛白粉的价格并没有跌至起涨点，仍然维持在相对高位，下游的需求仍然很旺盛，很明显，股票被错杀了，此时正是买入安纳达的大好时机，果然随后不久，安纳达又放量反弹，一个多月股价再涨 80% 之多。如果说前一波我们很难发现，但是要抓住第二波比第一波要容易得多了，我们只要确定基本面有没有持续性就可以轻松判断是否可以买入。一旦这样的股票基本面利好仍然持续，短期内很可能给我们带来不小的利润。

短线的方法和方式是在多种多样，我们这里也不再赘述。请读者朋友们在坚持之前所述前提下，按照自己的需求打造属于自己的短线模式。

第九章

股票二八定律

如果等到股票明确其走势之后再切入就会比一开始就切入赚到更多的钱。这就像赛马比赛一样。把马从拴马桩上解下来往往要花上15~20分钟，但一旦“马儿开始跑了”，不到几分钟比赛就结束了。耗费多的是准备时间，一旦赛马跨出起跑线，比赛很快就结束了。无论以高出底部10点、20点还是30点的价位买入一只股票，只要能获利，又有什么区别呢？

——江　恩

正如江恩所说，80%的人总是在股票的吸筹和调整期介入，而整正只在走势明确的上升趋势介入股票的人只有20%。这就是股市中无处不在的二八法则之一。

当然二八法则有很多类型，下面就让我们从头说起。

一、二八现象

在开始二八现象的讲述之前，我们先来看一些生活中有趣的对应现象。

20%的人成功-------------------80%的人不成功

20%的人用脖子以上赚钱----------80%的人脖子以下赚钱

20%的人正面思考---------------80%的人负面思考

20%的人买时间-----------------80%的人卖时间

20%的人找一个好员工-----------80%的人找一份好工作

20%的人支配别人---------------80%的人受人支配

20%的人做事业-----------------80%的人做事情

20%的人重视经验---------------80%的人重视学历

20%的人认为行动才有结果-------80%的人认为知识就是力量

20%的人我要怎么做才有钱-----80%的人我要有钱我就怎么做

20%的人爱投资-----------------80%的人爱购物

20%的人有目标-----------------80%的人爱瞎想

20%的人在问题中找答案---------80%的人在答案中找问题

20%的人在放眼长远-------------80%的人只顾眼前

20%的人把握机会---------------80%的人错失机会

20%的人计划未来---------80%的人早上起来才想今天干吗

20%的人按成功经验行事--------80%的人按自己的意愿行事

20%的人做简单的事情-------80%的人不愿意做简单的事情

20%的人明天的事情今天做-------80%的人今天的事情明天做

20%的人会想如何能办到--------80%的人会想不可能办到

20% 的人记笔记－－－－－－－－－－－－－－－－－－80% 的人忘性好
20% 的人受成功的人影响－－－－－－－－－－80% 的人受失败人的影响
20% 的人状态很好－－－－－－－－－－－－－－－－80% 的人态度不好

上面是一些在生活中有趣的二八现象，看完了之后，你是不是有所感悟呢？

生活中有许多的二八现象，那么股市中也有二八现象吗？

答案是肯定的。

那么什么是股市的二八现象呢？简而言之，就是 20% 的股票上涨的时候，80% 的股票滞涨或者下跌，或者反之。

历史数据显示，自 2006 年至今的约 5 年时间里，沪深股市曾先后于 2006 年 10 月 20 日至 2007 年 1 月 5 日、2007 年 5 月 29 日至 2007 年 11 月 2 日、2009 年 5 月 25 日至 2009 年 8 月 6 日等 3 个时间段出现二八现象。导致沪深股市二八现象的根本原因是，资金面、小盘股板块与大盘股板块相对估值水平等两个方面是酝酿二八现象的两个最主要诱因，当资金面非常充裕且小盘股板块与大盘股板块相对估值偏高时，往往市场热点风格呈现二八现象的可能性大；反之，则市场倾向于偏好小盘股。

要解释股市中的这种二八现象，就要先认识二八定律。

二、二八定律

二八定律也叫巴莱多定律，是 19 世纪末 20 世纪初意大利经济学家巴莱多发明的。他认为，在任何一组东西中，最重要的只占其中一小部分，约 20%，其余 80% 的尽管是多数，却是次要的，因此又称二八法则。

1897 年，意大利经济学家帕累托（1848—1923）偶然注意到英国人的财富和收益模式，于是潜心研究这一模式，并于后来提出了著名的二八法则。

帕累托研究发现，社会上的大部分财富被少数人占有了，而且这一部分人口占总人口的比例，与这些人所拥有的财富数量，具有极不平衡的关系。帕累托还发现，这种不平衡的模式会重复出现，而且也是可以提前预测的。

于是，帕累托从大量具体的事实中归纳出一个简单而让人不可思议的结论：

如果社会上20%的人占有社会80%的财富，那么可以推测，10%的人占有了65%的财富，而5%的人则占有了社会50%的财富。

这样，我们可以得到一个让很多人不愿意看到的结论：一般情况下，我们付出的80%的努力，也就是绝大部分的努力，都没有创造收益和效果，或者是没有直接创造收益和效果。而我们80%的收获却仅仅来源于20%的努力，其他80%的付出只带来20%的成果。

下面的这个例子或许能道出二八法则原由，有这样两种人，第一种占人数的80%，拥有20%的财富；第二种只占人数20%，却掌握80%的财富。为什么呢？原来，第一种人每天只会盯着老板的口袋，总希望老板能给他们多一点钱，而将自己的一生租给了第二种20%的人；第二种人则不同，他们除了做好本职的工作外，还会用另一只眼睛关注正在多变的世界，他们明白什么时间该做什么事，于是第一种80%的人都在替他们打工。心理学家说，20%的人身上集中了人类80%的智慧，他们一出生就鹤立鸡群。这个世界本来没有绝对的公平。社会约80%的财富集中在20%的人手里，而80%的人只拥有20%的社会财富。

很明显，二八法则向人们揭示了这样一个真理，即投入与产出、努力与收获、原因和结果之间，普遍存在着不平衡关系。小部分的努力，可以获得大的收获；起关键作用的小部分，通常就能主宰整个组织的产出、盈亏和成败。

二八法则无处不在、无时不有，它就像人的影子，潜伏在生活的每个角落。

二八法则，又称作帕累托法则、帕累托定律、二八定律、最省力法则和不平衡原则。以上这些名称，在本书中一律称为二八法则。

从长期的投资组合所得的财富中，80%的财富来自于20%的投资。选择这20%的投资是至关重要的，一旦选定之后，就要尽可能多地关注它们。

传统的智慧教你不要把所有的鸡蛋放在同一个篮子里，可是二八法则却要你小心选定一个篮子，将你所有的鸡蛋放进去，然后像老鹰一样盯紧它。

二八法则主张：一个较小的诱因、投入或努力，往往可以产生较大的结果、产出或酬劳。几乎在所有的事物上，导致事物的最终结果都可能只归因于少数的原因、投入和努力，而其他大部分的工作只能带来微小的影响。

也就是说，你80%成果的取得，是出自20%的付出。

当然了，在你第一次了解这个法则时，肯定会条件反射地用“一分耕耘，一分收获”来反驳，用怀疑甚至气愤的眼光来看待这个新时代的“异端”。但事实是不可否认的，不由你信不信，二八法则都像空气一样客观存在；也不管你有没有意识到它的存在，它都无形地在你的生活中产生这样那样的影响。

但是，让二八法则的精髓渗入简单的事实中，的确是社会工作者的使命，他们有责任让人们理解并接受这样一个真理性的法则。不浪费生命中一分一秒的时间和宝贵的精力，让所有的物质和精神财富最大限度地发挥效用——所以，二八法则实质上是一种效率法则，是商场盈利和生活轻松幸福的杠杆原理。

简而言之，二八法则的核心内容就是“效率”二字。这样一个话题在我们这个社会中是新近提出的，面对这样一个新话题，我们要正视它，并把它运用到现实的生活和工作中，努力实践和提高，充分发挥其功效，为人生造福。

我们说上述话绝非头脑发热，而是很理智很清醒地将这一科学理论公之于众。大家都知道“效率”的意义就在于人们在更短的时间里创造更多的财富。只要我们发挥才智和奋斗精神，就可以做到“一分耕耘，多分收获”。这个美好的时代已经来临了。时代的变化日新月异，我们的思想也要跟上潮流才不会落伍。

二八法则和混沌理论之间的共同点，是平衡的问题——更精确地说，是不平衡关系的问题，混沌理论或二八法则都（以许多实证为根据）主张，宇宙处于一个不平衡的状态，世界不是线性的，因果关系很少是对等联结的。而两者也都强调内在秩序的存在，有些力量总是强过其他力量，而且想要掌握它们分外的资源或能量。经由长时间追踪不平衡现象的发展，混沌理论有助于解释为什么会发生不平衡，以及它如何发生。

认识二八法则，不只是要你树立几个重要观念，更重要的是要把这些重要观念转化成习惯，进而用二八法则的方式进行思考，用二八法则的方式行动。

三、股市中的二八定律

1. 解读股市中的二八定律

（1）股市中有80%的投资者只想着怎么赚钱，仅有20%的投资者考虑到赔钱时的应变策略。但结果是只有那20%投资者能长期盈利，而80%投资者却常常赔钱。

在解读这条定律之前看，我们先来做一个简单的测试。

如果你买入了一只股票，你的第一想法会是什么？通过对很多股民朋友的交流中，我得出这样一个答案。大部分人都会说我赚了多少钱就卖掉，却鲜有人会说我的股票亏了怎么办。

这是为何呢？道理很简单，每个进股市的人都以赚钱为前提，所以很少有人会以赔钱的动机去做股票，因此他们从不会去想自己的股票亏了钱应该怎么办。他们的潜意识里面就是认为自己一定可以赚钱。而现实却不是如此，要做到有备无患就要做好风险的应对措施，假设自己每一次操作都是有可能亏损的，一旦事与愿违，亏损了，我们应该迅速止损还是按兵不动或者继续加仓，这些都要根据不同的股票进行细分和决策。

但有一点是不会变的，每一次交易前，做好亏损的准备和应对措施，保护自己的有生力量，只有留得青山在，我们才有继续在股市生存的本钱，如果几次对风险处理不当，导致大幅亏损，这些漏洞是难以短期内弥补的。

所以，要想成为股市里赚钱的少数人，我们必须要有亏损时的应对方案。

(2) 20%赚钱的人掌握了市场中80%正确的有价值信息，而80%赔钱的人因为各种原因没有用心收集资讯，只是通过股评或电视掌握20%的信息。

这条定律从客观上反映了社会的不公平性下所导致的信息不对称，大部分股民可能是信息的弱势群体。这是一个不争的事实。

但是，即使获取不到那80%的信息，一般的股民朋友如果通过自身的努力，获取到60%的信息，对我们操作股票也是很有利的。千万不要自暴自弃，连获取信息的意识都没有，那样就可悲了。

买入一只股票之前，一定要做好研究工作，千万不要仅听从股评家在广播电视节目的介绍就买入一只股票。

普通的股民朋友可以通过对公司近几年公告的认真解读发现公司的发展规划，再通过公司的财务报表等发现公司具体的运作情况，如果想更深一层了解公司，还可以打电话与公司市场部的人员沟通甚至去公司实际参观调研来了解公司的发展状况。

尽可能多地了解你想买入股票的公司，做好有准备的买入，避免撞上信息地雷。千万不要在可以预防的情况下遭受重大损失，这样无异于财务自杀。

(3) 当80%人看好后市时，股市已接近短期头部，当80%人看空后市时，股市已接近短期底部。只有20%的人可以做到铲底逃顶，80%人是在股价处于半山腰时买卖的。

这句定律背后的深层次含义就是市场存在羊群效应。而真理往往掌握在少数人手中。这也就是社会的精英总是会比一般人要少很多。精英们之所以可以成为精英，那是他们没有随大流，有自己独特的思维方式去解决问题，最终成就了这些精英。

笔者至今对2007年那一幕仍然记忆犹新，进入4月以来，大盘节节攀高，上涨动力之强让包括许多专业人士在内的投资者大跌眼镜。汹涌而入的资金让市场的牛市气氛已接近沸点，大量外围资金的推动已经成为行情的基本特征。中国股市长期向好，市场各方已没有分歧。一时间，公车的司机，卖菜的阿婆，他们个个都能点石成金，成为股神。但市场还有句名言：要谁死亡，必先让他疯狂。在日趋疯狂的牛市中，一切负面的信息都被掩盖，利空全能当利好。价值投资的概念被曲解和模糊了。进入 2007 年 10 月中旬以后，上证指数终于开始慢慢下跌，在 2008 年 1 月中旬的一个小反弹过后，牛市的神话终究破灭了，上证指数飞流直下，于 2008 年 10 月跌至 1664 点，很多在牛市末期看多的股民大多都亏损累累。

一次次惨痛的教训过后，我们要试着成为股市的慈善家，当大多数人抢着去买股票时，我们就成全他们，把手中股票奉献出来，当人人自危，没人敢买股票时，我们就伸出援助之手，接住他们恐慌抛出的股票。其实只要抱着“慈善家”的精神，做好股票也不是一件难事。

（4）券商的 80% 佣金是来自于 20% 短线客的交易，股民的 80% 收益却来自于 20% 的交易次数。因此，除非有娴熟的短线投资技巧，否则不要去贸然参与短线交易。

在开始讲述这个定律之前，我们先来算一笔账。

一年中有大约有 240 个交易日。假定一年中某投机者每周买卖一次，那么他将进行 96 次交易。以 100 万元投资金额计算，按千分之一的佣金，千分之一的印花税为交易成本（我们在此忽略规费和过户费），一年 96 次交易需要支付的交易成本：$(1000000 \times 0.001 \times 96 + 1000000 \times 0.001 \times 48) = 144000$。也就是说 100 万的投机者如果一周买卖一次都全进全出的话，一年需要支付高达 14.4 万的佣金和印花税。

如果你每次操作股票能够不亏损以买入价卖出股票，那么一年之后，你 100 万元玩的资金只有 85.6 万元了，如果你短线操作再经常止损呢，可能一年下来你的资金连 70 万元都不到了。操作短线，要建立在你的交易系统胜率很高的基础上，至少要六成以上，你才能赚点小钱，要想赚大钱，你的胜率至少要在八成以上。所以，在自己没有非常高的胜率的操作模式的前提下，尽量少去做短线。

纵观欧美成熟的证券市场，大部分机构们都是以长期持股为主要操作模式的，之所以这样做，一来可以大幅降低佣金，二来避免了频繁操作带来的过多的错误。

中国有句古话，常在河边走，哪能不湿鞋。操作短线多了，总会有失误的时候，如果经常止损，那么自己的利润就会被慢慢侵蚀。

（5）只占市场 20% 的大盘指标股对指数的升降起到 80% 的作用，在研判大盘走向时，要密切关注这些指标股的表现。

我们先来看看上海综合指数的定义，上证综合指数是指上海证券交易所从 1991 年 7 月 15 日起编制并公布、以全部上市股票为样本、以股票发行量为权数，按加权平均法计算的股价指数。它以 1990 年 12 月 19 日为基期，基期指数定为 100 点。本日股价指数（上证综合指数）= 本日股票总市值 ÷ 基期股票总市值 × 基期指数（100），其中，总市值 = ∑（市价 × 总股本数）。

至 2011 年 8 月 26 日，上证指数总股本达到 29928.12 亿，而同时上证 50 的总股本数达到 17520.89 亿。占到上海交易所全部上市股票总股本的接近 60%。所以，虽然上证指数是以所有股票为计算得出的，但是那些小盘股的权数太低，他们对上证指数的影响微乎其微，影响上证指数的最重要的还是那些大盘股，比如中国石油（601857）、中国石化（600028）、中国银行（601988）和中国平安（601318）等大盘股对上证指数的影响起到最关键的作用。

我们分析大盘的走势，最重要的是关注这些大盘股的动向，一旦这些大盘股短期内有上涨的催化剂，那么大盘也会随之快速上涨。

（6）一轮行情只有 20% 的个股能成为黑马，80% 的个股会随大盘起伏。80% 的投资者会和黑马失之交臂，但仅 20% 的投资者与黑马有一面之缘，能够真正骑稳黑马的更是少之又少。

在解释这个定律之前，我们先来探讨一下何为黑马。

有人会说，大盘处于牛市行情之中，股票不是普涨吗，不是个个都是黑马吗？

我们所定义的黑马与上述理解的含义不同。一只股票能够被称为黑马，肯定是其涨幅有过人之处，这个涨幅过人不是看他有没有涨，而是看他有没有远远超过大盘的涨幅，只有在一轮行情中涨幅远远超过大盘的涨幅，我们才称其为黑马。

下面我们做一个简单的统计。

上证指数从 2011 年 1 月 25 日至 2011 年 4 月 18 日这段上升浪涨幅为 13.4%。上证指数有 2100 只左右的股票。2100 只股票的 20% 是 420 只。我们打开所有 2000 多只股票在 2011 年 1 月 25 日至 2011 年 4 月 18 这段时间的涨幅统计，我们发现第 420 名涨幅为 27%，刚刚好近似于上证指数涨幅的 2 倍。也就是说，市场上，黑马的数量是少数的，大部分个股基本与大盘同升降。这 420 只股票，也许我们都曾与他们有过一面之缘，但是真正买入后持有到阶段高点，获取较大的收益的，是少之又少。

在这里我借用某位职业投机者的一句名言：很多人做生意，刚刚开始赚钱，如果你让他把这项生意转手卖给别人，他怕是死也不愿意，但是如果他的股票解套了，刚刚赚钱，可能他就拿不住了，很想卖掉，怕再次亏损。两个几乎相同的事情，但是处理方式却完全不同，值得人们深思。

如果一只股票刚刚赚钱，要分析清楚情况，如果这只股票是开始活跃起来，股性被激活了，同时大盘环境也不错，在这样的情况之下，我们要坚决坚守，让我们的利润扩大。也就是要骑住手中的黑马。

（7）有 80% 投资利润来自于 20% 的投资个股，其余 20% 投资利润来自于 80% 的投资个股。投资收益有 80% 来自于 20% 笔交易，其余 80% 笔交易只能带来 20% 的利润。所以，投资者需要用 80% 的资金和精力关注于其中最关键的 20% 的投资个股和 20% 的交易。

这个定律是定律六的延伸，定律六说道一轮行情只有 20% 左右股票成为黑马，大部分股票都是基本与大盘保持平衡。按照这个规则，我们 80% 的利润来自于 20% 的个股就很容易理解了。同样的这 20% 的个股只需要 20% 的交易。按照这样推理下去，我们只要花心思努力研究市场上过往成为黑马股票的特征，然后按照这样的思路去寻找当前具有黑马特征的股票，把重要精力放在他们身上，这样，我们成功的概率会大大增加。

这个道理同样是让我们把有限的精力花在研究最有用价值的股票身上，关注这些潜力的股票，通过交易这些股票，获取超额收益。

（8）股市中20%的机构和大户占有80%的主流资金，80%的散户占有20%资金，所以，投资者只有把握住主流资金的动向，才能稳定获利。

正是这句二八定律成就了当下许多主流收费资金流软件，这句定律正是他们的理论基础。收费资金流软件的目的就是通过对主力机构和大户资金流的监控，从而发现哪些个股主流资金介入很深，从中寻找有可能成为黑马的股票。

正是因为有了这个正确的思路，这些软件才有了众多的追随者。

虽然每个软件的统计方法方式不一样，但是结果基本大同小异，在操作股票时这些资金流也可以提供一种参考依据。

看这些资金流，我的经验是，千万不要以很短的周期去分析它，就像移动平均线一样，周期越短，敏感度越高，也就是失真的可能越大，我们可以观察所操作股票的长期资金流，发现那些长期有资金“照顾”的股票，从中获得有价值的信息。

（9）成功的投资者用80%时间学习研究，用20%时间实际操作。失败的投资者用80%时间实盘操作，用20%时间后悔。

北宋文学家苏轼有句七言绝句这样写道：“不识庐山真面目，只缘身在此山中”。当下有许多散户朋友的股票情况，正有点像诗中所描述的，许多股民总是迷恋于短线操作。认为短线操作是快速赚钱的捷径。如果一天不看盘不盯盘就受不住了，对买入的股票，更是全天候盯盘，觉得每一分的波动，都觉得津津有味，其实这是犯了炒股的大忌。操作股票，无论短线还是长线，操作的时间只占到20%，甚至不到，更多的时间应该放在对股票的研究上。研究股票的基本面、技术面，查看公司公告信息，与公司相关的新闻，公司的报表，公司投资的项目进展情况等等，只有对公司研究透了，才会知道公司股价大致能到一个什么区间，这样操作起来也就得心应手了。千万不能本末倒置，花时间去做无用功。股票研究透了，当天或者几天几个点的波动，基本是可以忽略了，在没有到目标价位或者止损位之前，过多盯盘不但没有好处，还容易加强自己的恐慌心理，可能会被股票短期的巨幅波动给吓坏，做出一些不理智的操作行为，最终酿成苦果。

所以，我们操作股票，要怀着敬畏的心态，与其保持一定的距离，你的收益不会因为你天天盯着而增加的，只要股票没有到目标价位或者止损位，持有就是了。

（10）股价在 80% 的时间内是处于量变状态的，仅在 20% 的时间内是处于质变状态。成功的投资者用20%时间参与股价质变的过程，用80%时间休息，失败的投资者用 80% 时间参与股价量变的过程，用 20% 时间休息。

之所以把定律十放在最后压轴，是因为其有压轴的魅力。我将重点讲述这个定律，希望给股民朋友带来高效炒股的新概念。

在开始讲述之前，我们先来看一个统计。

<table>
<tr><td colspan="4">股票涨跌时间统计</td></tr>
<tr><td colspan="4">按照上升 震荡 下跌三种情况分类</td></tr>
<tr><td>类型</td><td>运行周期</td><td>总占比</td><td rowspan="6">按照三个类型分类，把上升中的 513 天调整计入震荡，那么股市五成时间在震荡，三成时间在下跌，只有两成时间在上涨</td></tr>
<tr><td>上升</td><td>1519. 00</td><td>0. 30</td></tr>
<tr><td rowspan="2">震荡</td><td>513. 00</td><td rowspan="2">0. 51</td></tr>
<tr><td>2066. 00</td></tr>
<tr><td>下跌</td><td>972. 00</td><td>0. 19</td></tr>
</table>

我们把上证指数从 1990 年 12 月 19 日以来的所有交易日涨跌情况分为上升趋势、震荡趋势和下跌趋势这三种，统计出其分别运行的周期，再经过细分处理，我们去除上升趋势中的调整时间，计算出上涨占所有运行周期的 20% 。刚好满足于二八法则。

目前中国虽然推出了股指期货和融资融券的双轨制，但是对于大部分股民来说，还是习惯于以往的单边做多操作。如果买入股票不涨，就没有钱赚了。而经过统计发现，上证指数 80% 时间是没有行情的。对于个股这样的规则同样适用。那么我们操作个股，千万不要在其没有进入上升的时候就早早潜伏起来，虽然你有低位买入大牛股的可能，但是大牛股的上涨时间却可能是你所有持股时间的 20% ，那么你那剩余 80% 的时间都浪费掉了，这还是很好的了。对于大多数人来说，他们频繁参与股票的 80% 不涨的量变阶段，经常遇到亏损了就止损了，再去做同样的重复，几次下来不但没有赚到钱还亏损累累，这就是许多人觉得股市赚钱难的根本原因。用大量的时间去做那些质变的事情，是收不到任何效果的。

那么我们应该如何去做呢？

我的意见是，在股票量变的阶段，坚决不参与，只在大盘相对稳定的前提之下寻找已经质变的股票操作，重复这样的工作，你便可以在股市里面生存下去，甚至赚到不小的收益。当然，每次你买入的质变股票，都要经过深思熟虑，发现基本面有亮点的前提之下，才可以去操作。

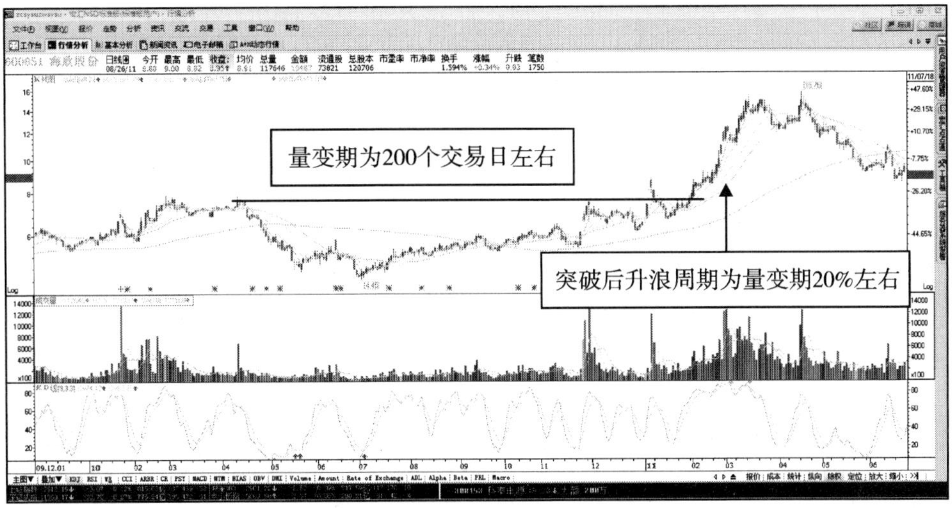

图9－1

我们来看一个案例，图9－1是海欣股份（600851）从2009年12月至2011年6月的日K线图，细心观察我们发现，海欣股份从2010年4月13日高点至2011年1月突破前高点后回踩周期为200个交易日左右，那么根据之前所述的上涨周期只有20%的规律，我们用量变的时间乘以20%，近似于40个交易日，我们来看之后海欣股份的表现，自2011年1月6日突破前高点后，经历了8天的回调，终于在2011年1月18日见底，此后进入上升浪，按照此前的预测，这轮从2011年1月18日开始的上升浪周期大致为40个交易日，这轮上涨行情即将终结，从实际情况来看，海欣股份至2011年3月22日，41个交易日之后，便开始慢慢下跌，之后经历了一波小反弹之后，就开始了新一轮漫长的下跌，用此方法把握住股票的上涨周期，对于我们何时卖出股票，能够做到心中有数，不会在上涨周期结束后，还在傻傻等待股票会有大行情。

当然，海欣股份的上涨也是有其基本面的催化因素的，也就是有基本面的亮点，其亮点就是旗下子公司上海海欣生物研发的直肠癌治疗性疫苗——肿瘤治疗用APDC及其大容量体外细胞扩增技术培养的DCCIK肿瘤生物治疗，目前三期临床已通过国家药监局组织的专家论证，批文正在审批之中。

根据平安证券谨慎原则的预测，该直肠癌治疗性疫苗将为公司带来72亿元的新增市值，接近当年公司总市值（约80亿元）的1倍。这正是催化海欣股份股价上涨的最大动力。

量变与质变的二八定律准确性到底如何，我们再来看另一个案例。

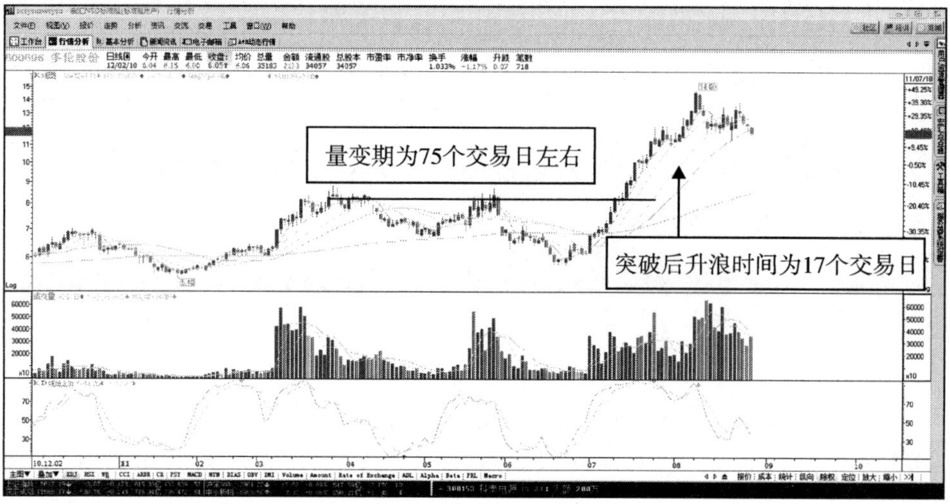

图9－2

图9－2是多伦股份（600696）2010年11月至2011年8月的日K线图，从图中可以看到，多伦股份从2011年3月28日前高点开始进入量变期，期间用了将近75个交易日后再次放量创出新高，进入质变期。按照量变期的20%计算，若突破后股票不回踩，其质变期应该为15个交易日左右，而事实上，突破后的多伦股份运行了17个交易日，股价开始掉头

下行，第 18 个交易日股票大跌 8%，其后也没有创出新高，进入较长时间的调整中。

当然，多伦股份上涨也有其自身的催化剂，查询 2008 年 9 月 13 日多伦股份对外投资公告我们发现，多伦股份当年以 1. 2 亿元的收购总价向北京森隆投资有限公司购买上海惟远投资管理有限公司 40% 的股权。交易双方于 2008 年 9 月 12 日签订了关于上海惟远投资管理有限公司《股权转让协议》。股权转让完成后，我司持有上海惟远投资管理有限公司 40% 的股权。上海惟远投资管理有限公司主要资产为对黑龙江翔远矿业有限公司和黑龙江新东矿业有限公司各 85% 的长期股权投资。根据当年的投资评估，矿山资源逐渐对业绩进入贡献期。再加之近期市场对涉矿股票的热捧，多伦股份强势上涨也就有了依据。

在大盘相对稳定的时间段，寻找已经质变的股票，如果技术上已经质变的股票在基本上也具有支撑其股价上涨的亮点，而且股价仍处于质变期内，那么买入这样的股票，我们在股市盈利的概率会大大增加。

2. 二八定律在股市投资中的运用

沪深股市二八定律在 2003 年就开始出现，当年年初以来的行情中只有 20% 的股票出现上涨，而另外 80% 的股票仅有微辐小涨或者不涨反跌的现象。面对在同一市场挂牌交易股票的走势“冰火两重天”的格局，投资者颇显无奈，不少手握涨不起来股票的投资者怨声四起，纷纷埋怨赚了指数不赚钱。股市行情进入下半年以来，二八定律现象依然如故，直把小投资者惹得着急上火，人们急切期望市场能破解二八定律，走出一轮绝大多数股票都能涨上去的牛市行情。

股市的二八现象，通常就是说在所有的股票中，只有 20% 的大盘指标股在上涨，而其他 80% 的股票则在调整状态。

出现这样的现象，一般的股民就可能只是赚了指数不赚钱，除非你拿着的是 20% 大盘指标股之一。但是一般来说，出现二八现象的持续时间不会长，而且很容易带动另外 80% 的股票上涨，所以对于一般的股民投资者来说，最好的操作方法就是：对于手头上拿着的股票如果在过去的一段时间内已经有一定涨幅的，可以适当减仓回避调整风险，如果你拿着的是大盘指标股或者之前一段时间还没有怎么表现的股票，则可以持有观望。

总的来说，在遇到二八现象时，最好的操作方法就是：以静制动，多看少动！

二八现象的出现一般是由于冲关的需要，挑战高点。前期热点已被轮番热炒，只能靠蓝筹权重股整体发力才行。因为基金等市场主力仓位之前都比较重，要想集中力量打歼灭战，只能抛弃八股将资金倒到蓝筹股中，这正是盘中震荡的主要原因。

由二八定律，使我们在股海浮沉的游戏中能够引申得到如下启示，好让我们把有限的精力投放到以下四种最能够使我们取得最大化绩效的其中之一的情形中去，以达到个人投资理财中事半功倍的成效。

第一种情形：股市中 80% 的利润 VS 80% 的风险。

在这种情形下，个股和大盘通常在趋势上表现为突破股价和指数运行过程中的箱体整理，从板块和热点上往往表现为具有一定刺激力和吸引力的题材效应，从情形存在的时间上来看，往往具有短期效应。

80% 的利润 VS 80% 的风险，很浅显地指出了风险和利润半对半呈胶着状态。判断准确了，股价和指数上一箱体整理，跟进的题材有一定号召力，短期内能获取不菲的收益；但具有风险的是，在这种情形下，往往带有很强的投机意味，如果判断失误了，股价和指数往往重回箱体甚至破位运行，因为跟进的题材犹如昙花一现，短期内不但不能赚钱，反倒有可能偷鸡不成蚀把米。

第二种情形：股市中 80% 的利润 VS 20% 的风险。

在这种情形下，个股和大盘往往经过漫漫的熊途，不是指数被腰斩，就是股价跌得只剩了个零头，显得满盘皆没，人人恐慌，个个惧怕，怕股价再步熊之途，而无人敢谈股，敢买股。

这种情形，对从事投资有一定年限的投资者而言，似曾相识过，如 1994 年 7 月底的上证指数 325 点，1996 年初的 512 点；最近的要算是 2005 年五六月间宣布股改的那会儿，指数跌破了千点，见到了 998 点，据报载，东北某家证券营业部内，有位年逾七旬的老股民因忧虑、焦虑而不幸一命呜呼。在这种时候，在周围 80% 以上投资朋友都不敢轻举妄动的时候，我们倒不妨拿出平时不轻易出手的 80% 的勇气，果断买入，多多买入。因为利润很大，至少有 20% 以上甚至是 1 倍、2 倍以上的利润；而风险却很少，只有平时买入操作出差错的概率的 20%，因为我们通常能买在个股和大盘中长期的底部。

第三种情形：股市中 20% 的利润 VS 80% 的风险。

这种情形通常表现为，个股和大盘指数已经经过相当长时间的涨升，积累了一定的升幅及其面临调整的风险。但越是接近顶部，股市越是显得热闹，人声鼎沸，交投热络，使人不由得想起谁曾说过："上帝欲将其灭亡，必先让其疯狂"。接近顶部，放出天量的背后，则是 80% 的投资者虽然也意识到涨得太久，可能到头；但凭着侥幸心理却容易认为，自己又不是中长线操作，趁着成交量大、买卖进出方便，有个 10% ～ 20% 的盈利差价，不至于被套至损吧。

但是，这种以 80% 的风险搏 20% 利润的投资冲动，近乎于"刀口舔血"的赌徒心理，面临的将会是"十赌九输"的悲剧。

第四种情形：股市中 20% 的利润 VS 20% 的风险。

正所谓利润越大，风险越大；利润越少，风险越小。20% 的利润 VS 20% 的风险说得正是后者。在这样的情形下，通常大盘和个股在既不是高位，也不是低位的中位区间牛皮盘整，上落市差价很少，涨也涨不到哪去，跌也跌不到哪去，赚和亏的可能都不大。

应对这种盘局，花上 80% 的精力和 80% 的时间，收效很少，更何况一点也感觉不到应对风险、把握机遇时的肾上腺激素分泌的刺激，很不上算，犹如鸡肋，"食之无味，弃之可惜"，不如不做。

分析了以上四种情形，哪一种答案最近乎于二八定律的和谐与完美，已经很明了了，那就是第二种答案。我们今后无论是从事投资也好，还是处理亲情、友情和爱情也罢，都应当把主要精力放到可以使自己最安全、最稳定、最容易获取收益的人和事上来，来完善自己的人生！

3. 中国特色的股市二八现象与八二现象

目前我国 A 股市场比较盛行并为大多数投资者、机构与研究人员所接受的观点就是股票涨跌的八二现象，即有 80% 的个股涨，只有 20% 的个股跌。一旦二八现象在市场出现并持续一段时间，就会受到来自市场舆论和参与各方的压力。然而，这种违背自然规律与市场规律的八二现象给中国股市带来的危害是极其严重的。

第一，它为机构操纵股价创造了条件。由于投资者偏爱八二现象，机构投资者就可以通过制造题材、伪造上市公司业绩、与上市公司管理层密谋等方式来达到其人为拉抬股价的目的，从中牟取暴利。一旦暴利目标实现，所谓的题材、业绩就会通过上市公司公告化为乌有，参与其中的散户投资者就会血本无归。

第二，它为上市公司人为“圈钱”创造了条件。多年来，“圈钱”现象一直是我国股市的一大顽疾，并成为目前我国股市中存在的各种问题的根源。

第三，严重影响并干扰了投资者的投资策略与投资理念，也是目前我国股市短线炒作成风的症结所在。

第四，它制造了我国股市的泡沫，也是我国股市暴涨暴跌现象的直接制造者。按照目前国际通行的投资理念，除了部分行业高成长性的上市公司外，大部分上市公司包括业绩优良的成熟行业上市公司的市盈率一般维持在 20 倍以下，这也是为何巴菲特在 13 港币附近开始抛售中石油 H 股的根本原因。在港股市场，既有几百港币的个股也有相当一部分的几分港币的上市公司。而在我国 A 股市场，几百元的个股去年才出现，但一元以下的个股 10 多年来很少出现，其直接原因就来自八二现象。市场分析人士指出，八二现象在我国过于频繁的出现并成为市场投资的主流，除我国股市出现的时间较短（毕竟只有二十几年）有关外，还与监管层经验不足，有关法规配套不全，刑事处罚不够有关。随着监管层监管经验的不断提高和相关法律体系的完善，这种中国特色的八二现象将让位于二八现象。

二八现象的出现，与股市投资理念的转变有关。以前，股市里盛行的是重组、借壳等概念，喜小厌大、投机炒作较为普遍，那些中小盘绩差股比较受青睐。如今，对上市公司业绩和成长性的关注逐渐成为主流。在这种背景下，大盘蓝筹股自然更容易成为市场的“主角”。

从更深层次看，二八现象反映的是资本市场的结构变化。从需求结构看，近年来机构投资者快速发展，基金、保险公司、QFII、社保基金、证券公司等各类机构规模越来越大。有统计显示，目前机构投资者持有我国股市流通市值的46%。这些机构手握巨资，追求稳定收益，往往将业绩优良、流动性佳的大盘股作为首选配置品种。

相比较对大盘股需求的快速增长，其供给的增长却显得相对缓慢。尽管随着工商银行、中国人寿、建设银行、中国神华等一批大型企业在境内上市，上市公司在国民经济中的代表性大为增强，但从整体上看，目前A股上市公司中，真正称得上大型蓝筹的并不多。另外，目前大型上市公司普遍存在流通A股股本占总股本偏低的现象，如工商银行、中国银行的流通A股仅占总股本2.7%和2.0%，这也在客观上造成大型蓝筹股结构性的供求失衡。

大盘股成为“争抢”的对象，更多地反映出市场的积极变化。但也要看到，如果大盘股的股价过度上涨，同样会带来市场风险。因此，推动更多大型企业在A股上市，促进市场供求结构的均衡，有利于市场平稳发展。不仅如此，由于这些大型企业多数已在海外上市多年，历经成熟市场的磨炼，已经形成相对完善的公司治理结构，可以从整体上提升A股市场的投资价值。

让大型企业登陆A股市场，也给内地投资者带来更多投资机会。无论是H股还是红筹股，大多主要资产在内地，或者是主要业务在内地。可以说，是内地市场为其提供了良好的成长“土壤”。但是，多年来其经营成果现在却只能由境外投资者分享，这对内地投资者是不公平的。从某种程度上说，回报内地投资者，也是这些企业的分内之责。

另外，从目前上市公司的结构看，中国银行、工商银行、中国人寿等金融股由于总市值较大，均成为指数中的权重股，对指数的杠杆作用非常明显。它们的波动也常常导致指数的波动，不利于市场的稳定。不断壮大大盘股的队伍，让股市有更多“定海神针”，对于稳定股指、减少波动也能够发挥重要作用。

分析二八现象在股市里的现象那就要先回顾旧二八现象的产生，它是在市场持续下跌、估值向国际接轨的弱势背景下产生的，二八现象之间形成非常强烈的强弱对比。那么新二八现象则是在估值接轨基本完成，股改导致估值预期偏低的背景下形成的，市场总体环境比较活跃，指数稳步上升，二八现象之间的强弱对比不如旧二八现象那么强烈。也就是说，新二八现象是在整体强势的环境下产生的。二八现象其实就是 20% 的股票涨，80% 的股票跌或不涨，此二八现象不是偶然是必然，中国大经济与国际接轨的必然。

既然中国股市最终要走向二八定律，与国际接轨，那么我们就要提早做出准备，提早加强对绩优股的分析，尽量少参与垃圾股的投机活动；操作手法要逐渐成熟化，对绩优股的持股周期要适当放长，与国际接轨；要积极开发新的盈利模式，学会利用双轨制下的股指期货与融资融券等品种进行套利模式的研发。

我们要充当 20% 走在前列的人，积极摸索新的与国际接轨的盈利模式，为中国股市二八定律的到来做好充分准备。

第十章

理性交易规则

“聪明的人会改主意，而傻瓜永远不会”。可聪明人还会在调查之后再作决定；傻瓜则贸然作为。对股票的看法一成不变的人，不管他天生只会做多头还是空头，永远也不会赚到钱。人的思路必须始终保持开阔，只要有充分的理由就要随时改变主意并迅速行动。

——江　恩

一、两种极端的交易方式

股市长期震荡周期的平均长度是两年，或者说是大约600个交易日。如果站在股市行情自动收录器旁边盯着行情的震荡变化，在两年的时间里就会改变1200次主意。有90%的时间都是错的，因为改变主意并没有什么靠得住的理由，只是因为出现了可能只是维持几个小时或者几天的小行情而已。这种小行情改变的只是那个站在股市行情自动收录器旁边的交易者所观察到的股市行情的表象而已。

每次改主意、改变仓位都会增加不利的可能性，因为要支付税金、利息和佣金。如果一入市就错了，股票行情自动收录器只会继续错下去；因为它每隔几小时或几天就会显示出一些让人重获希望、维持现状的小行情。另一方面，如果一开始是对的，却每天都盯着股市行情自动收录器，有些毫无意义的小行情就会让你选择退出，那就会丢掉有利的形势。因此，一定要意识到：如果老是盯着股市行情自动收录器改主意并在90%的时间里都犯错的话，赚钱的机会就会少而又少。

股市大盘的行情变化神秘莫测，大多数人都会失望，这是因为公众受到了期望和担心的影响。人们一担心就卖出，一有期望就买入，所以就总是在接近顶部时入市或在接近底部时退出；而按照某种周密计划进行交易的人，则总是在公众卖出时买入，在公众买入时卖出。让你屡战屡败的不是股市而是自己，因为始终没有弥补自己的弱点，总是听那些还不如你了解股市的人所说的话，总是看报纸，总是相信华尔街上的流言蜚语，所有这些都把人们引入了歧途。

普通的交易者来到华尔街是为了得到些信息。他会问擦鞋的人："你觉得股市怎么样？"也会问旅馆里的服务员、办公室的勤杂工、自己的经纪人、朋友以及在经纪人办公室里遇到的陌生人。保守地说，普通的散户每天都会向10～12个人征求意见；而这些人当中的大多数对股市的了解还比不上散户自己，都只是随意猜测而已。如果这些人的意见与自己的意见一致了，就会自认为这是很好的信息而依靠这种信息去进行交易，结果自然是赔钱了。如果与之谈话的人中有一半与其意见相左，大概就不会按照自己的判断去行事，可事后却发现自己的判断原本是正确的。就会对自己说，“假如按照最初的打算买入，就赚到钱了；可是跟经纪人和那些家伙讲了我的判断，他们都肯定地说我是错的”。

“聪明的人会改主意，而傻瓜永远不会 ”。可聪明人还会在调查之后再作决定；傻瓜则贸然作为。对股票的看法一成不变的人，不管他天生只会做多头还是空头，永远也不会赚到钱。人的思路必须始终保持开阔，只要有充分的理由就要随时改变主意并迅速行动。在华尔街，不会改变主意的人很快也就不会注意到任何变化了。

江恩曾听说华尔街上有这样一位老年交易者，有 80 多岁了，一辈子攒下了几笔小财，其中较大的几笔都是买入那些迅速上涨 50 ～ 100 点的股票时赚到的。可后来由于他总是企图抓住这种很快上涨 50 ～ 100 点的大行情，因而常常把才赚到的钱都赔了进去。

1915 年以前，这个人好几年都一文不名。当第一次世界大战后的经济繁荣时期开始时，他挣到了几百美元的资本就开始买入股票并进行金字塔式交易。在正确的时机进入了股市，买对了股票，就是说，他以接近底部的点位买入；股票开始上涨，也开始了金字塔式交易。他以不到 50 美元买到了鲍德温（Baldwin）股，以不到 40 美元买到了克鲁塞波钢铁股，以不到 50 美元买到了伯利恒钢铁（Beth Steel）股，以不到 60 美元买到了斯图特贝克股。他真的很走运，成了“战争的宠儿”。

一开始，他只是零星买入；当 1915 年秋股市达到顶部时，他手上的股票已经成千上万。他交由经纪人管理的股票资产净值高达 20 多万美元。我跟他说“现在该把你的纸面利润兑现了”。当时，他若卖出鲍德温股可以获得 100 多点的利润。卖掉克鲁塞波钢铁股可以获得 100 多点的利润、卖掉伯利恒钢铁股可以获得几百点的利润。只是，他那时已经变得非常乐观、充满了期望，以至于他觉得大家都疯了、每只上市的股票都会变成伯利恒钢铁股上涨至 700 点。

江恩还记得，1915 年 10 月里的一天，鲍德温股上涨到了最高的 154 点。整个股市都陷入了癫狂和极度兴奋之中。江恩跟他说，“现在要么把你的股票悉数卖出，要么就用止损单来保护你的利润”。他却说“股票还没开始正经上攻呢”。并且又给了我一张再买入500股鲍德温股的埋单，还说“我要等着鲍德温股涨到250点再卖，150点我可不卖。”当天下午，鲍德温股就狂跌到了130点，他的所有其他股票也都相应地狂跌了下来；可他还是满怀期待地继续持有。股票继续下跌，几个月之后鲍德温股就跌回到了100点左右；他也不得不卖出那些股票。他原来的20万美元利润最后在他的账户上不到1万美元。

那么，这种交易方式的错误出在哪里呢？这个人恰逢时机地看到了机会。一开始少量买入没错，接下来的金字塔式交易也没错；但他没能及时退出。只要没有最终兑现，就谈不上利润。利润一定要兑现。这个人拒绝正视股市当时的现状。他过于乐观，不相信20~30点的猛跌就表示趋势已经变了，至少是当时无法一下子就相信。假若一个人有了利润就用止损单来加以保护，他就知道大笔的钱已经保住，肯定能到手了；可如果他满怀期待地继续持有并在顶部继续买入，就肯定要遭受损失。

这个人先赚后赔，到1917年又变得一文不名了。他再也没有能恢复元气，因为年纪太大了且过于乐观。直到今天，他还会听从经纪人办公室里任何一名书记人员的建议，或者说，实际上，经纪行的任何人只要跟他说一只股票将狂涨100个点甚至更多，他都会信以为真。为什么呢？因为他期望着能够再次入市去做一只会狂涨100个点甚至更多的股票，再次通过金字塔式交易来大发一笔。如果告诉他的股票听说一只肯定会上涨5~10个点的股票，他根本不予理睬。他对赚5个点或10个点根本不感兴趣，只想着赚到上百个点。

有些人从来不吸取经验教训。这个人自从内战前就一直在进行股票交易，在50多年里却不曾明白股价在几个月内狂涨50 ~ 100个点的异常股市一辈子也就会出现三四次。他在盼着每年都能发生这种事情，可他本应该凭经验知道这种事情20年也难得一遇的。他并不明白股市在大多数时间里都是正常的，只会按照正常的方式上下波动。所以，他的推理方法就不正确，不会正确地思考。他的所作所为都建立在一种夸大的期望基础之上，自然也就只会遭受失望和损失了。

时时刻刻都不要忘记：在正常的股市中一定要接受正常的利润，只有在反常的时候才可以尝试获取反常的利润。但不管交易是否有利可图，都要用止损单来加以保护。随时准备好在情况发生变化时改变主意。

以上的情况是股市交易的两个极端，第一种情况是投资者没有充分的理由，凭着自己的情绪，或者听信比自己还不熟悉股票的人的意见便贸然行动最终导致频繁操作，亏损累累；另一种情况是投资者凭借对过去有过美好的赚钱记忆，认为市场总是会重复这样的一幕，便墨守成规，一成不变的用非正常市场的眼光去做正常市场的交易，最后，也只会由赚钱变成亏损。

那么要想在股市长期生存下去，应该采用何种交易规则呢，下面我们将介绍我所认为的理性交易规则。

二、理性的交易规则

通过分析了前面两种比较极端的交易方式之后，我们可以推断出，一个好的理性的交易方法既要有充分的买入和卖出理由，也不能对之前所定下的买卖理由一成不变，要根据实际情况的变化去不断修正自己的决策。做到具体问题具体分析。

我所认为的理性交易规则是在拥有自己投资逻辑的前提之下，按照自己的投资逻辑买卖股票，并且根据环境的变化作出及时的修正。

在具体讲述我的交易规则之前，先给大家分享一下中国股票史上主力的变迁情况。

纵观中国股市近 20 年的历程，我们发现，在 2005 年之前，中国股市还处于非常混乱的时代，在这 10 年间，坐庄盛行，股价操纵非常常见。我们不妨翻开历史的扉页，探寻一下早年那些坐庄主力的崩溃史。

1990 年深沪交易所成立前，即场外交易时期，股市是“黑市”交易，也即场外交易。场外交易的主力一是深圳、上海的个人大户，另外就是带黑社会色彩的地头蛇。地头蛇钻交易规则的空子，设计一些技术操作小陷阱，保证自己稳赚不赔。深沪证券交易所成立以后，他们的小把戏无用武之地，这就被淘汰出局。我们谈深沪股市主力崩溃史，这批前市场交易时期的地头蛇不能不谈。

1. 个人大户庄家们

场外交易时的个人大户，在证交所成立后，成为证券市场上的第一批主力。他们的资金增值很快，在几百、上千万至三千万元之间，市场影响力大。于是，他们开始坐庄或联手坐庄。

比如爱使股份（600652），当初是小盘股，某大户一个人就控盘了，曾创造了连续64周的空涨，即使在拆细后，股价最高仍达555元/股。另一个大户在鼎盛时期，拥有上海市场整个流通数量1/8的股票。他们是最早从事委托理财的一批，也吸引了深、沪以外地区的一些大资金加盟炒作，甚至同上市公司合伙坐庄，有的还主动搞公司调查，进行早期的题材和概念炒作。还有就是利用股评和股市沙龙推荐自己坐庄的股票，进行初级的舆论宣传。其后深沪十多年股市庄家的很多炒作手法，都萌芽于这一时期。

上海的第一批大户共13人，相中一只股票后，寻找题材，联手坐庄，然后用不同的账号同时买入或卖出这只股票，每隔一段时间在下面用大单托盘或对倒往上拉。出货时则无所不用其极，哄散户进去套牢。

1993年开始的第一轮熊市，将这些个人大户庄家淘汰出局。上海除了杨百万和邬医生等少数几个人，其他大户都崩溃了。随着其后信托资金、超级民营机构和券商等主力机构的崛起，像杨百万这样的个人大户，就又变成了大散户。第一批主力轮换就此结束。

个人大户庄家被淘汰的原因，在于委托理财和高比例透支，透支比例在1∶2至1∶5。他们有的在1993年2月的1500点（上证指数）以上做多，结果股市随后一路狂跌，在不到一个月时间里就跌到1000点以下，大比例透支的结果是相当一部分个人大户的本金被消耗殆尽。还有一部分个人大户“死”在1994年6～7月从500点下跌到350点的途中——1994年沪市的最低点是312.89点，350点也就是股市的大底，但因为透支比例过高，这些个人大户自己账上的钱已不足以弥补下跌带来的亏损，证券公司为了自保，强行让他们在350点平仓。

这一时期个人大户的操作有以下特点—

坐庄模式：联手坐庄，短庄

个人资金调动能力：两千万至三四千万元

在股市上存活时间：6～8年

风光时间：1990年前，1990—1993年中

崩溃时间：1993年初至1994年

崩溃原因：透支，跟不上时代，新主力崛起

淘汰方式：市场淘汰

2. 信托主力

以代客理财为初衷的信托公司，多数成立于20世纪80年代。成立初期，信托公司什么都做，房地产、国债、期货和国债期货、实业投资，但多数都没有成功，以至于几乎就要崩溃的边缘。90年代初股市的上涨行情中，信托公司也有参与，但较少受到人们的关注。到327国债事件爆发，中经开出现在公众的视野，加上其后来的一系列市场操作，这个国内最大的信托主力，成为证券市场上家喻户晓的角色。

1995年，中经开先后在327国债事件和长虹转配股事件中两次成为市场的焦点。1998年，中央启动关于信托投资公司的第五次整顿，一些信托公司在此前后关的关，改的改，倒下了不少，但中经开逃过了此“劫”，只是后来被移交中央金融工委管理。中经开坐庄东方电子相当成功，出货顺利，但在2001年8月的银广夏事件中，中经开出货不畅，终于没有逃脱多数市场主力同样的命运。

中经开是股市上典型的长庄、强庄。他们同上市公司合伙造假，合伙坐庄：在底部收集好筹码，然后造假，放出公司业绩连年高速成长的利好，拉高股价，再高送配，除权后再继续做填权行情，然后再高送配，如此循环，最后让自己控制的基金接盘，掩护自己出货，套牢散户。

中经开崩溃的原因，除了坐庄和造假外，还有一个原因就是内部人控制、老鼠仓。在“327国债期货”事件中，多方盈利达70亿元，可作为多

方的主力，中经开盈利居然不足1亿元，很显然是内部跟风人获得了大部分的利润。

该阶段信托主力的市场操作特点是：

坐庄模式：与公司合伙坐庄，长短庄都有；委托理财

资金调动能力：1亿～20余亿元

在股市上存活时间：6年左右

风光时间：1999—2001年

崩溃时间：1998年、1999年、2001年、2002年

崩溃原因：无节制投资，坐庄，老鼠仓，内部人控制

淘汰方式：出货不畅，出事后政府整顿

3. 超级民营机构主力

超级民营机构主力一般为民企背景，另外还有一批私募基金。他们的代表是德隆系、中科创业和亿安科技。他们要么自称为善庄，要么不承认是在坐庄，但他们才是深沪股市长庄、强庄的创始者和代表。

作为长庄的始作俑者，超级民营机构主力在1997年、1998年前后就已经介入上市公司重组，有的还在二级市场上建完了底仓。他们的玩法是打造重组概念和高科技概念，通过受让上市公司非流通股，控股某家亏损的上市公司，再对上市公司进行真假重组，注入概念或实质性的产业，甚至进行产业链整合。与此同时，公司股价开始年复一年的上涨。业绩年年增长，公司年复一年高送配，除权后股价再年复一年大涨。这正是他们坐庄的结果。

从亿安科技，到中科创业，再到德隆系，明显地勾勒出了他们坐庄手法的嬗变。亿安集团内部人士涉嫌操纵亿安科技股价，而上市公司配合炒作，结合全球市场的热点玩高科技概念，但亿安科技不搞高送配、不搞除权填权的把戏，他们主要是利用公司流通盘小、好控盘的特点，创造了深沪两市第一高价股，最后出货也比较顺利。

作为私募基金性质的中科创业，吕梁的手法又前进了一步，他已经全面介入了公司的重组，同时在二级市场坐庄，通过不断地向上市公司注入

高科技概念的资产，令股价大涨，再高送配、除权、填权。与此同时，他也联合了大量的同盟资金（当然也存在一大批老鼠仓），共同操纵上市公司股价，形成了一个股票群，通过股票抵押等手法不断融入新的资金。最后老鼠仓在高位出了货，成功逃了出来，而最大的主力吕梁则陷入了想出也出不了的境地。

德隆系的坐庄手法则更上了一层楼。他们除了对公司进行重组外，还极力给外界造成下大工夫做实业的印象，让投资者感到公司是一个战略上很成功的公司。其时随着美国高科技泡沫的破灭，德隆不搞高科技概念，主要是通过不断地收购某一产业链上的公司，玩产业整合概念，打造食品产业链、汽车产业链等。

但不管“概念”如何吸引人，德隆的真正目的还是坐庄。因为德隆系股票的股价涨幅，远高于其实业的增长。而且由于德隆系的股票群巨大，通过各种渠道进入德隆系的资金更为庞大，为此，德隆处心积虑地打造了自己的金融帝国，力图利用相关的银行、信托、券商等平台融资。最终德隆编织的资金黑洞在宏观调控中被捅破，德隆系就此崩塌。

总结这些民营超级机构主力，他们大多成于坐庄最终也死于坐庄。要么坐庄出了事，要么因为坐庄大规模融资，导致资金链断裂。

总结起来，民营超级机构主力的操作特点主要是：

坐庄模式：与公司合伙坐庄或自己坐庄，长庄，强庄

资金调动能力：十几亿至百余亿元

在股市上存活时间：4 ～ 8 年

风光时间：1999—2000 年，德隆为 1999—2003 年

崩溃时间：2000 年，2004 年

崩溃原因：坐庄，股价超乎寻常的涨幅，不断的高息融资，老鼠仓或合伙人逃走，资金链断裂或行政干预

淘汰方式：政府整顿，或因出不了货股价崩溃

4. 券商

2005 年 1 月 1 日后，大多数券商的投资资格陆续被取消，从自营和委

托理财业务中退出。这表明 A 股市场上的重要主力——曾经叱咤风云的券商们，已基本上整体倒下，退出了残酷的市场竞争。

券商从 1996 年起的两年中，主宰了深沪股市，是当时市场上的最大主力，1996 年、1997 年君安坐庄四川长虹，主力及其跟随部队盈利超过 40 亿元。到 1998 年大型封闭式基金开始发行后，券商将第一主力之位让给了基金。基金和民营超级机构的风头虽然盖过了券商，但券商仍是市场上的第三大主力，实力不容忽视。

而大券商之死，最早是 1995 年万国证券死于“327 国债期货事件”。1996 开始的大牛市，挽救了很多濒于倒闭的大小券商。而 1999 年的君安事件，又再度拉开了券商之死的大幕。2004 年、2005 年两年是券商比较集中的退位之年。券商从成为主力，到开始被市场淘汰只用了 4 年时间，而到券商整体被市场淘汰，也只有 9 年。

作为曾经风光一时的市场主力，券商一样死于坐庄。典型的如南方证券坐庄哈药集团、闽发证券坐庄双鹤药业等。为了坐庄，券商挪用客户保证金，涉及资金共几百亿元；保底收益的委托理财，涉及资金 2500 亿～3000 亿元，给客户承诺的年回报率低的为 6%～8%，高者超过 15%；还有国债回购资金超过 1000 亿元。另外就是内部人控制导致券商资金被挪用、转移，出现大量的老鼠仓。券商明里暗里持有大量上市公司股票，大势一跌，没人接盘出不了货，资金也难以为继，终至全面亏损。在政府的强行介入下，众多券商被清理出场。

券商在证券市场有着特殊的地位，因此其操作也有其特点：

坐庄模式：长短庄都有，委托理财

资金调动能力：几亿至几十亿元

在股市上存活时间：从成为主力到被市场淘汰共 9 年

风光时间：1996—1997 年

崩溃时间：1998 年，2001—2004 年

崩溃原因：坐庄，老鼠仓，内部人控制，委托理财和国债回购

淘汰方式：资金链断裂、全面亏损或出事后被政府整顿

迄今为止，被市场淘汰的主力，存活时间最长都没有超过 9 年。他们

各领风骚三五年，成功时各有各的高招，但在被淘汰上，却表现出惊人的一致：一是坐庄，最后在市场上表现为，手中持有的股票数量过多；二是为坐庄融资、透支或高保底委托理财，出现亏损后，又到处找资金填补窟窿，形成恶性循环；三是炒高后难以顺利出货（少数出货后又因为坐庄被查）；四是资金链紧张，又没有新资金加盟，终至资金链断裂。另外，国有资本背景的庄家都会出现内部人控制和老鼠仓的问题，一旦出事后政府就会介入，私有主力多是被市场淘汰的。

许多坐庄主力相继倒下，目前仍在市场一线活跃的主力主要有三类，一是私募基金及游资；二是封闭式基金、开放式基金、保险资金、社保基金、企业年金（还有银行即将设立的基金），他们都属于基金，属合伙或国有资金性质，只是后面四种资金入市较晚；三是 QFII。

2005—2007 年两年多大牛市行情，使各种基金得以发展壮大，特别是开放式基金已经取代了封闭式基金成为中国基金规模最大的基金主体。以华夏基金以及王亚伟为代表的开放式基金带动了整个基金业进入蓬勃发展的阶段。

虽然经历了 2008 年的大熊市，各路基金发展的速度仍然没有放缓，大多数基金试图采用价值投资的思路，购买有业绩支撑的绩优股，回避那些没有业绩支撑的纯粹炒作股，中国股市慢慢转向理性发展，有着与欧美发达国家接轨的趋势。

这样的环境对于我们投资人来说也是一件幸事。

自从 2008 年金融危机之后，中国股市逐渐向理性靠拢，基金规模和数量逐渐增加，股票的上涨没有太多的大起大落，优异的股票进入了稳步上行的阶段。

伴随着中国股市从懵懂逐步走向理性化的转型，我们的理性交易规则也得以实施。

我们的交易规则是先确定大盘的大方向，在确定大盘没有大的系统性风险的前提之下，去寻找那些基本面优秀，估值合理且具有业绩支撑的股票。在个股技术面进入活跃期时及时参与。

我们的投资中，最能反映出理性投资的标的股票，非国电南瑞（600406）莫属了。这个股票我们在前面的章节也有所讲述。在这里我们只作简单说明。

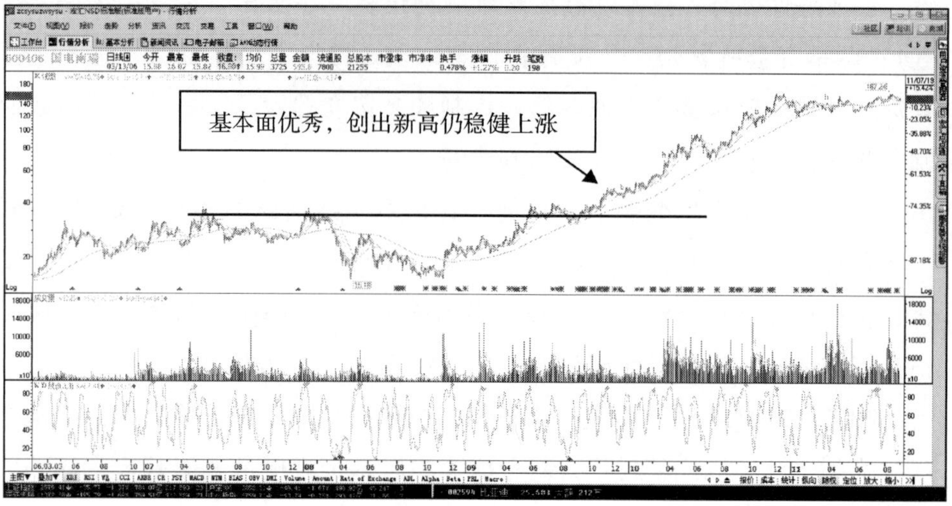

图 10 –1

如图 10 –1 所示，国电南瑞在 2008 年金融危机中就显示出抗跌性，股价之下跌了 50% 多，远低于上证指数的 70% 多的下跌幅度。随着 2008 年 10 月 28 日上证指数逐步企稳，国电南瑞股价也逐渐走高，具有上涨的稳定大环境，同时其基本面也出现转机：

2008 年电网投资明显低于预期的局面，受到中央高层的重视，因此，2009 年为落实国家“十一五”规划、扩大内需保增长的关键之年，电力行业和城市轨道交通行业作为国民经济可持续发展的重要物质基础，有望迎来行业的景气高峰。国电南瑞作为国内电力自动化领域的技术领先企业和市场龙头企业，背靠实力雄厚，拥有强大的行业背景资源和具有大量优质资产的控股股东，同时享受电网建设和轨道交通建设双高峰的空前机遇，未来业绩将有比较明显的释放。

针对国家“4 万亿刺激经济计划”，国网公司和南网公司 2008 年 11 月宣布了最新投资计划。与原有规划相比，国家电网公司计划未来 2 ～3 年内电网投资规模达到 1. 16 万亿元，新增投资 6100 亿元。南网公司在原规划 1100 亿元基础上每年增加 300 亿元投资。当时，我们预计，未来两三年，我国电网投资将迎来爆发式增长期。

在电网投资加大的情况下，公司作为国内三大高端开关研发和制造基地之一，产品受益最大，同时，公司产能释放正逢其时，未来几年业绩增长有充分保障。

公司基本面的改善和行业机会的转机，催化了国电南瑞股价的上涨，2009 年 5 月份，也就是在控股股东增持公司股份当月，股价就创出历史性新高。

在国电南瑞股价放量突破创出历史新高之后，按照股价我们的交易规则，我们不但没有卖出，反而逐渐加大了仓位，因为我们确定了上证指数大方向是向上运行的，公司的基本面在未来 2 ~ 3 年将会维持不错的状态，同时股票技术面进入活跃期，股票的股性被彻底激活。

在实际操作中，我们没有因为买完了就不去关注这只股票了，我们定期复核该股票的业绩是否达到预期，不断地实施确认我们自己的投资理由。一年多下来，我们获得了不菲的收益。但是国电南瑞并没有因为涨幅过大就迅速暴跌，相反，其股价一直维持在高位运行，这只股票很好地反映了中国股市逐渐步入基金年代。投资逐渐向基本面回归，基本面优秀的股票价格会被市场推至高位，市场参与者的高认可度使股价可以维持在高位水平。

我们再来看另一个的案例。

如图 10 - 2 是新华医疗（600587）从 2006 年 10 月至 2011 年 8 月的日 K 线图，这只股票也是我们去亲自调研操作成功的一只股票。

新华医疗总股本和流通股本均为 1. 34 亿股，公司主营医疗器械。2010 年 8 月份我们经过调研考察，发现公司基本面有如下亮点：

核心业务保持高增长，政策推动有望持续。消毒灭菌设备是公司的核心业务和主要收入来源，主要分为医院消毒灭菌设备和制药用灭菌设备两大块。该业务继 2009 年实现突破性增长后，2010 年上半年继续保持了 30% 左右的高增长。尤其是清洗消毒器，上半年实现销售收入 6063 万元，同比增长 80%，显示了良好的增长势头，预示 2009 年开始的基层医疗机

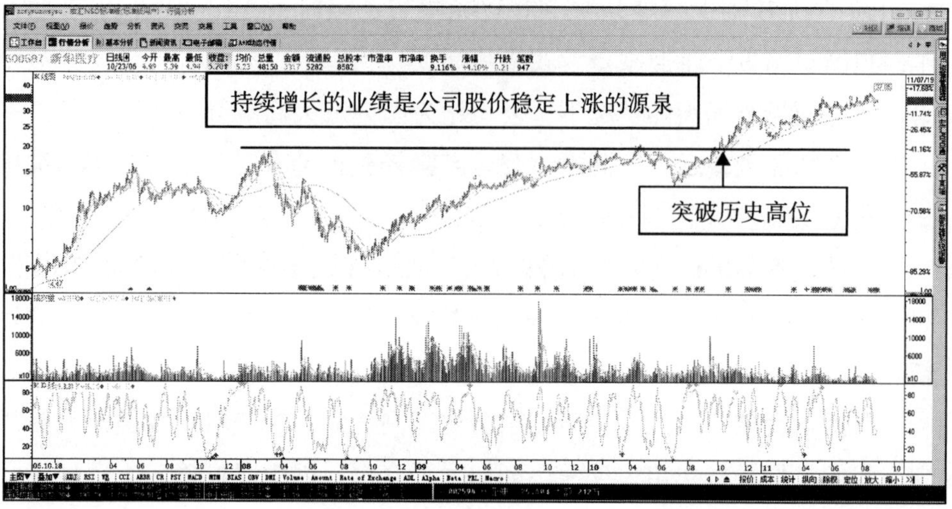

图 10－2

构的大规模建设仍在持续。此外，新的 GMP 标准即将出台，将拉动制药设备更新换代的需求，利好制药用灭菌设备。因此，我们预计公司消毒灭菌设备业务在未来 2～3 年内仍将延续当前的高景气局面，保持 30% 左右的高增长。

内生：产品结构优化创造业绩新增长点。公司 2010 年上半年积极开展产业结构优化，围绕消毒灭菌设备核心业务，重点发展基数较小，但受政策推动增长迅速的大输液生产线和医用环保设备两大业务，分别实现了同比增长 75% 和 29% 。考虑到近期大量大输液项目的上马以及环保政策的明朗化，我们认为这两项业务将成为公司业绩增长的新引擎。

外延：并购之路初启，终端控制能力提升。在淄矿集团入主后，我们考虑到大股东急切做大健康产业的意愿和强大的现金流，认为外延式并购或将成为公司发展主路径之一。符合我们的预期，上半年公司相继收购了上海泰美医疗和淄博众生医药两家医药流通企业，在扩大盈利范围的同时，进一步提升了终端控制能力，有利于巩固行业龙头的地位。同时，2009 年奖励基金方案的改革新增了对年度资产增值保值率的考核，并购同样符合管理层的利益，为此我们认为公司后续并购仍将持续进行，或将成为一种常态。

盈利预测及投资评级。按照当时湘财证券的调研报告测算，在不考虑后续外延式并购的因素下，预测新华医疗 2010—2012 年 EPS 分别为 0.44 元、0.60 元和 0.86 元。

政策的倾斜对新华医疗的业绩形成了持续的推动，内生性增长和外延式并购将为公司带来新的增长点，随着公司并购战略的启动，我们认为，“以灭菌设备为核心，多业务协同发展，打造成为国内首个医疗器械航母”的宏伟蓝图已经开始描绘。

良好的发展势头，稳定的业绩增长，较低的市盈率水平，让我们对新华医疗青睐有加。

随着 2010 年 8 月大盘逐渐见底企稳，我们也逐步建仓新华医疗这只股票，至 2010 年 10 月初新华医疗再次放量突破历史高点，我们认为这只股票的上涨空间即将打开，在 2010 年 10 月，我们再次加仓，在随后的七八个月里，我们也幸运地获得了接近翻倍的收益。

在认清大盘大方向的前提之下，对个股基本面进行深刻挖掘，发现那些业绩优良，公司具有持续发展潜力的股票，在技术面突破关键位置，股性充分激活，上涨空间打开之时果断介入，并且不断核实自己的投资理由是否仍然成立，若投资理由仍然成立，我们要坚决持有，如果投资理由发生变化，我们要敢于承认错误，坚决出局，以免让损失放大。

如果股民朋友们坚持如上的理性交易规则，我想在逐渐理性的股市里面生存下去，应该不是大问题。

第十一章

股票的底部和顶部

1999 年，笔者曾与黎东明老先生合著《中国股市 20 年大预测》一书，当年书中第一章第四节关于三大理论互补性分析中有这样的一句论断：

江恩理论对股价呈现的技术走势也甚为看重，但所不同的是，他只侧重股价在形成单底（顶）、双底（顶）、三底（顶）之后应如何操作，突破原有的顶底之后又将如何操作，因此，从某种意义上讲，江恩理论在传统的图表趋势涉足较少。这是它一个不足的地方。

正因为江恩理论对于传统的图形判断底部和顶部涉猎较少，因此我觉得再次有必要单独在列出一章，主要完善补充江恩理论在判断底部和顶底部的不足之处。考虑到读者入市时间和经验不同，本章我将从基础理论说起，详细解读传统的有关底部和顶部的理论以及我个人对判断底部和顶部的一些技巧。

一、道氏理论简单总结

道氏理论把指数和股价变动趋势分为主要趋势、次级趋势、短期变动三种。

主要趋势：称为原始的、长期的波动趋势，所表现的是一年或一年以上的上涨或下跌大趋势，一般指数或股票的价位涨幅或跌幅在 20%、30% 以上。当然，一种主要的趋势在运行中，往往也会有一些次级趋势或者短期变动对它进行修正，但修正走势往往无力改变正在运行的主要趋势。所谓涨时一波比一波高，跌时一波比一波低，正是主要的、次级的和短期的三种趋势在波动组合中形成的规律。在主要趋势之中，长期以跌势为主的市场称为“空头市场”，长期以上涨为主的市场称为“多头市场”，主要趋势的变动方向，是长期投资人必须十分关注的。因为长线投资者希望在多头市场来临之前早早买入股票，然后长期投资，等待空头市场的来临，把握在空头市场来临之前出脱股票，短线投资者则比较注重次级趋势的变动方向。但我们认为，短线投资者也应关注主要趋势的波动规律，以避免逆大势而操作，造成损失累累。

次级趋势：它们是最重要的反动行情，干扰了主要趋势，在多头市场中，它们是中级的下跌或调整行情，在空头市场中，它们是中级的上升或反弹行情，通常它们可以持续3个星期以至数个月之久。少部分的次级趋势甚至用更长的时间来进行。通常它们的回调或反弹幅度相当于主要趋势的1/3～2/3的位置。当然，1/3和2/3的原则并非一成不变的，它只是从概率上看，1/3和2/3的幅度概率比较大而已。任何与主要趋势相反方向的走势，其持续的时间超过3个星期，幅度超过1/3，均可视为次级趋势。

短期变动：短期变动是股价循环波动中唯一可以被“操纵”的，因此，过分的关注短期变动往往会误导投资者，以至于作出错误的决策，短期的变动一般很少超过3个星期。

目前大家使用的技术分析大部分源自《华尔街日报》总编辑查理斯·道的理论，后人仅仅发明了一些技术指标，进一步完善了技术分析的技术工具而已，道氏理论的精髓主要有如下五点：一是忠实于图表分析，强调走势形态的作用；二是根据过去的图形，用历史来演绎未来可能的走向趋势；三是强调趋势线的作用，强调支撑和阻力的作用；四是对于每一种趋势的形成，强调确认的原则；五是强调形态分析对于预测未来的作用。道氏理论的优点是对于分析者而言，只要忠实于道氏理论的精髓来分析，一般出错率较低，道氏理论的缺憾是预见性不足，往往滞后才能作出反应。

之所以在这里再次重新介绍一下道氏理论，是想让大家再次回顾一下股市技术分析最基本的理论，后人的大部分分析思路都是源于道氏理论，虽然道氏理论本身具有滞后性，但不影响他的分析思路和其在股票理论中的地位。道氏理论重视图表分析和强调趋势线和确认趋势等，都是道氏理论的重要精髓。

但是在所有的精髓中，有一样是我个人最看重的，那就是道氏理论的趋势分级理论，即弄清楚大趋势、中趋势和小趋势的思路。

有些人会说，这些难道不是很简单和显而易见的吗？

其实不然。仔细回想，艾略特德波浪理论也就是从这里衍生出来的，再想想江恩的轮中轮等这些理论都是源于此思想。

再看我们平时的股票操作，为什么会有80%的人是亏损的状态，股市盈利的人只有20%不到，这些都与道氏理论的这个思想有关。

在平时的操作中，很多投资人根本不理会大盘的大趋势状态，也不去理会个股的大趋势状态，一心只想着几天或者一两个月的行情，经常做出无谓的止损，这样长此以往，资金慢慢缩水，赚钱的希望非常渺茫。

本书第九章详细介绍了股票二八法则，从二八法则中，我们知道股票上升的时间只占20%，剩余的80%时间都是无用功，这80%的时间有50%时间股市处于震荡状态，30%时间处于下跌时间，如果你没有能够在股票拉升的那20%的时间介入股票，而是在震荡市场介入处于震荡的股票或者当前还处于下跌趋势的股票，这样来看赚钱的机会就少之又少了。

要想成为股市中那20%都不到的能够赚钱的人，必须要看清大盘的大趋势，也要看清个股的大趋势，只有在大盘处于上升或者震荡市场中的上升浪中，购买已经处于拉升浪的股票，这样赚钱的概率才是最大的。如果没有按照此规律行事，你可能偶尔也会赚到钱，但是赔钱是大概率事件。

所以大家在判断底部和顶部的时候，一定要谨记目前大盘大环境处于何种情况，是出于上升，震荡还是下跌趋势，不同的市况，股票见底和见顶的时间不尽相同。

有了这些前提，在分析底部和顶部的时候才会事半功倍。

下面我们介绍一些关于顶部和底部的传统理论，在介绍理论中我会时不时穿插一些案例，以便大家理解。

二、有关顶和底的切线理论

证券市场有顺应潮流的问题。要“顺势而为”，不“逆势而动”，已经成为投资者的共识。

1. 趋势线和轨道线

（1）趋势线。

趋势线是衡量价格波动方向的，由趋势线的方向可以明确地看出股价的趋势。在上升趋势中，将两个低点连成一条直线，就得到上升趋势线。在下降趋势中，将两个高点连成一条直线，就得到下降趋势线。如图11－

1 的直线 L。

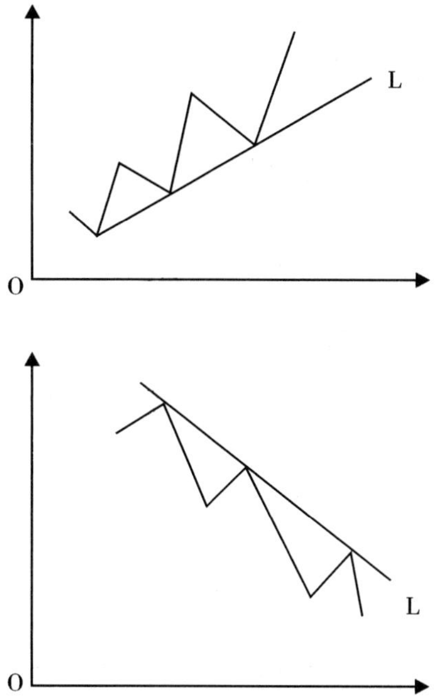

图 11 –1

由图中可看出上升趋势线起支撑作用，下降趋势线起压力作用，也就是说，上升趋势线是支撑线的一种，下降趋势线是压力线的一种。

从上图我们很容易画出趋势线，这并不意味着趋势线已经被我们掌握了。我们画出一条直线后，有很多问题需要我们去回答。最迫切需要解决的问题是：我们画出的这条直线是否具有实用价值，以这条线作为我们今后预测股市的参考是否具有很高的准确性。解决这个问题的过程实际上就是对用各种方法画出的趋势线进行挑选评判，最终保留一些确实有效的趋势线。

要得到一条真正起作用的趋势线，要经多方面的验证才能最终确认，不合条件的一般应删除。首先，必须确实有趋势存在。也就是说，在上升趋势中，必须确认出两个依次上升的低点；在下降趋势中，必须确认两个依次下降的高点，才能确认趋势的存在，连接两个点的直线才有可能成为趋势线。其次，画出直线后，还应得到第三个点的验证才能确认这条趋势线是有效的。一般来说，所画出的直线被触及的次数越多，其作为趋势线的有效性越被得到确认，用它进行预测越准确有效。另外，这条直线延续的时间越长，就越具有有效性。

一般来说，趋势线有两种作用：

一是对价格今后的变动起约束作用，使价格总保持在这条趋势线的上方（上升趋势线）或下方（下降趋势线）。实际上，就是起支撑和压力作用。

二是趋势线被突破后，就说明股价下一步的走势将要反转。越重要越有效的趋势线被突破，其转势的信号越强烈。被突破的趋势线原来所起的支撑和压力作用，现在将相互交换角色（图 11－2）。

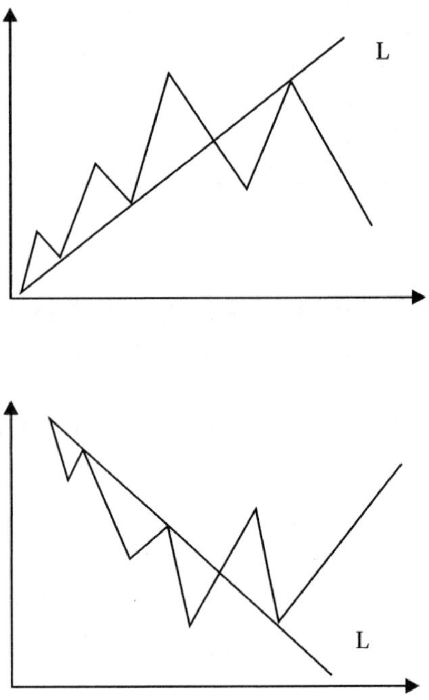

图 11－2

下面我们来看几个具体案例。

下图是上证指数 2006 年至今的月 K 线图，从上图我们可以清晰地看到，大盘自从 2007 年 11 月见顶以来，其月线一直处于标准的下跌趋势之中，没有任何转好的迹象，直到 2008 年 12 月，上证指数月线才首次突破

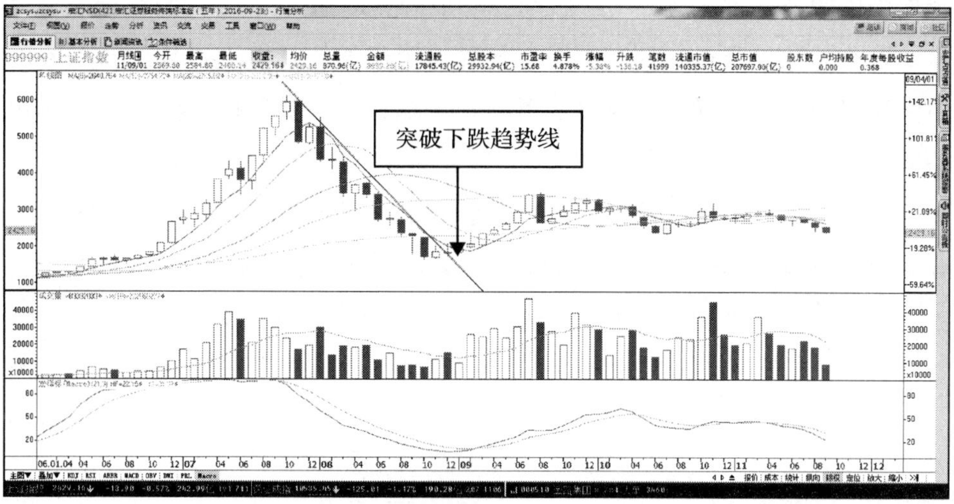

图 11－3

下跌趋势线，虽然上证指数在 2008 年 10 月 28 日就已经见到最低的 1664 点，但是要确定大盘真正转势还是要到 2008 年 12 月初，下跌趋势线的突破意味着原来的阻力位变成了现在的支撑位置，一个新的趋势即将到来，因此我们可以判断顶部基本来临。而事实上，之后大盘一直涨到 2009 年 8 月初才开始调整，最高见到 3478 点，涨幅达 109%。上证指数涨幅翻番，在这一阶段很多个股涨幅更是达四五倍甚至更多。

看到这里可能大家有一个疑问，问为什么我判断趋势不用日 K 线图，而用月线图，用日线图不是可以赚更多吗？

答案是否定的。

我的经验是大盘处于熊市的期间，股票交投十分清淡，人气非常欠缺，此时抄底的投资者很可能一批一批都被市场消灭成为牺牲品了，等到真正的底部来临，手中资金已经用完了，所以在这样的情况之下，安全是第一位的，赚钱是第二位的，只有保住了资金，在大盘见底时才有更多的资金抄底，在随后的行情中获得比较大的收益。

在熊市阶段买入股票之时应该采用时间较长的周期确认底部，因为这样可以做到更加安全稳健地保护好自己的资金不受损害。而在选择卖出股票的时候，我们可以采取相对较短的周期来确定卖点，这样，我们便能锁定更多的收益。

这个思路便是选择周期的思想精髓。至于如何具体选择周期，不同的市场选择方式不一样，大家没必要做到千篇一律，要根据不同的环境作出不同的选择。

在接下来的案例中我们将选用日线周期进行顶部的讲解。

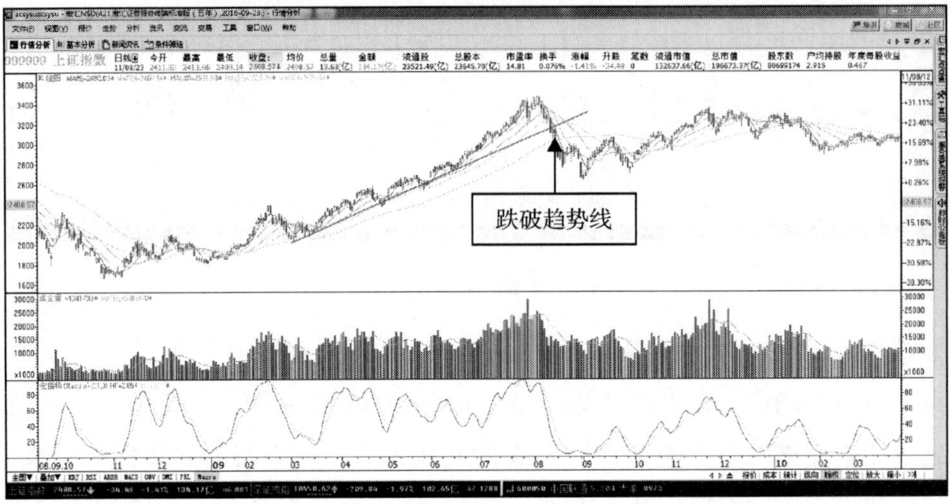

图 11 –4

图 11 –4 为上证指数在 3 ～ 8 月的走势图，上证指数经历了 2008 年一波跌幅达 70% 以上的大熊市后，于 2008 年年底开始企稳震荡回升，在经历了 2008 年 11 月至 2009 年 3 月这几个月的震荡攀升之后，上证指数进入加速上升阶段，在运行了接近 4 个多月的加速上升周期后，上证指数开始下跌，仅用了 7 个交易日，上证指数便击穿了上升趋势线，这也预示着大盘上升趋势告破，大盘将进入震荡整理的格局，阶段性的顶部已经到来了，从后面的实际情况验证，大盘至今仍然没有突破 3478 点的高位，在这 550 多个交易日的 2 年多时间里，大盘一直处于震荡走势，上升趋势的终结意味着大盘要么开始下跌要么开始走入震荡格局。

虽然上升趋势线跌破具有一定滞后性，可能获利了结没有卖到很高位，但是，在牛市或者中级上升行情中，这种方法判断顶部还是有很大的用处的，它可以基本判断出大行情的是否终结，以免我们造成更大的损失，锁定已有的既得利润。这正是我本章开篇讲述道氏理论的用意，只有分辨清楚了大趋势、中级趋势和小趋势，在判断趋势的时候才不会被眼前短期的波动所迷惑，作出更加理性的判断。

（2）轨道线。

轨道线又称通道线或管道线，是基于趋势线的一种方法。在已经得到了趋势线后，通过第一个峰和谷可以作出这条趋势线的平行线，这条平行线就是轨道线。如图 11 －5 中的虚线。

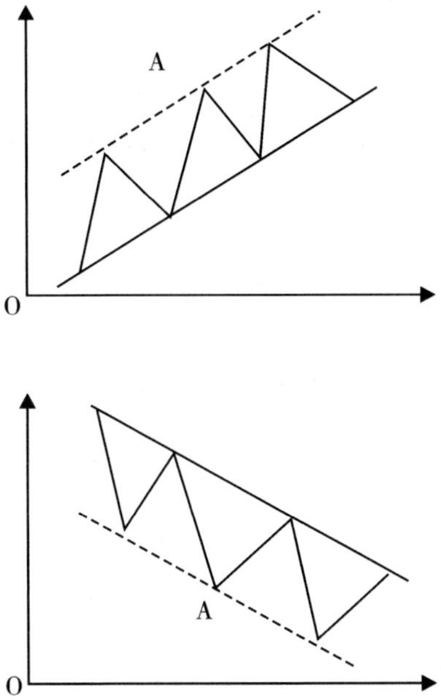

图 11 －5

两条平行线组成一个轨道，这就是常说的上升和下降轨道。轨道的作用是限制股价的变动范围，让它不能变得太离谱。一个轨道一旦得到确认，那么价格将在这个通道里变动。对上面的或下面的直线的突破将意味着有一个大的变化。

轨道线的另一个作用是提出趋势转向的警报。如果在一次波动中未触及到轨道线，离得很远就开始掉头，这往往是趋势将要改变的信号。这说明，市场已经没有力量继续维持原有的上升或下降的规模了。

如图 11 －6，该图是苏常柴 A（000570）从 2009 年 3 月至 2010 年 5 月

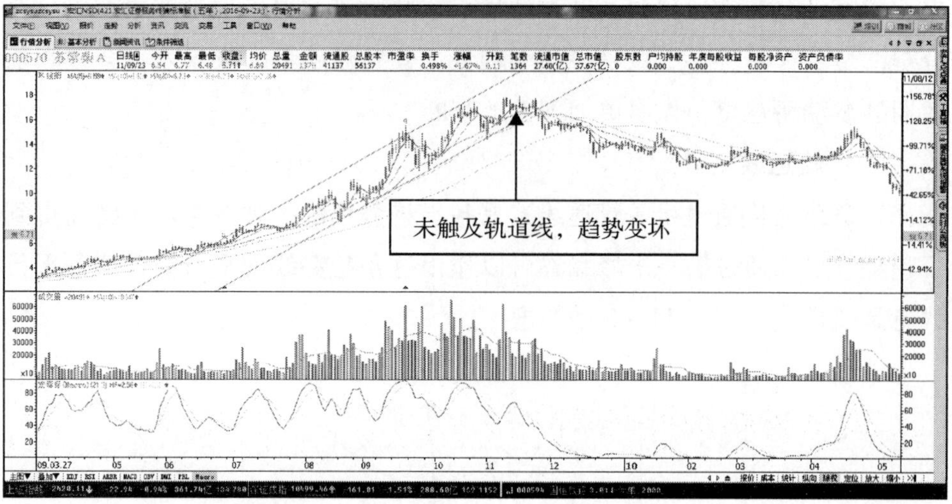

图 11－6

的走势图，2008 年熊市，苏常柴 A 跌幅达 85%之多，远超上证指数 70%多的跌幅，2008 年年底苏常柴 A 见底回升，走出一波又一波的小行情，终于该股随着 2009 年 3 月大盘加速上涨而同步上升，即使 2009 年 8 月上证指数大跌，其也是影响甚少，走出了自己的独立行情。2009 年 11 月中旬，苏常柴 A 再次走入上升行情，但是与之前不同的是，这次苏常柴 A 没有触及轨道线上轨就开始回落了，随后一个月不到的时间，苏常柴 A 跌破上涨趋势线，走进了漫长的下跌浪中，至今跌幅已达 60%以上。

由此可见，利用轨道线上轨，可以对我们的操作起到提前预见作用，在某些时候可以避免趋势确认而损失大部分收益。

趋势线上轨道一般在较小的行情或者震荡市场中比较适用，在这些行情中，我们的盈利本身就不多，如果等趋势确认再卖出，只能坐过山车，因此，在这样的情况之下，我们可以充分借助轨道线的作用，在下跌苗头刚刚出现之前就采取行动，锁定收益。

轨道线和趋势线是相互合作的一对。很显然，先有趋势线，后有轨道线，趋势线比轨道线重要得多。趋势线可以独立存在，而轨道线则不能。

2. 应用切线理论应注意的问题

切线为我们提供了很多价格移动可能存在的支撑线和压力线，这些直线有很重要的作用。但是，支撑线、压力线有被突破的可能，它们的价位只是一种参考，不能把它们当成万能的工具。

我们学习任何方法，都要学习其内在的东西，不能过于钻牛角尖，太在意一两次的误差，我们要学习的是一种分析问题的思路，只有有了这种思路，我们看问题才会更加全面客观，在遇到困难时才更容易渡过难关。

回顾了关于顶和底的切线理论，下面我们继续来看关于顶和底的形态理论。

三、有关底和顶形态理论

我们将 K 线组成一条上下波动的曲线。这条曲线就是股价在这段时间移动的轨迹，它比前面 K 线理论中的 K 线组合情况所包括的内容要全面得多。

这条曲线的上下波动实际上仍然是多空双方进行争斗的结果。不同时期多空双方力量对比的大小就决定了曲线是向上还是向下，这里的向上和向下所延续的时间要比 K 线理论中所说的向上和向下长得多。

形态理论这门重要的技术分析学问正是通过研究股价所走过的轨迹，分析和挖掘出曲线告诉我们的一些多空双方力量的对比结果，进而指导我们的行动。

趋势的方向发生变化一般不是突然来到的，变化都有一个发展的过程。

形态理论通过研究股价曲线的各种形态，发现股价正在进行的行动方向。

1. 反转突破形态——多重顶（底）形、头肩形和圆弧形

反转突破形态是我们应该花大力气研究的一类重要的形态。这里将分别介绍双重顶（底）、三重顶（底）、头肩顶（底）和圆弧顶（底）四种反转形态。对这四种形态的正确识别和正确运用将使股票投资者受益匪浅。

(1) 双重顶和双重底。

双重顶和双重底就是市场上众所周知的 M 头和 W 底，这种形态在实际中出现得非常频繁。图 11 - 7 是这种形态的简单形状。

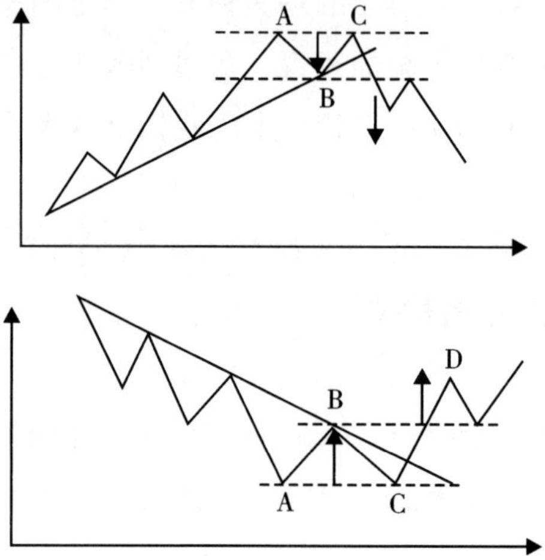

图 11 - 7

从图中可以看出，双重顶（底）一共出现两个顶（底），也就是两个相同高度的高点和低点。下面先以 M 头为例说明一下双重顶形成的过程。

在上升趋势过程的末期，股价在第一个高点 A 建立了新高点之后进行正常的回落，受上升趋势线的支撑，这次回档将在 B 点附近停止。往后就是继续上升，但是力量不够，上升高度不足，在 C 点（与 A 点几乎等高）遇到压力，股价向下，这样就形成 A 和 C 两个顶的形状。

M 头形成以后，有两种可能的前途：第一是未突破 B 点的支撑位置，股价在 A、B、C 三点形成的狭窄范围内上下波动，演变成今后要介绍的矩形。第二是突破 B 点的支撑位置继续向下，这种情况才是双重顶反转突破形态的真正出现。前一种情况只能说是一个潜在的双重顶反转突破形态出现了。

以 B 点作平行于 A、C 连线的平行线（图 11 - 7 中的中间一条虚线），就得到一条非常重要的直线——颈线。A、C 连线是趋势线，颈线是与这条趋势线对应的轨道线，这些轨道线在这里起的是支撑作用。

一个真正的双重顶反转突破形态的出现，除了必要的两个相同高度的高点以外，还应该向下突破B点支撑。突破颈线就是突破轨道线、突破支撑线，所以也有突破被认可的问题。

前面介绍的有关支撑压力线被突破的确认原则在这里都适用，主要的是百分比原则和时间原则。前者要求突破到一定的百分比数，后者要求突破后至少是两日。

双重顶反转突破形态一旦得到确认，就可以用它进行对后市的预测了。它的主要功能是测算功能，叙述如下：

从突破点算起，股价将至少要跌到与形态高度相等的距离。所谓的形态高度就是从A点或C点到B点的垂直距离，亦即从顶点到颈线的垂直距离。图11－7中右边箭头所指的将是股价至少要跌到的位置，换句话说，股价必须在这条线之下才能找到像样的支撑，它之前的支撑都不足取。

我们来看如下的几个案例。

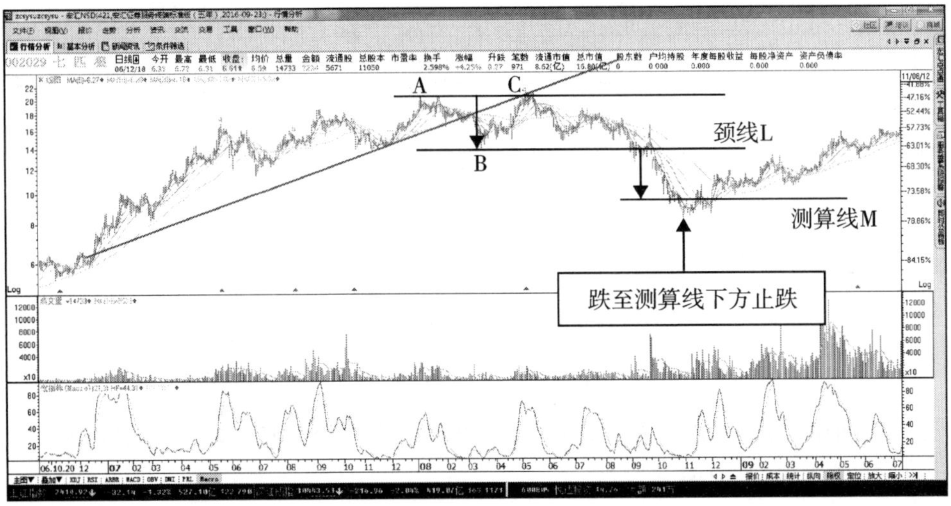

图11－8

如上图，图11－8是七匹狼（002029）2006年年底至2009年年初的K线图，此K线图采用的是对数坐标，用来过滤掉价格不一时造成图形误差的错觉（由于本章的内容涉及图形测量，本章随后的K线图均采用对数图形），以便于更好的发挥测量的功能。从图中可以看出，A、C点是几乎等高的高点，回档至B点时，七匹狼获得支撑，A、C线连线的平行线L

构成七匹狼的颈线，从七匹狼突破颈线B开始向下继续跌了从AC与L线之间的跌幅之后不久，七匹狼跟随大盘于2008年11月初见底企稳。

有了这种M头的分析工具，可能帮助我们更好的逃在顶部，在C点是一个理论卖点，股价从C点跌至B点之下，是最后的逃命时刻，当股价跌至M线以下时，可以开始观察该股是否有见底迹象。如果股票在M线之下走稳找到支撑，底部区可能将来临。

我们观察七匹狼，在大盘见最低点的10月底，七匹狼跟随大盘在11月初逐渐企稳，此时刚刚好跌至M线下不久，随后走出了一波较大行情。

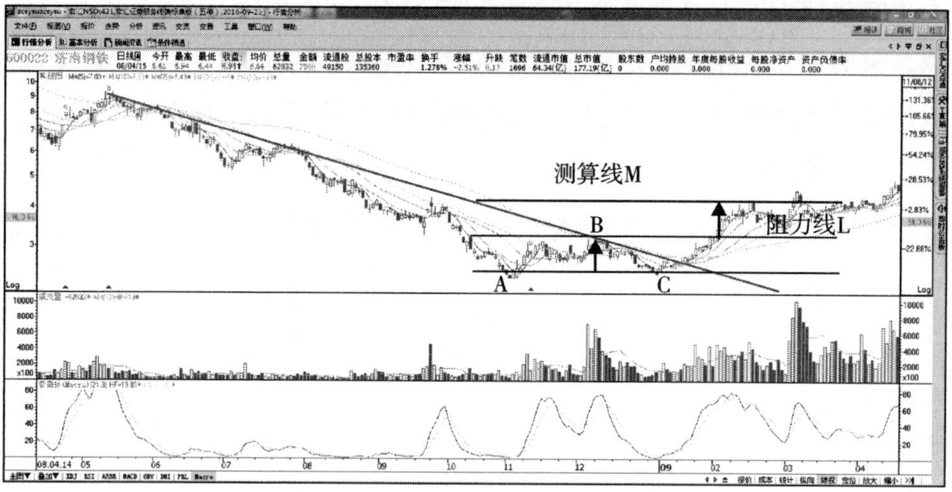

图11－9

图11－9是济南钢铁（600022）自2008年4月至2009年4月的K线图，从图中可以看出，济南钢铁在2008年10月与2009年2月期间形成了一个标准的W底图形。

从A点开始济南钢铁开启了一段反弹行情，反弹至B处遇阻下跌，跌至C处，至此，济南钢铁的W底形态基本构筑，AC线为济南钢铁的支撑线，过B点与AC的平行线L为阻力线，当股价自C点慢慢攀升越过阻力线L后，该W底形态构筑完毕。我们可以用B点到AC的垂直距离来测算该W底的理论涨幅，经测算，该轮涨幅应该到测算线M处。由上图可见，在2009年上半年在市场转好的前提下，济南钢铁完成了测算目标，到达了测算线所指点位。事实上，在2009年6月至8月的一段时间，济南钢铁又迎来了一波凌厉的涨幅。

如果我们不计时间成本，则可以考虑在W底形成初期，C点出现后开始购买股票，此时有比较好的防御性，但是想短期就赚大钱，有点不太现实，股票必须运行到阻力小的区间才会大爆发。如果你想提高资金效率，可以在W的阻力线L被突破之后再去购买股票，这是等待的时间会短一些。当然，做任何操作的前提就是要确定当期大盘是处于可控的安全区间之内。

（2）头肩顶和头肩底。

头肩顶和头肩底是实际股价形态中出现得最多的形态，是最著名和最可靠的反转突破形态。图11－10是这种形态的简单形式。

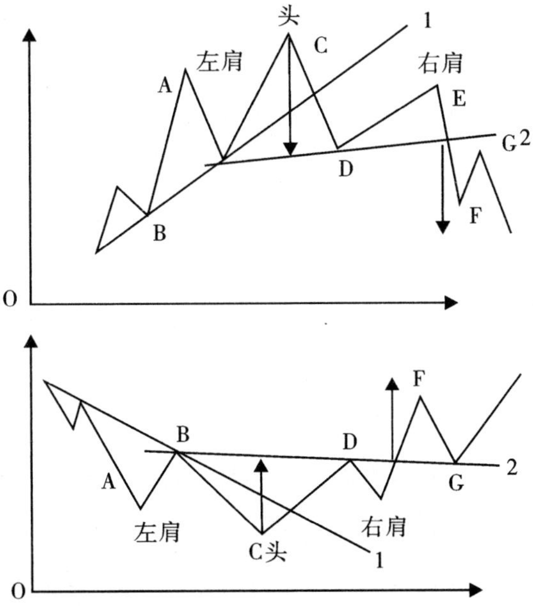

图11－10

从图中看出，这种形态一共出现三个顶和底，也就是要出现三个局部的高点和局部低点。中间的高点（低点）比另外两个都高（低），称为头，左右两个相对较低（高）的高点（低点）称为肩，这就是头肩形名称的由来。以下以头肩顶为例对头肩形进行介绍。

在上升趋势中，不断升高的各个局部的高点和低点保持着上升的趋势，

然后在某一个地方趋势的上涨势头将放慢。图 11 - 10 中 A 点和 B 点还没有放慢的迹象，但在 C 点和 D 点已经有了势头受阻的信号，这说明这一轮上涨趋势可能已经出了问题。最后，股价走到了 E 点和 F 点，这时反转向下的趋势已势不可挡。

这种头肩顶反转向下的道理与支撑线和压力线的内容有密切关系。图 11 - 10 中的直线 1 和直线 2 是两条明显的支撑线。在 C 点到 D 点突破直线 1 说明上升趋势的势头已经遇到了阻力，E 点和 F 点之间的突破则是趋势的转向。另外，E 点的反弹高度没有超过 C 点，也是上升趋势出了问题的信号。

图中的直线 2 其实就是头肩顶形态中极为重要的直线——颈线，我们已经知道，在头肩顶形态中，它是支撑线，起支撑作用。

头肩顶形态走到了 E 点并调头向下，只能说是原有的上升趋势已经转化成了横向延伸，还不能说已经反转向下了。只有当图形走到了 F 点，即股价向下突破了颈线，才能说头肩顶反转形态已经形成。

同大多数的突破一样，这里颈线的被突破也有一个被认可的问题。百分比原则和时间原则在这里都适用。

颈线被突破，反转确认之后，我们就知道股价下一步的大方向是下跌，而不是上涨或横盘。下跌的深度，我们可以借助头肩顶形态的测算功能进行。

从突破点算起，股价将至少要跌到与形态高度相等的距离。形态高度的测算方法是这样的，量出从头到颈线的距离（图 11 - 10 中从 C 点向下的箭头长度），这个长度就是头肩顶形态的形态高度。上述原则是股价下落的最起码的深度，是最近的目标，价格的实际下落的位置要根据很多别的因素来确定。上述原则只是给出了一个范围，只对我们有一定的指导作用。预计股价今后将跌到什么位置能止住或将要涨到什么位置而调头，永远是进行股票买卖的人最关心的问题，也是最不易回答的问题。以上是以头肩顶为例，对头肩顶形态进行了介绍。对头肩底而言，除了在成交量方面与头肩顶有所区别外，其余可以说与头肩顶一样，只是方向正好相反。例如，上升改成下降，高点改成低点，支撑改成压力。

值得注意的是，头肩顶形态完成后，向下突破顶线时，成交量不一定扩大，但日后继续下跌时，成交量会放大。头肩底向上突破颈线，若没有较大的成交量出现，可靠性将降低，或者会再跌回底部整理一段时间，积蓄买方力量才能上升。

下面我们来看几个案例。

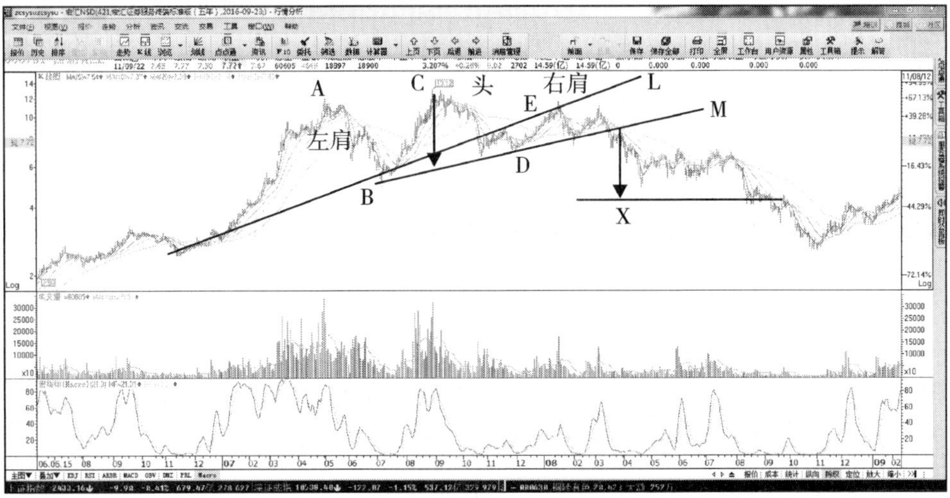

图 11－11

图 11－11 是西北化工（000791）2006 年 6 月至 2009 年 2 月的日 K 线图，从 BC 段开始，西北化工的上升势头变缓，BC 段的涨幅显然比上一段的涨幅要低，至 C 点创出新高之后，CD 段向下突破了上升趋势线 L，说明趋势正在逐渐变坏，当西北化工从 D 点无量反弹至 E 点之后，最终向下突破颈线 M，至此，我们可以说西北化工的头肩顶形态形成了，并且之后至少会跌至箭头 X 所在的直线处。该计算方法是取从 C 点到颈线 M 处的距离的相等距离测算的。

在头肩顶形成之后，西北化工确实跌至箭头 X 处下方才逐渐寻找到支撑。如果在经历了较大上升的行情之后，出现了头肩顶的形态，一定要引起重视，如果在右肩处没有卖出，那么当从右肩处开始下跌，跌破颈线 M 之后，一定要即使卖出，锁定已经获得的利润，避免由盈利变亏损或者手中的利润大幅缩水。

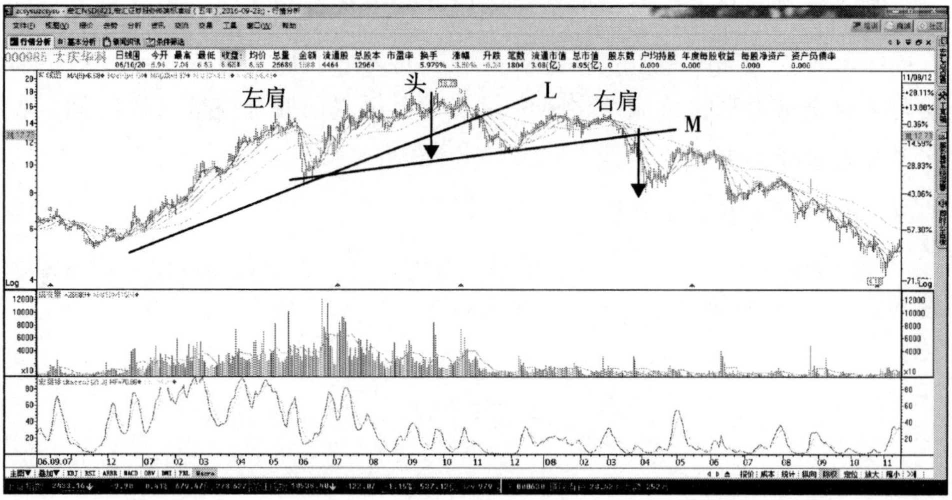

图 11－12

图 11－12 是大庆华科（000985）2006 年 9 月至 2008 年年底的 K 线图，该股票在 2007 年底和 2008 年初这段时间里，也构建了典型的头肩顶形态，希望读者朋友们用之前的案例来自己分析这个案例，我在此不再赘述。

看完了头肩顶，我们再来看看头肩底的形态。

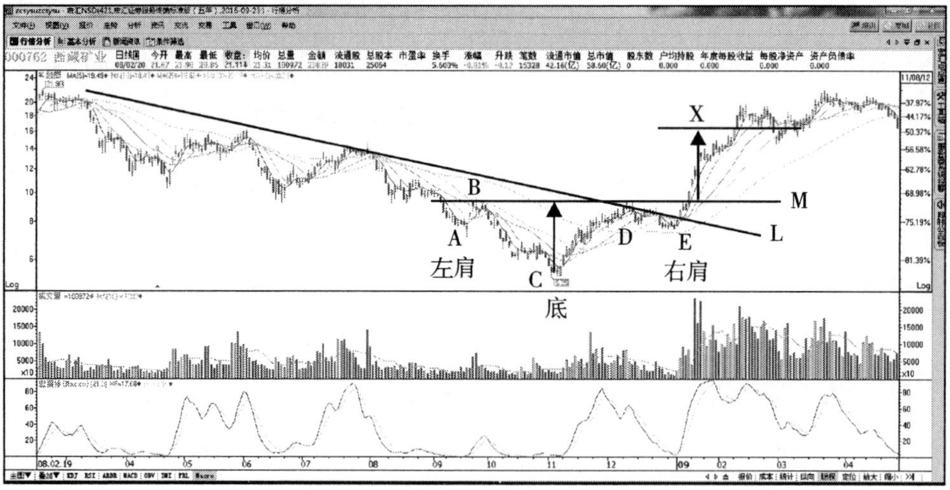

图 11－13

图 11－13 是西藏矿业（000762）自 2008 年 2 月至 2009 年 4 月的日 K 线图，可以看出，该股在 2008 年年底至 2009 年初这段时间形成了标准的

头肩底形态。

通过观察上图我们发现，从 BC 段开始，下跌时间为 26 个交易日，比上一段下跌周期 34 个交易日要小 8 天。说明该股已经有反转的迹象了，之后 CD 段股票缓缓放量上升，反弹周期为 26 个交易日，远远大于 AB 段的反弹 4 天，此后股价又从 D 点开始回踩至 E 点，至此，头肩底的基本形态形成，随着从 E 点开始，西藏矿业逐渐突破下跌趋势线 L 和放量突破颈线 M，至此，完整的头肩底形态构筑完毕。

我们可以用从底点 C 到颈线 M 的距离来测量突破颈线之后的涨幅，测量结果显示，该轮上涨至少能涨至箭头 X 所在直线处。

如果不计时间成本，我们可以在出现右肩的时候买入，如果更讲究效率的话可以在放量突破颈线之后买入。当然，这一过程一定要看大盘的大趋势和个股自身的基本面情况。切不可只凭某形态就买入一只股票。

图 11－14

图 11－14 是太龙药业（600222）的 K 线图，该股在 2008 年 8 月至 2009 年 2 月这 6 个月间形成了标准的头肩底形态，具体细节请读者朋友们自己试着分析，我在此不再详细说明。

（3）三重顶（底）形态。

三重顶（底）形态是头肩形态的一种小小的变体，它是由三个一样高或一样低的顶和底组成。与头肩形的区别是头的价位回缩到与肩差不多相等的位置，有时甚至低于或高于肩部一点。从这个意义上讲，三重顶（底）与双重顶（底）也有相似的地方，前者比后者多“折腾”了一次。

图 11－15 是三重顶（底）的简单图形。三重顶（底）的颈线差不多是水平的，三个顶（底）也是差不多相等高度的。

应用和识别三重顶（底）主要是用识别头肩形的方法，直接应用头肩形的结论和应注意的事项。头肩形适用的东西三重顶（底）都适用，这是因为三重顶（底）从本质上说就是头肩形。有些文献上甚至不把三重顶（底）单独看成一类形态，而直接纳入头肩形态。

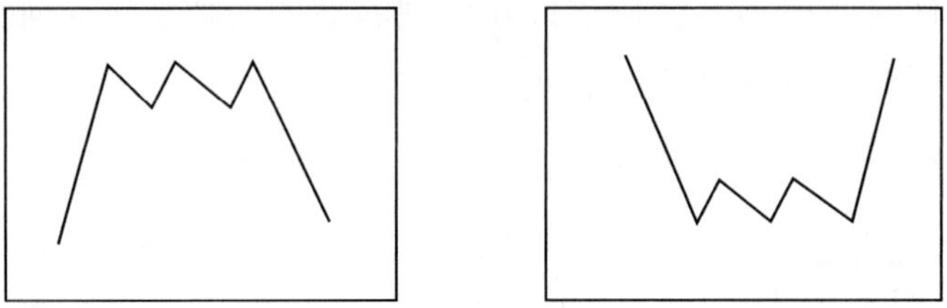

图 11－15

与一般头肩形最大的区别是，三重顶（底）的颈线和顶部（底部）连线是水平的，这就使得三重顶（底）具有矩形的特征。比起头肩形来说，三重顶（底）更容易演变成持续形态，而不是反转形态。另外，如果三重顶（底）的三个顶（底）的高度依次从左到右是下降（上升）的，则三重顶底就演变成了直角三角形态。这些都是我们在应用三重顶（底）时应该注意的地方。

图 11－16 是安信信托（600816）2000 年 7 月至 2002 年 6 月的日 K 线图，从图中我们可以看出，该股票在 2000 年 12 月至 2001 年 12 月这一年间形成明显的三重顶形态，当股票运行至 C 点附近时，可以看到股票成交量大幅增加，可股票价格却再也没能往上走一段行情了，基本与 A 点、B 点两点处于等高状态，放量滞涨，表明主力机构和大户们疯狂卖出，最终，安信信托走入了一段凌厉的下跌行情。

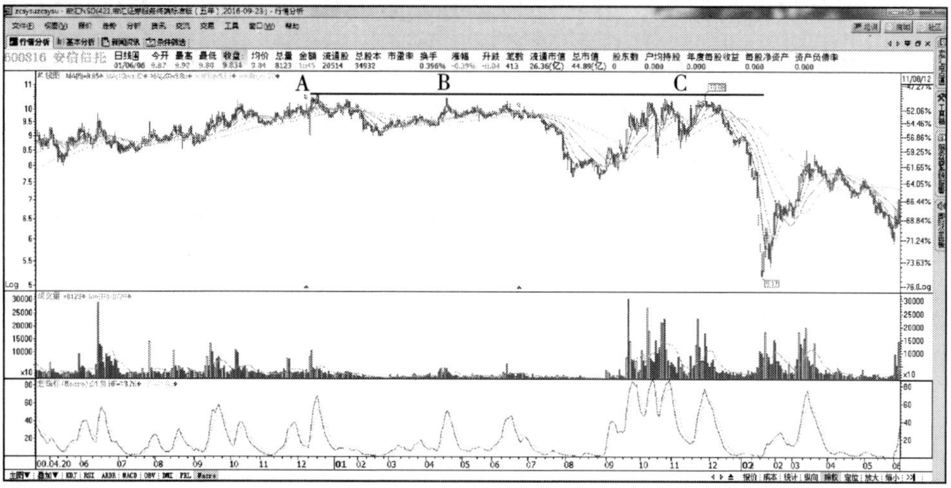

图 11－16

再来看另一个案例。

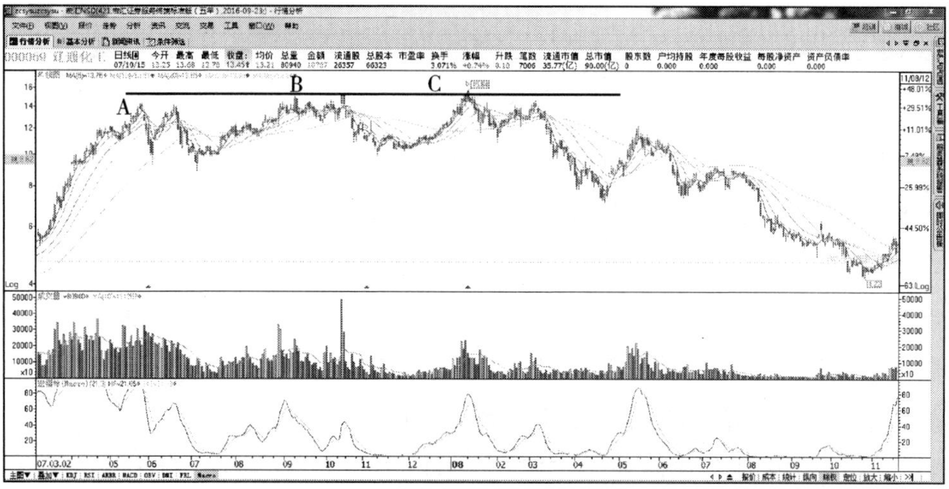

图 11－17

图 11－17 是辽通化工（000059）在 2007 年 3 月至 2008 年 11 月的 K 线图，通过观察辽通化工在首个顶点 A 点和第二个顶点 B 点处均放出较大的成交量，说明在 A 点、B 点出货比较顺畅，至 2008 年 1 月的 C 点顶点，成交量逐步萎缩，说明机构大户基本出货完毕，做最后的拉高清盘，因此没有放出大的成交量。随后，辽通化工进入了波澜壮阔的下跌浪中，跌幅达 72% 之多。

在三种顶的情况中，第二个顶点是卖点，如果第二个顶点仍然没清仓，那么至第三个顶点是一定要逃命去的。当然在这个过程中，一定要结合大盘的走势和个股自身的基本面等因素作出综合判定。

我们再来看几个三重底的案例。

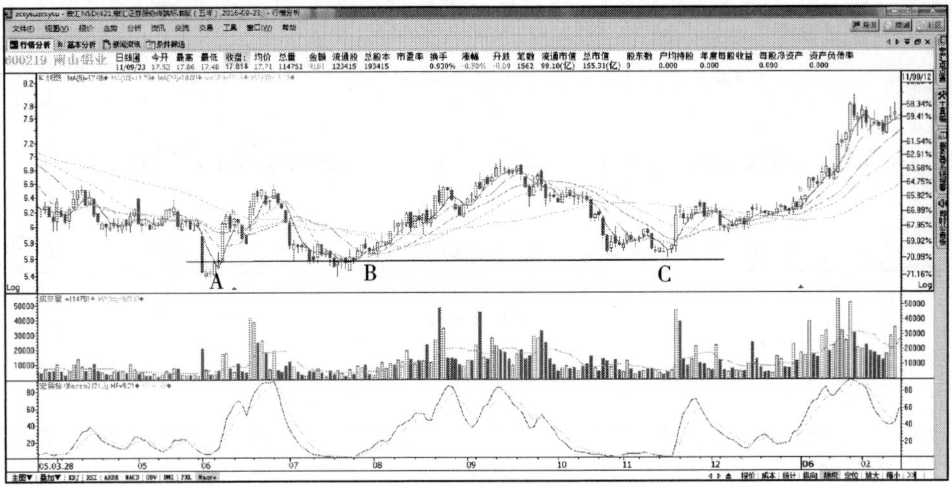

图 11－18

图 11－18 是南山铝业（600219）的 K 线图，从上图可以看出，南山铝业在 2005 年 4 月 4 日至 2006 年 2 月构筑了一个典型的三重底形态，每次见底之后都有不同程度的放量吸筹，随后又缓慢缩量回落，如 A 点、B 点两点，如果分析三重底的买点，我们在 B 点企稳之后可以少量参与，随后在 C 点之后企稳，可以继续跟进，如果分析当时有大盘环境配合，同时公司基本面也不错，我们便可以大举介入了。

图 11－19 是浙江医药（600216）的 K 线图，该股在 2006 年 4 月至 2006 年 12 月底构建了一个标准的三重底形态，由于经历了几重底部的考验，并且此段时间上证指数处于上升牛市中，不久之后，浙江医药便脱离底部区，脱离压力位，走入了上升行情。

（4）圆弧形态。

将股价在一段时间的顶部高点用折线连起来，每一个局部的高点都考虑到，我们有时可能得到一条类似于圆弧的弧线，盖在股价之上；将每个局部的低点连在一起也能得到一条弧线，托在股价之下（图 11－18）。

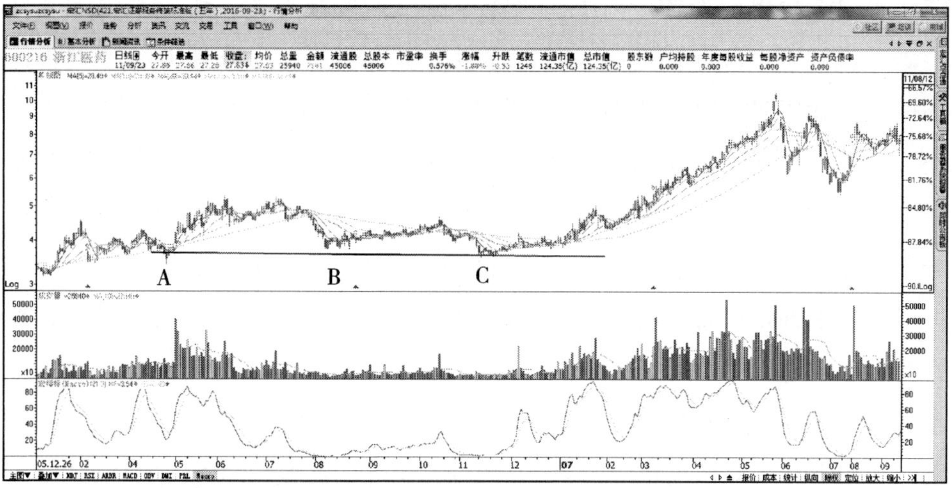

图 11－19

圆弧形又称为碟形、圆形、碗形等，这些称呼都很形象。不过应该提醒大家的是：图中的曲线不是数学意义上的圆，也不是抛物线，而仅仅是一条曲线。人们已经习惯于使用直线，在遇到图 11－18 中这样的顶和底时，用直线显然就不够了，因为顶底的变化太频繁，一条直线应付不过来。

圆弧形在实际中出现的机会较少，但是一旦出现则是绝好的机会，它的反转深度和高度是不可测的，这一点同前面几种形态有一定区别。

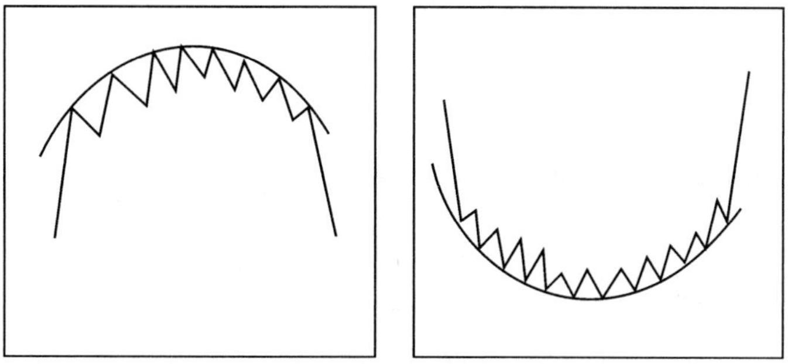

图 11－20

圆弧的形成过程与头肩形中的复合头肩形有相似的地方，只是圆弧形的各种顶或底没有明显的头肩的感觉。这些顶部和底部的地位都差不多，没有明显的主次区分。这种局面的形成在很大程度上是一些机构大户炒作股市的产物。这些人手里有足够的股票，如果一下抛出太多，股价下落太快，手里的货可能不能全出手，只能一点一点地往外抛，形成众多地来回拉锯，直到手中股票接近抛完时，才会大幅度打压，一举使股价下到很深的位置。如果这些人手里持有足够的资金，一下买得太多，股价上得太快，也不利于今后的买入，也要逐渐地分批建仓，直到股价一点一点地来回拉锯，往上接近圆弧形时，才会用少量的资金一举往上提拉到一个很高的高度。因为这时股票大部分在机构大户手中，别人无法打压股价。

在识别圆弧形时，成交量也是很重要的。无论是圆弧顶还是圆弧底，在它们的形成过程中，成交量的过程都是两头多，中间少。越靠近顶或底成交量越少，到达顶或底时成交量达到最少（圆弧底在达到底部时，成交量可能突然大一下，之后恢复正常）。在突破后的一段，都有相当大的成交量。

圆弧形形成所花的时间越长，今后反转的力度就越强，越值得人们去相信这个圆弧形。一般来说，应该与一个头肩形形成的时间相当。

下面我们来看几个例子。

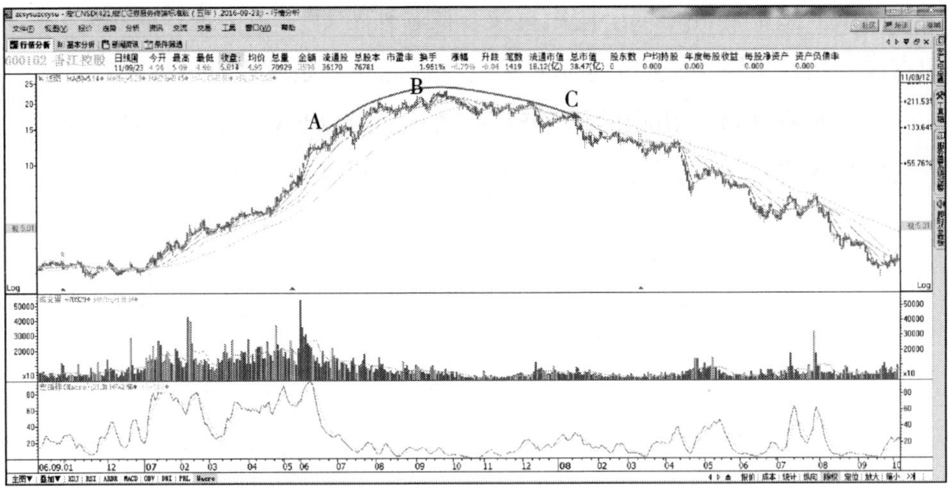

图 11－21

图 11－21 是香江控股（600162）的 K 线图，该股票在 2007 年 6 月至 2008 年 2 月形成了一个比较标准的圆弧顶形态，在圆弧顶的初期，随着价位的升高，成交量逐渐又大方小，至圆弧顶部区，成交量达到极小值，随后半个圆弧成交量才逐渐放大，呈现出一个成交量形成一个倒圆弧形态。究其原

因，我们可以这样来看，圆弧形成初期 AB 段，成交量逐渐放小的原因是主力机构们逐渐大量派发，越到高位派发越难，成交量逐渐缩小，至顶部区 B 点派发已经非常困难，形成极小成交量，随后的 BC 段，随着股价下跌，成交量逐渐放大则是因为恐慌杀跌的投资者越来越多，致使股票放量杀跌。

一般在出现 B 点时候，我们就要非常警惕了，一旦大盘有变坏的苗头，就要锁定收益了。如果没有及时卖出，等到股票在 BC 段刚刚放量杀跌之时，更要及时逃命，以免利润被大幅侵蚀或者大幅亏损。

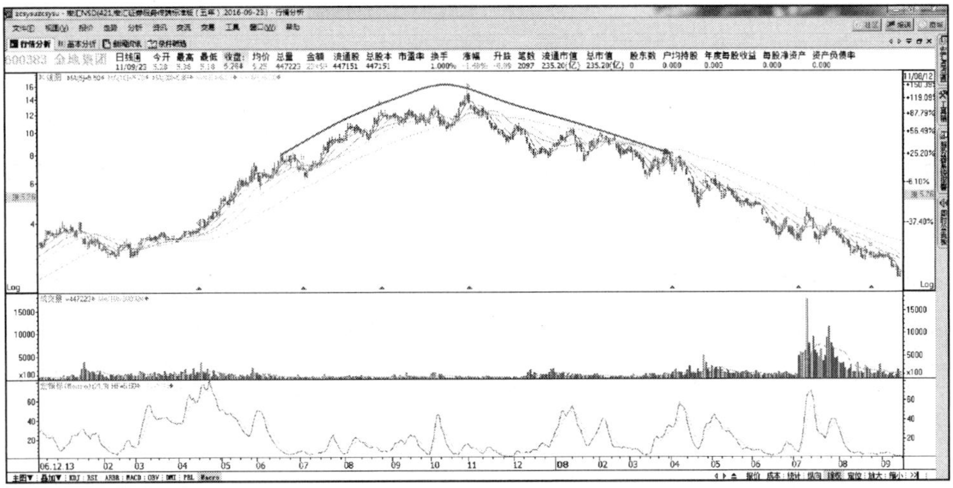

图 11 －22

图 11 －22，是金地集团在 2006 年 12 月至 2008 年 9 月的 K 线图，该股票在 2007 年 6 月至 2007 年 3 月也形成一个标准的圆弧顶形态，同时也形成倒圆弧的成交量形态。具体分析我在此不再赘述，请读者朋友们自己分析总结。

下面我们再来看看圆弧底的形态。

观察图 11 －23，桂冠电力（600236）的 K 线图，该股在 2008 年 7 月至 2008 年 12 月形成了一个圆弧底的形态，圆弧底的 AB 段成交量逐渐缩小，至 B 点成交量进一步缩小之后，来了一小波小幅放量，最终成交量在 BC 段随着股票的回升缓慢增加，形成了圆弧形的成交量结构。

分析其内在因素，在 AB 段，股票处于放量恐慌杀跌阶段，随着杀跌

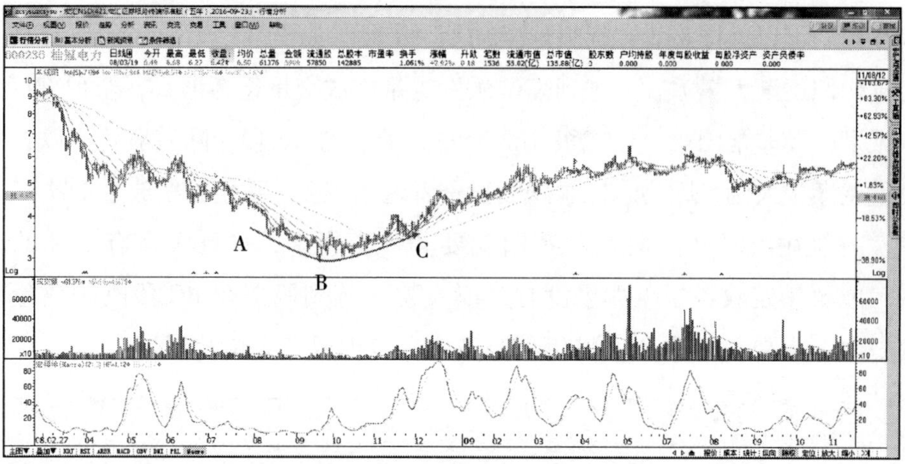

图 11－23

力量的逐渐释放，成交量逐渐缩小，至 B 点底部区，由于价位很低，机构大户开始小幅建仓扫货。所以 B 点之后成交量小幅放大，至 BC 段，随着成交量缓缓放大，主力大户们逐步建仓吸筹，经历了圆弧底的建仓吸筹，之后股票往往会有一波比较凌厉的涨幅。当股票放量突破 AC 的平台之后，股票股性将会被激活，迎来了圆弧底的买点，如果公司基本面优异并且大盘配合，建仓充分的圆弧底形态股票会带来一段不小的收获。

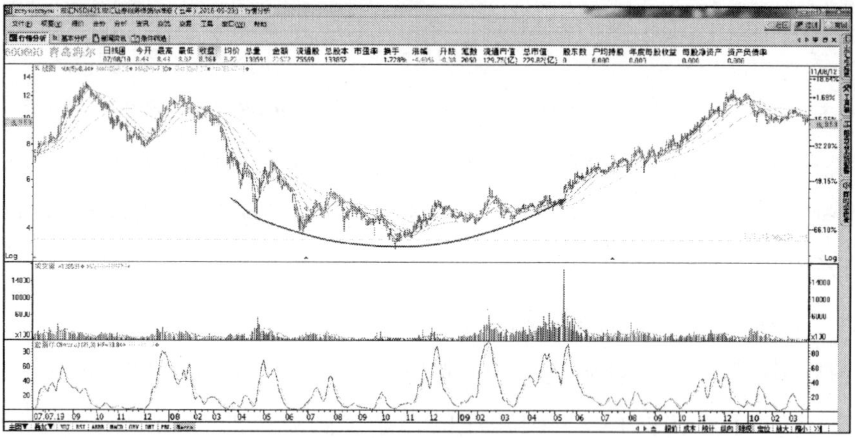

图 11－24

图 11－24 是青岛海尔（600690）的 K 线图，该股在 2008 年 3 月至 2009 年 5 月形成一个较大的圆弧底形态，成交量也是比较标准的圆弧底，

至于具体的分析，请读者们自己根据之前所述去把握分析。

2. V 形反转

V 形是一种反转形态，它出现在市场进行剧烈的波动之中。它的顶或底只出现一次，这一点同其他反转形态有较大的区别。V 形的反转一般事先没有明显的征兆，我们只能从别的分析方法中得到一些不明确的信号，如已经到了支撑、压力区等。

就沪深市场而言，V 形反转同消息的出现有密切关系。上海市场最明显的 V 形反转的例子是 1994 年 8 月 1 日的从低谷 325 点的反转。V 形是一种失控的形态，在应用时要特别小心。

下面我们来看几个倒 V 形市场见顶的案例。

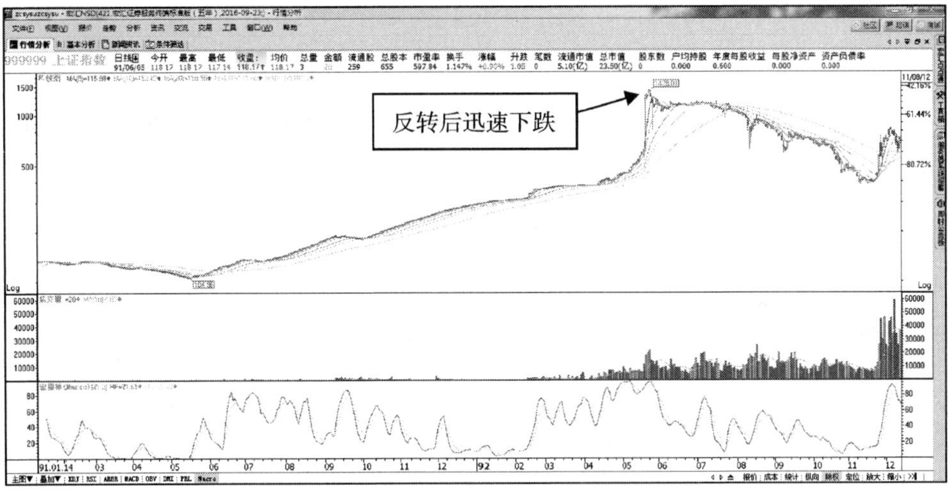

图 11－25

图 11－25 是上证指数从 1991 年 1 月至 1992 年 12 月的 K 线图，上证指数自 1991 年 5 月 17 日阶段性见底至 1992 年 5 月 25 日这段时间，运行了 261 天的上涨周期，由于股市诞生初期炒作风气盛行，上证指数这一年间迎来了 11 倍以上的升幅，从 104.96 点升至 1429 点。随后，疯狂的炒作退去，股价以迅猛的速度跌去 71%，跌至 386.85 点，下跌势头非常凶悍。倒 V 形反转的卖点，我们一定要观察上一次调整的时间，如果调整的时间

大幅超过前次的调整，我们就要先卖出为快了，特别对于已经大幅上涨的行情更要留意了。

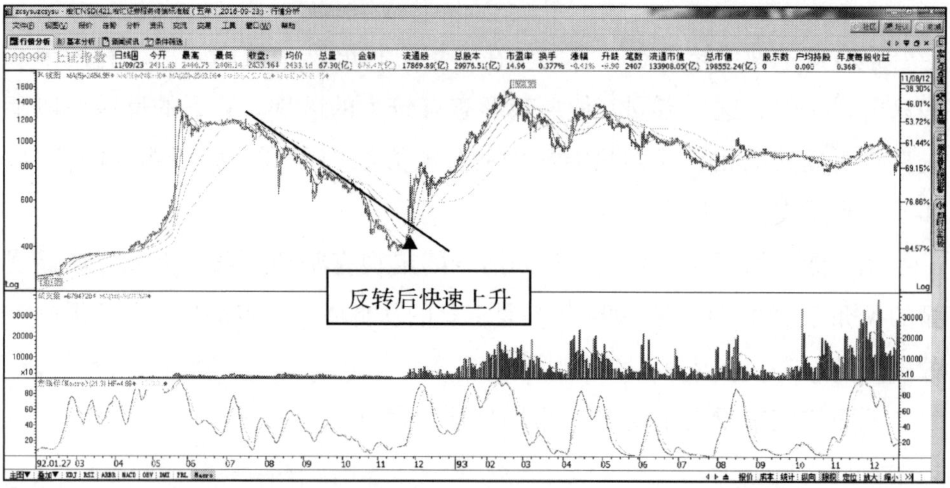

图 11－26

如图 11－26，接上个案例，上证指数以倒 V 形迅速下跌之后，开始以 V 形反转迅速上升，基本让很多人措手不及，如果要想从 V 形反转上升中获利，一定要看下跌趋势是否被突破，如上图，当股价放量迅速突破 L 线并且企稳后，此处是一个比较理想的跟进点。同时一旦 V 形上升趋势破灭，坚决卖出，否则股价可能以很快的速度跌至起点。

四、葛兰碧底和顶量价关系

葛兰碧发明了成交量与价格的九大规则，用于解释股票不同状况之下的量价关系，在这里我们主要来看看葛兰碧关于底部和顶部的量价关系。

1. 底部的量价关系

（1）在一波段的长期下跌形成谷底后，股价回升，成交量并没有随股价上升而递增，股价上涨欲振乏力，然后再跌落至原先谷底附近，或高于谷底。当第二谷底的成交量低于第一谷底时，是股价将要上升的信号。

（2）股价往下跌落一段相当长的时间，市场出现恐慌性抛售，此时随着日益放大的成交量，股价大幅度下跌；继恐慌卖出之后，预期股价可能上涨，同时恐慌卖出所创的低价，将不可能在极短的时间内突破。因此，随着恐慌大量卖出之后，往往是（但并非一定是）空头市场的结束。

（3）股价连续下跌之后，在低位区域出现大的成交量，而股价却没有进一步下跌，仅为小幅波动，此即表示进货，通常是上涨的前兆。

2. 顶部的量价关系

（1）在一个波段的涨势中，股价随着递增的成交量而上涨，突破前一波的高峰，创下新高价，继续上扬。然而，此段股价上涨的整个成交量水准却低于前一个波段上涨的成交量水准。此时股价创出新高，但量却没有突破，则此段股价涨势令人怀疑，同时也是股价趋势潜在的反转信号。

（2）有时股价随着缓慢递增的成交量而逐渐上升，渐渐地，走势突然成为垂直上升的喷发行情，成交量急剧增加，股价跃升暴涨；紧随着此波走势，继之而来的是成交量大幅萎缩，同时股价急剧下跌。这种现象表明涨势已到末期，上升乏力，显示出趋势有反转的迹象。反转所具有的意义，将视前一波股价上涨幅度的大小及成交量增加的程度而言。

（3）当市场行情持续上涨数月之后，出现急剧增加的成交量，而股价却上涨无力，在高位整理，无法再向上大幅上升，显示了股价在高位大幅震荡，抛压沉重，上涨遇到了强阻力，此为股价下跌的先兆，但股价并不一定必然会下跌。

以上的量价关系，在我们判断顶部和底部行情时是一个重要的参考，没有任何必要去机械性地照搬照抄，我们学习的是里面的思想性的指导意义。对于不同的情况，可能有很多变化，我们要根据不同的情况进行变通分析。

五、波峰理论判断底和顶

如果长期研究时间周期，偶然会碰上了波峰左移和右移的概念。直到现在，我始终觉得，这个位移的概念也许是周期分析中最重要的方面。所谓波峰左移和右移，是指实际的周期峰值向左或向右偏离了理论的峰值位置。例如，20 天的交易周期是从谷底到谷底测算出来的。那么从理论上说，波峰应当出现在离谷底 10 天处，或者说是在两个谷底的中点上。这样一来，市场就先是 10 天上涨，然后是 10 天下跌。然而，很少发生这种理想的情形。朋友们请记住，绝大多数周期的变异出现在其波峰上，而不是波谷上。这就是一般认为波谷更为可靠的原因，也正因此，我们从谷底到谷底测算周期长度。

波峰的变化取决于周期的上一层次周期的趋势方向。如果其趋势向上，那么波峰向理想中点的右侧偏移，产生右移现象。如果上一层次的较长周期处于下降阶段，则波峰向理想中点的左侧偏移，称为左移现象。因此，右移现象是看涨性的，而左移现象是看跌性的。让我们思考一下。上面我们实质就是说，在牛市中，价格将在较长时间内处于上升阶段，而下跌所占的时间较短。在熊市中，价格将在较长时间内处于下跌阶段，而上涨所占的时间较短。这不正是趋势的定义吗？只不过这里我们的研究对象是时间，而非价格。

要知道，我们把上升趋势定义为一系列相继递升的峰和谷。而下降趋势则是一系列相继递降的峰和谷。我们可以将这些峰和谷标示为周期的波峰和波谷。现在我们来把趋势的定义和偏移现象两个概念结合起来，请见图 11 – 27。只要峰和谷依次上升（就是说，价格处于上升趋势），那么周期的波峰就会朝理想的周期中点右侧偏移（推迟出现）。而当峰和谷依次降低时（即价格为下降趋势），那么周期的波峰就会向理想周期中点的左侧偏移（提前出现）。唯有在市场上不存在明显趋势的时候，即当买方和卖方的力量对比相对平衡，从而价格处于横向延伸的交易区间时，周期的波峰才能恰巧出现在周期中点上。

图 11 – 27 是波峰左移和右移现象的例子。图 A 为一种简单的周期。图 B 展示了较长周期的趋势。图 C 表示综合的结果。当较长周期的趋势上升时，波峰向右侧偏移。当较长周期的趋势下降时，波峰向左侧偏移。右移现象是看涨的，而左移现象是看跌的。

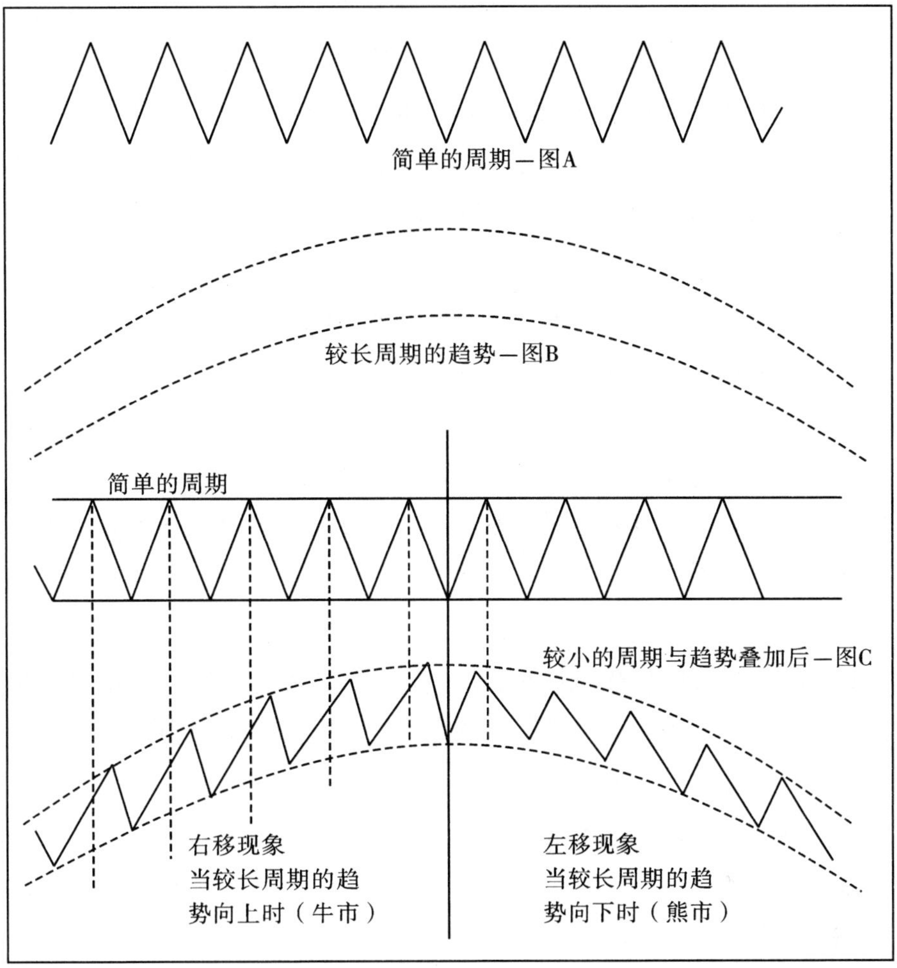

图 11－27

下面我们不妨看看右移和左移现象的预测意义。最起码，我们可以通过观察周期中点处的具体情况，更深入地了解趋势的方向。只要价格峰出现在中点右侧，（即，市场的上升阶段将比随后的下降阶段更长），我们就可以预期上升趋势会持续下去。而当价格峰向周期中点左侧偏移时，通常就构成了警告信号，意味着当前趋势可能发生变化。在日线价格图上，我们只要简单地比较一下，在最近一轮周期中上升的天数同下降的天数孰多孰寡，就能得出波峰左移或右移的结论。在周线图和月线图上，时间单位虽异，道理相同。

举例来讲，如果在下降趋势中，上一轮下跌期共延续了 12 天，那么，接下来的上冲期（熊市中的反弹）就不应当多过 12 天。这其实说明了两方面的要点。首先，如果下降趋势依然有效，而上冲期已经快要达到 12 天了，那么，我们常常可以预料这轮上冲结束的确切日期。其次，如果这轮上冲期持续到 12 天以上的话，那么就意味着趋势可能要反转了。

在周线图上，我们也可以照章办理。不妨以上升趋势为例。如果最近一轮上升期从底到顶共花了 7 周，那么就意味着市场向下调整期或横向巩固的时间，不应当超过 7 周。我们可以把这种时间界限与一定的价格比例结合起来。通常，价格最大的向下回撤百分比为 50% ～ 75%。同时，最大的回撤时间是 7 周。那么等到调整发生后，我们既可以在图上标出最大的价格回撤位置，也可以标明最大的回撤时间范围——7 周。

如果调整果真一直持续到了第 7 周，那么这个 7 周的时间界限就派上用场了。这一点恰恰与在主要的上升趋势线上买入的策略不谋而合。在这种情况下，报偿—风险比对投资者极为有利。因为投资者清楚，如果趋势持续，那么在第 7 周内价格必然回升；如果市场没有如愿以偿地回升，则他可以怀疑趋势反转，从而扭转头寸方向。所以，第 7 周的入市点风险较低。

前面说过，4 周的交易周期可以再分为两个更短的周期，称为阿尔法和贝塔周期。其长度都是 2 周。阿尔法周期的波峰出现在 4 周交易周期的前半周，或者说是其左侧。贝塔周期出现在它的后半周，即其右侧。因此，在 4 周交易周期的左移现象中，其波峰通常与阿尔法波峰重合，而在其右移现象中，其波峰通常与贝塔波峰吻合。我们也交代过，阿尔法和贝塔周期是沃尔特·布雷塞特首创的，是周期理论的霍尔方法的一个组成部分。

图 11 – 27 可以清晰看出股票见顶的波峰变化情况，通过图 11 – 28 我们可以清晰地看到股票见底的波峰位移情况，通过这两种分析，对于趋势明朗的行情判断我们基本都可以把握了。

多年的经验证明，右移现象和左移现象是极有价值的辅助工具。实质上，它们适用于任何趋势或任意长度的周期。不过话说回来，同其他技术工具一样，我们往往也需要进行大量的练习，积累相当的经验，才能得心应手，把它们融会贯通。

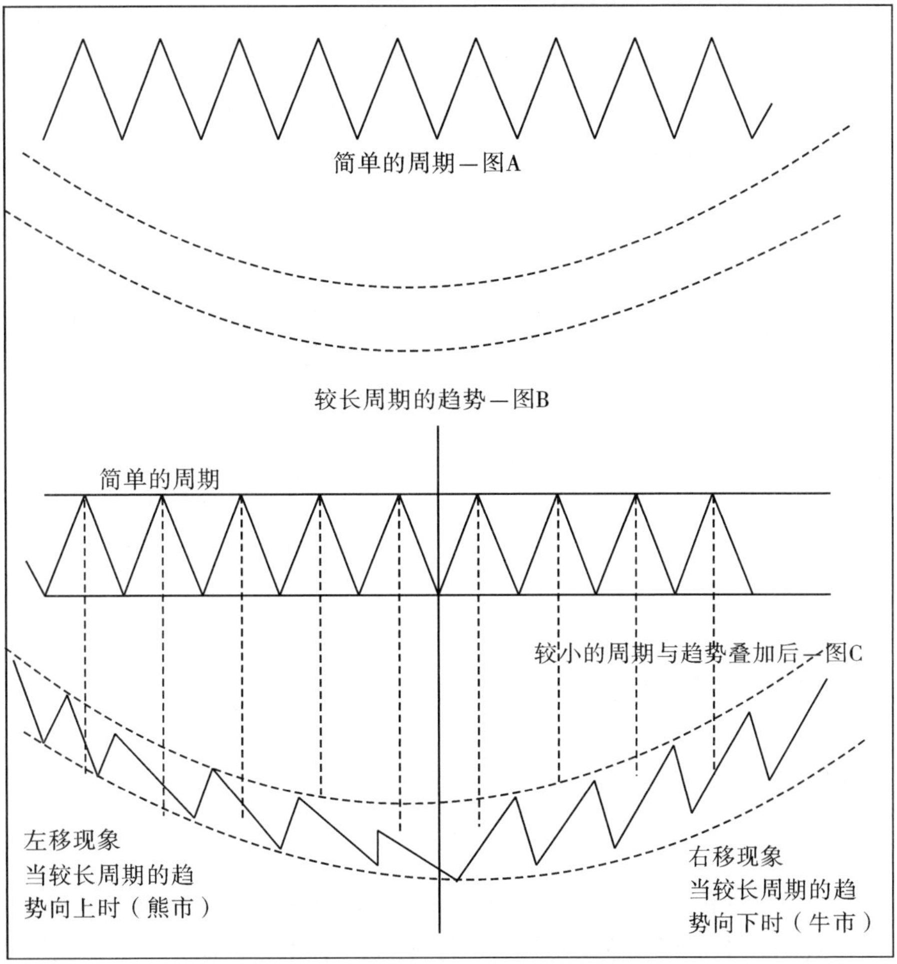

图 11－28

六、现实操作中的顶和底的判断

在本书第九章我曾经给股票市场做过统计分类，股票市场分为上升趋势、下降趋势和震荡趋势。

下面我们将按照以上分类去判断顶和底。

我们的思路是，根据不同的市场环境，先确定大盘的大方向，在大方向确定之后，在对个股进行判定，在判定个股时参考弄清其基本面和技术面中波峰的移动情况、成交量的配合以及周期等。综合对个股的顶和底进行判定。

如果大盘处于上升趋势或者震荡市场上升段，判断个股顶部区域时，以我的经验我一般会参考波峰是否左移，以及成交量和周期的情况来判断。

下面我们来看一个案例。

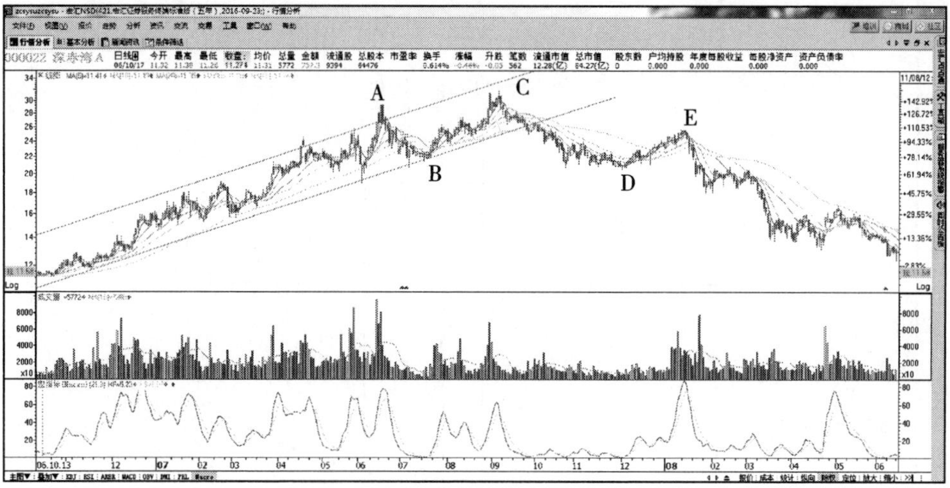

图 11－29

上图是深赤湾 A（000022）（图 11－29）从 2006 年 10 月至 2008 年 6 月的 K 线图，上证指数在 2005 年 6 月 6 日以 998 点见底后，迎来了一波 575 天的大升浪，这长达两年多的大行情，上证指数涨幅达 5 倍之多，在此阶段个股也是牛气不断，不断攀升，但是如果到达 2007 年 10 月中旬顶部区域不能识别出来，之前的利润可能会损失不小。

我们观察深赤湾的走势，正是那波大牛市的代表，我们通过统计发现 AB 段下跌时间为 20 天，BC 段上涨时间为 36 天，CD 段下跌时间为 58 天，DE 段上涨时间为 30 天。按照波峰右移的惯性 CD 段的下跌时间应该小于等于20天，DE段的上涨时间应该大于等于36天，这两样都没达到。此时可以判断E点的波峰已经左移了。此时顶部形态依然形成，对于长线的投资者也要尽快清仓卖出股票保住利润了。如果对于较短期参与的投资者，在CD段下跌周期超过20天时也是要卖出的时机。对于比较短期的投资者，对于顶部较早的反应，可以比其他人保住更多的本金和利润。

我们再来看一个震荡市场见顶的情况。

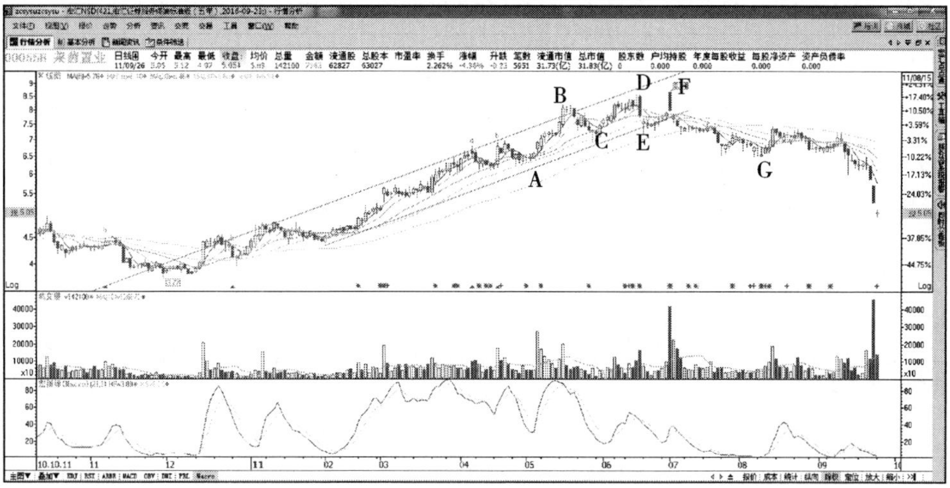

图11－30

图11－30是莱茵置业（000558）在2010年10月至2011年9月的K线图，这段时间，上证指数一直处于震荡状态，上证指数于2011年1月见了阶段底部，由于房地产股票跟随房地产调控进入了一个漫长的下跌周期，因此莱茵置业已经先于上证指数在2011年11月末见底。从2010年11月底至2011年7月初这几个月期间，莱茵置业利好不断，推出高送转方案，设置莱茵达矿业有限公司，从地产股逐渐转型进入矿产界。在利好消息的推动下，股票在2011年4月大盘阶段见顶之后，仍然逆市攀升，直到2011年5月末，莱茵置业的上涨波段CD周期较之前一段AB段小了1天，随后，EF段上涨周期比CD段又少了5天，FG的下跌段周期为24天，比BC和DE的周期都要长很多。由此我们可以判断莱茵置业的波峰逐渐开始左移，对于这只股票EF段是短线投资者的一个很好的卖点。对于较长期

的投资者，当股价FG段的下跌周期超过BC段的下跌周期，也就预示着趋势破灭，在此时卖出也是一个不错的卖点。

分析了大盘上涨阶段和震荡市场上涨段判断顶部的方法，我们继续来看下跌浪和震荡市场中的下跌段的见底情况判断。

我们先来看看下跌趋势的见底的判断情况。由于下跌趋势中，市场人气非常弱，只要有少量的抛盘，股票可能就跌幅很大。如果抄底过早，很有可能就被消灭在下跌中途。因此做到资金安全很重要。

在本章节之前我们谈到可以利用突破月线下跌趋势来判断大跌之后的底部区域。这里我们再看一看用波峰右移法来判断。在下跌途中，一般下跌周期要远远大于反弹周期。这是下跌浪的典型特点。

来看一个案例。

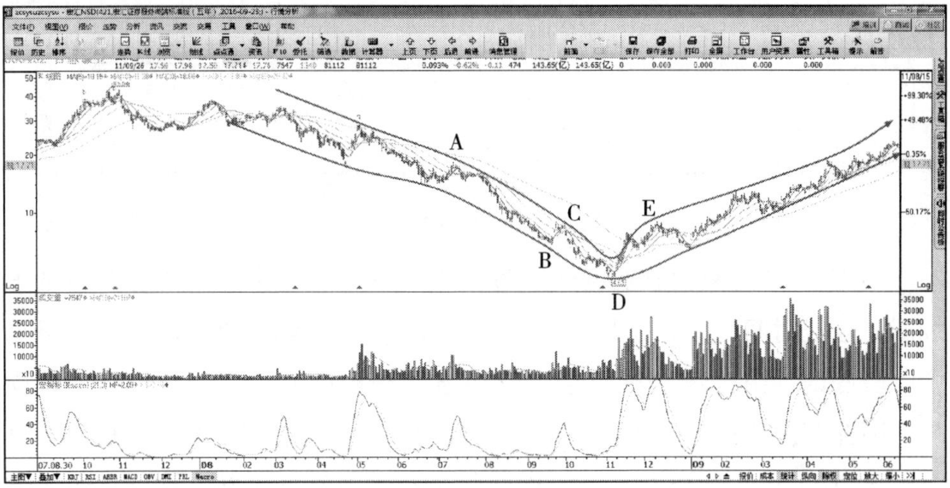

图 11－31

如图11－31，是吉恩镍业（600432）在2007年底至2009年中旬的K线图，从图中可以看出，在2008年的大跌浪中，吉恩镍业的下跌段越来越长，当股价运行至CD段时，CD段的下跌周期明显比AB段要少26个交易日。说明CD段下跌的动能在减弱，同时DE段的反弹时间比BC段的反弹时间要多22天。可以判断波峰已经向右移动，再观察成交量，底部区成交量随着股价上升逐渐放大，吸筹明显，所以在大盘趋势转好的前提之下，我们可以判断该股在 DE 段之后基本见底。

再来看另外的案例，大盘处于震荡行情下跌浪的底部判断。

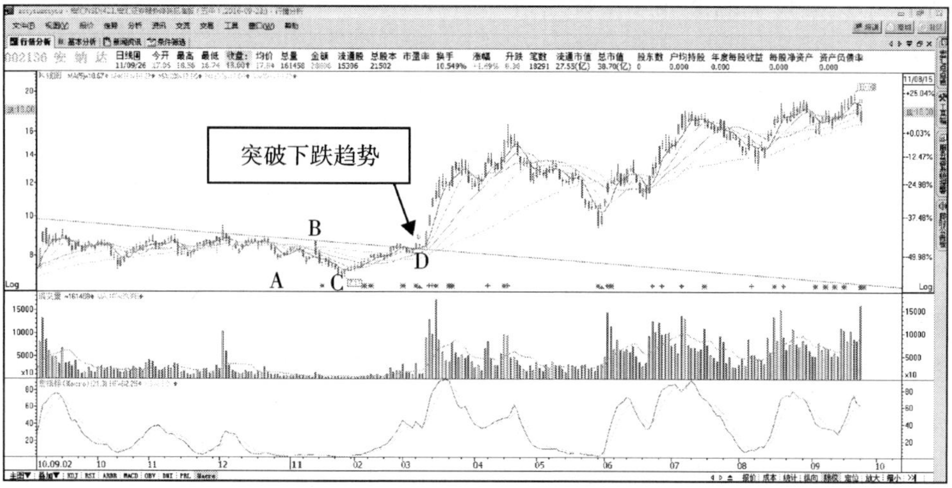

图 11－32

上图为安纳达（002136）（图 11－32）从 2010 年 9 月至 2011 年 9 月的 K 线图。上证指数在 2010 年 11 月 11 日见了 3186.72 点的高点之后，开始慢慢回落，回落至 2011 年 1 月的阶段低点。在这一区间，安纳达以缓慢的下跌方式，逐渐创出新低。随着大盘在 2011 年 1 月见底回升，安纳达也随之缓慢放量回升，观察上图我们发现，CD 段的上升周期已经明显大于 AB 段的反弹周期，至 2011 年 3 月初，安纳达一举突破下跌趋势线，底部构建完毕，成功逆转。

安纳达脱离底部之后走出一波大行情的根基不仅仅是这些技术面，还有更加重要的是其基本面的脱胎换骨。

下面我们就来看看其基本面情况。

安纳达是一家主营钛白粉生产的企业。

钛白粉供应减少：钛白粉行业广泛应用于涂料、塑料、化纤等领域，同国民经济发展密切相关，是强周期性产业。2008 年的经济金融危机导致国外产能至少削减了 30 万吨左右（至少包括美国 2009 年关闭了 16 万吨，英国 2010 年关闭了 15 万吨产能）。随着世界宏观经济的逐步好转，下游需求增长已逐渐接近消减后产能的供给水平，导致 2010 年行业供需逐渐偏紧，国际钛白粉价格不断上调。全球最大的钛白粉生产商杜邦最近宣布，将对在亚太地区销售的钛白粉产品提价，提价幅度高达 500 美元，是 2011 年以来最大幅度的一次提价。

钛白粉需求增加：公司钛白粉主要应用于涂料领域。在涂料领域中，建筑涂料又占有大多数，因此其需求与房地产发展紧密相关。自 2008 年经济危机以后，我国建筑涂料产量年均增长率达 34.6%。尽管我国房地产受宏观调控影响，但 2011 年前 5 月新屋开工面积增长率仍然达到 23.8%。预计建筑涂料的产量今后两年仍然有望达到 20% 的水平，进而带动钛白粉的需求稳步上升。

公司估值：目前，公司产能已得到充分利用，预期 2011 年公司的产量将达到 5.5 万吨左右，其中锐钛型钛白粉 1.5 万吨，金红石型钛白粉 4 万吨，在金红石型钛白粉中有 1 万吨左右为加工类产品。公司 2011 年年初的新募投项目 4 万吨致密包膜金红石型钛白粉预计在 2012 年底投产，在 2013 年开始贡献收益。

公司原材料采购和产品销售价格采取随行就市的政策。近期钛白粉价格近期不断上涨，主要是受成本推动。预计公司 2011 年三四季度整体毛利将维持二季度的毛利。并且进一步假设 2012 年，公司产品毛利率仍然维持在 2011 年下半年的水平。受产能释放影响以及下游需求平缓制约，假设 2013 年，行业供需开始逆转，公司毛利率将有所下滑。根据上述分析，我们预计公司 2011—2013 年的 EPS 分别为 1.27 元、1.61 元和 2.46 元。对应 2011 年 6 月 23 日的股价的 PE 分别为 20.7 倍、16.3 倍和 10.7 倍。考虑行业未来两年的高景气以及公司的成长性。同时参考涂料行业 2011 年 26.5 倍的估值。结合以上分析，我们认为安纳达的基本面非常不错。

对基本面的判断更加坚定了我们认为安纳达见底的决心。事实上，安纳达随后涨幅达 132%。

下面我们来总结一下判断顶部和底部的基本要领，首先确定大盘的大趋势，在大盘大趋势确定之后，再去给个股判定最终的顶部和底部这是我们判断顶部和底部的前提。

在判定个股顶部和底部时，我们要结合个股的基本面变化，技术面上波峰的移动情况、成交量的变化以及上升或者下降趋势的逆转来综合判断个股的顶和底的情况。

第十二章

股票突破的运用

当一只个股上涨或下跌到了新区间，或者说，到达了几个月或几年都未曾触及过的价位时，就说明股票正朝着那个方向运动。其他曾经受到抑制的力量爆发出时行情也是一样。大坝可以挡住水流，可是大坝一旦崩溃，水就会一泻千里，直到遇到另一座大坝或是其他什么能够阻挡水流的障碍物或阻力，从而将其挡住。所以，注意观察股票先前的价位非常重要。可以想像，两次突入新区间相隔的时间越长，冲击力就越大；因为长期积聚的能量所造成的行情变化会比短期积聚的能量造成的变化更为显著。

——江　恩

一、何为突破

突破（Breakout）是在技术分析上所用的一个术语，指价格升破阻力位（通常是前一高位），或跌穿支撑位（通常是前一低点）。价格突破通常发生在趋势线或价格形成线断裂之时。

而有效突破，则是人们常说的，又很难说明的一个词。有效突破应该是指突破某一支撑或阻力位后，不再回到先前的运行范围。个股股价的“有效突破”是指股价升到前期历史重要高点连续3天企稳，第三天收盘在历史高点3%涨幅之上，称之为“有效突破”。

例如：某股股价历史高点为10元，近日走势连续3天在10.30元附近，第三天收在10.30元之上，那么该股就是对前期历史高点10元实施了“有效突破”。

1. 有效突破的情形

有效突破有两种情形：一种是有效向上突破阻力位；而另一种情形则是有效突破支撑位。

有效向上突破阻力位，一般指收盘价收于压力位之上。不过这个定义太笼统。通常把对有效向上突破后的确认，认为是有效向上突破阻力位。通常有以下几个条件：

要放量突破；

收盘价至少3天最好5天以上收在压力位以上；

收盘价大于压力位3%～5%个点；

回抽压力位获得支撑，俗称的压力变支撑；

第一次突破后，成交继续活跃，量价齐增，不能衰竭；

大阳突破，走势生猛，明显有别突破前，股性大变。

这几个条件并非需要全部具备，有时只需一条就可以，满足的条件越多，有效性就越强。当然若全部满足最好，只是此时股价多半离原先压力位已经很远，甚至又碰到了其他压力位，实际指导意义就小得多。因此，判断有效向上突破面临着准确性和时效性的两难选择。仁者见仁、智者见智，只有个人自己根据各自的经验及时判断了。

有效向下突破同此原理。由于目前中国市场，股票主要还是以单边市场为主，所以之后，我所说的突破主要以突破上涨为主。

2. 无效突破的情形

无效突破就是股票突破一段时间的高位之后，没有继续朝着突破的方向运行。与无效突破相对应的是有效突破。

如果股票突破后，未能满足有效突破的条件，则成为无效突破。

二、购买突破股的理由

如果一只股票在吸筹发生之后就创下新高，就说明该股已完成吸筹，新的行情即将开始。

吸筹和派发交替进行才能形成巨大的利润。所以，如果等到股票明确其走势之后再切入就会比一开始就切入赚到更多的钱。这就像赛马比赛一样。把马从拴马桩上解下来往往要花上 15 ～ 20 分钟，但一旦“马儿开始跑了”，不到几分钟比赛就结束了。耗费多的是准备时间，一旦赛马跨出起跑线，比赛很快就结束了。无论以高出底部 10 点、20 点还是 30 点的价位买入一只股票，只要能获利，又有什么区别呢？

本书第九章“股票二八定律”中提出，股票市场有 80% 的时间都在量变，量变的过程股票基本是没有大利润可言的，只有质变后，即走出整理状态，进入上升浪中才能获得巨大的利润，所以，真实情况是，我们只需要在大趋势向好的情况下去操作那些正处于质变中的股票，只有这样才能在股市赚到钱。

因此，买股票，一定要买已经突破了的质变股票，才能做到比较快速的赚取利润。当然，前提要对大盘大行情有一个把握，同时也要对突破的股票的基本面有很清楚的了解，只有这样才会运用得游刃有余。

三、如何判定真假突破

真假突破一直都是困扰股票操作者很久的一个问题，如果解决了此问题，我们在操作股票上就会非常顺利。在此，我先从几个区分真假突破的案例入手，通过对各种情况的股票作真假突破的分析，然后引入我个人在判断真假突破上面的一点心得，希望能够给投资者朋友们带来一些看问题的新视角。

1. 如何区分真假突破机会一

无论是谁在操作个股的时候，都会有一种买入方法：在股价突破新高或突破重要压力位时买入。这种方法本身是很正确的，只有股价突破了重要的压力才可以不断地向上攻击。但是，由于很多朋友的操作方法存在失误，在股价突破时买入了，结果到头来却赔钱了，这是因为庄家也会利用突破反做，投资者认为突破是买点时介入，而庄家却在突破时进行了出货。

寻找突破买点一般来讲，在指数不断向上时成功率很高，指数涨个股也会涨，所以会不断地向上突破，但是在弱势与震荡市风险就时时存在了，因为庄家随时会利用假突破来出货。那么，真突破与假突破的区别在哪里呢？

简单来讲，在于量！假突破由于庄家出货量往往会很大，而真突破量能比较温和，并且资金性质是明确地向场中介入，虽然有时也会引发放量突破，但只要资金性质没有改变便可以跟进。所以说，区别真假突破最主要的就是区别庄家是不是在进行出货！只有进行了准确的判断才能回避假的突破。

下面先讲一下如何过滤假突破。

下图是西安旅游（000610）（图 12－1）在 2006 年 6 月至 2007 年 1 月的 K 线图，上证指数在 2006 年 8 月至 2007 年 1 月底这段时间，一直处于良好的上升通道，西安旅游在 2006 年 10 月 18 日这一天形成了绝对的突破走势，股价向上创下了近期的新高，但是突破形成以后上涨行情并没有出

图 12 -1

现，而是形成了快速的回落走势，为什么股价突破了新高，但股价却随之下跌呢？仅从 K 线形态上来看是很难找到答案的！因为 K 线形态在此时却有买点的迹象。从 K 线上找不到假突破的信号，就需要从成交量的变化上进行分析了。

在成交量方面，这一天的成交量创下了近期的巨量，并且换手率高达 12.67%，这么大的量说明了什么？有大量的资金在买也有大量的资金在卖！买的很显然就是受突破吸引的投资者，而卖的呢则是庄家了。通过逻辑分析，如果庄家在这个位置是建仓，那么后期的上涨行情就不可小视，但是如果是出货，巨量之后必然缩量。站在当前的市场结合板块与指数分析，这种走势并不可能是庄家建仓。所以，量能的性质不是巨资介入，而是有资金外逃。

在主流资金外逃的时候，可千万不能入场操作！根据成交量的变化，我们就可以轻松的回避假突破走势了。

2. 如何区分真假突破机会二

前段的内容交流了如何识别假突破，这里我们主要交流什么样的突破才是最安全并有效的。

假突破的风险性就在于：庄家借助巨量进行出货，因此，K线形态并不是主要的，主要在于成交量的变化！一般来讲，庄家的出货量必然会引发突破的虚假，而只有庄家的建仓量才会导致真实的突破。

但是，同样的放量，什么样的量是出货？什么样的量是建仓？很多投资者是很难弄清楚的，等到弄清楚了股价要么已经跌很多了，要么已经窜上天了。所以，对于分析能力较低的股民朋友在分析突破的时候，要尽量避免操作放量的股票，除非你能真正地识别出量能放大的含义！

好在有很多庄家的资金实力很雄厚，故此，股票在突破的时候并不是完全地以放量的形式突破的，有一些股票的突破都是以缩量或是不放量的状态完成的突破，这些突破不放量的股票就可以成为分析能力一般的投资者的操作首选！

为什么突破不放量是好事呢？这是因为股价虽然创出新高了，但是谁也不进行卖出，这说明盘中持股心态稳定！由于庄家持仓量是巨大的，所以这说明庄家根本不想抛！庄家在当前位置不抛，必然股价还有更高的高点出现，所以对于无量突破的股票一定要敢于操作。

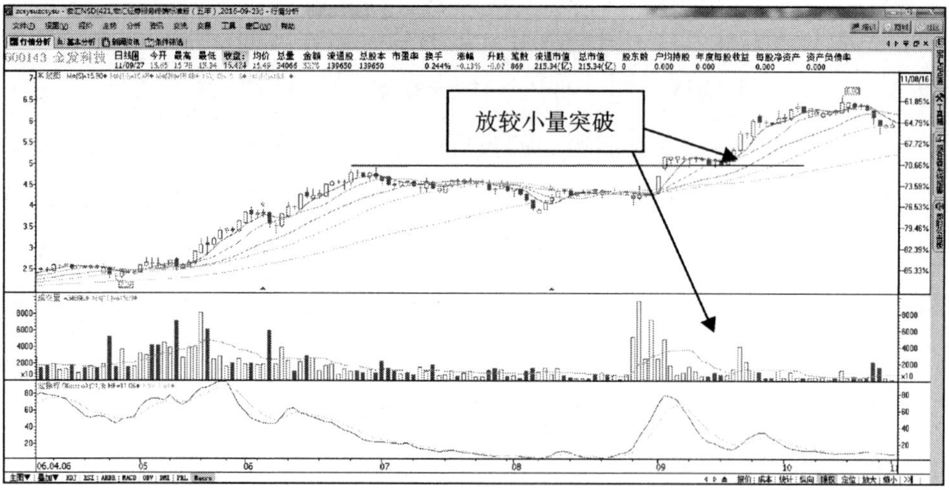

图 12－2

图 12－2 是金发科技（600143）2006 年 4 月至 2006 年 10 月底的 K 线图，观察其股价在 2006 年 9 月 20 日调整结束以后再度向上完成了突破，

虽然突破的幅度并不是太大，这一次突破K线形态就是股价再创新高，而这一天最应当引起重视的就是：成交量在突破的时候不但没有放大，反而是相应减小的，为什么庄家给了所有人获利与解套机会的时候没有人抛？一则说明军心稳定，二则说明庄家持仓量巨大，庄家只要不抛便不会有人卖！

同时成交量的萎缩不会给任何大资金以卖出的机会，这一天的换手率只有1%，巨资如何出货？萎缩的成交量限制住了庄家的出货，也就使得突破的安全性大大地提高！庄家无法出货的位置或是庄家根本不想出货的位置根本不是顶部，也根本不会引发真正的下跌，所以金发科技在突破以后必然要继续上涨。

缩量突破之所以好，就是因为成交量的萎缩可以限制庄家的出货！同时，投资者也不必费劲地研究量能是出是进，相对放量突破分析压力要小得多。

当然，股价的波动绝不可能全是缩量突破这么简单，什么样的放量突破才是真实呢？什么样的放量突破才可以买呢？我们在接下来的部分继续探讨。

其实放量突破要比无量突破带来的收益更大，因为真正的放量突破是资金的建仓区间，庄家采用这么猛的手法建仓股价必然会短线暴涨，所以从获利的速度来讲，放量突破带来的收益是最高的。

下面给大家发几张放量突破的图，看看读者朋友们能否从中领悟到什么。

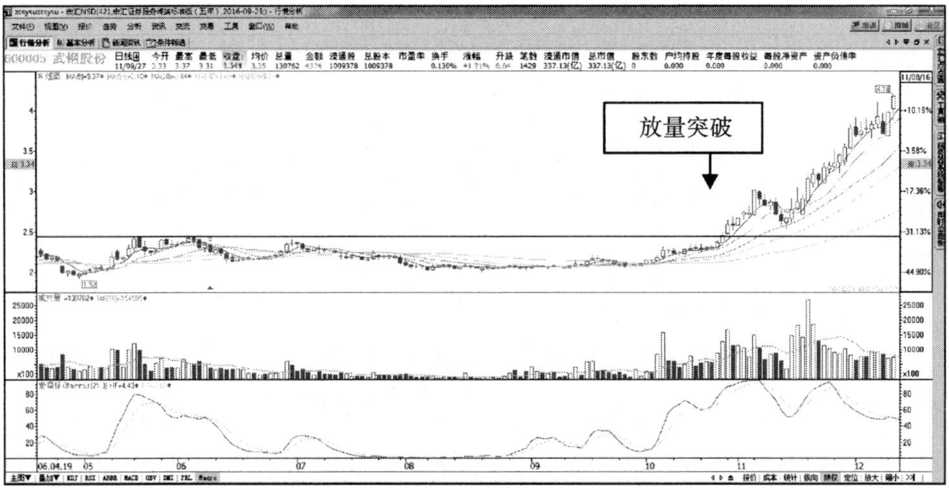

图12－3

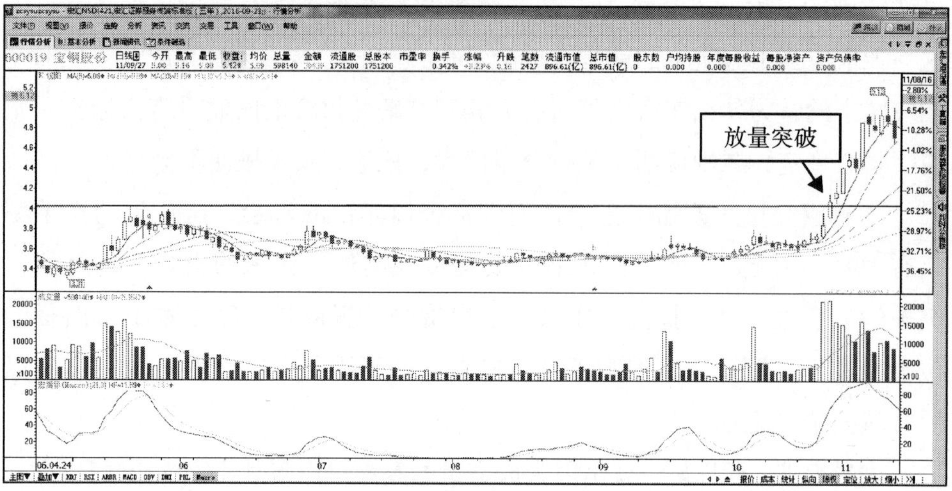

图 12－4

3. 如何区分真假突破机会三

先前与大家交流了：如何回避假突破以及缩量突破这种最完美的突破方式，那么，在此我们将交流探讨：什么是放量突破。

缩量突破可以限制庄家的出货行为，但是，只有那些形成了高控盘的个股才可以形成缩量突破走势，可惜遗憾的是，很多个股并不是高控盘，并且有些高控盘的个股也需要在突破点抛盘增多时进行增仓操作。这样一来就会有大量的股票在突破时形成放量突破的走势。

放量突破走势对于投资者来讲是又爱又恨的，爱的是有些放量突破的个股形成突破后会快速地上涨，但是有些放量突破的个股却是形成了假突破从而引发风险。那么，什么样的放量突破走势才是最安全的呢？

为了把有效的突破走势识别出来，我们看一个案例。

图 12－5 是鞍钢股份（000898）2006 年 5 月至 2006 年 11 月底的 K 线图。

操作放量突破的股票首先一定要对成交量的放大现象进行准确的分析，如果不知道成交量的放大是庄家资金的出货还是建仓的话，就不能保证股价突破以后会出现连续的上涨走势了。

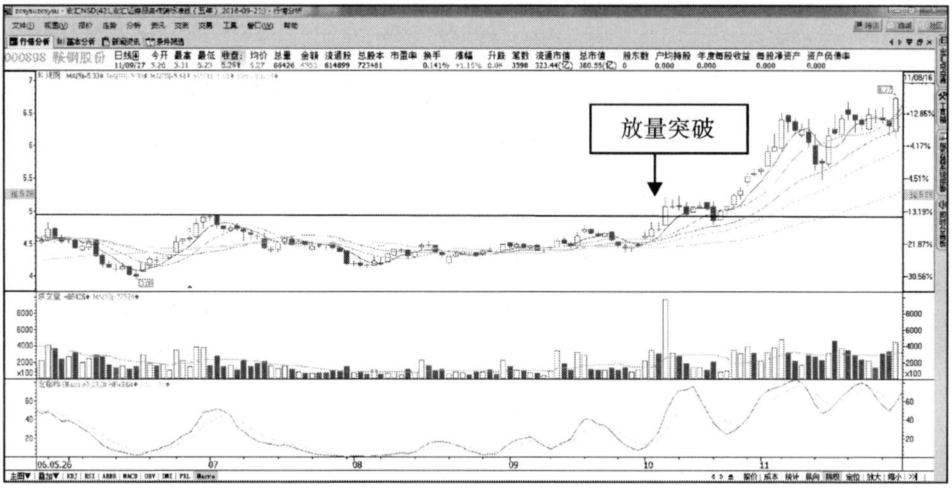

图 12－5

那么如何确定鞍钢股份形成放量突破是真突破呢？主要的原因就是大量的钢铁个股均在 2006 年 10 月 12 日形成了放量突破的走势，众多的个股形成放量突破说明资金在此时开始了大力度的建仓操作，并且是资金整体性的建仓。

如果资金对某一个板块进行了大规模的建仓，那么，这个板块必然是后期绝对的龙头板块。而投资者也应当坚决地操作这一个板块。

从鞍钢的技术上来看，在首次发出突破 K 线那天，股价创下了历史的新高，给了所有前期高点套牢的投资者以解套的机会，很多投资者在被套了很久以后终于解套会怎么样？自然会想着卖掉手中的股票，特别是在分时图中庄家又要了一个花招，把股价拉高至涨停板以后，却打压股价人为回落，这样一来投资者一看，股价突破了新高，但是在卖盘打压下封不死涨停板就更会进行出货操作了。这样一来，投资者的抛盘出现以后庄家就顺利地完成了建仓的操作。

正是通过对盘后 K 线的形态进行分析以及对分时图进行了分析，才判断出 2006 年 10 月 12 日这一天庄家正在大规模地建仓，判定该股为真突破。

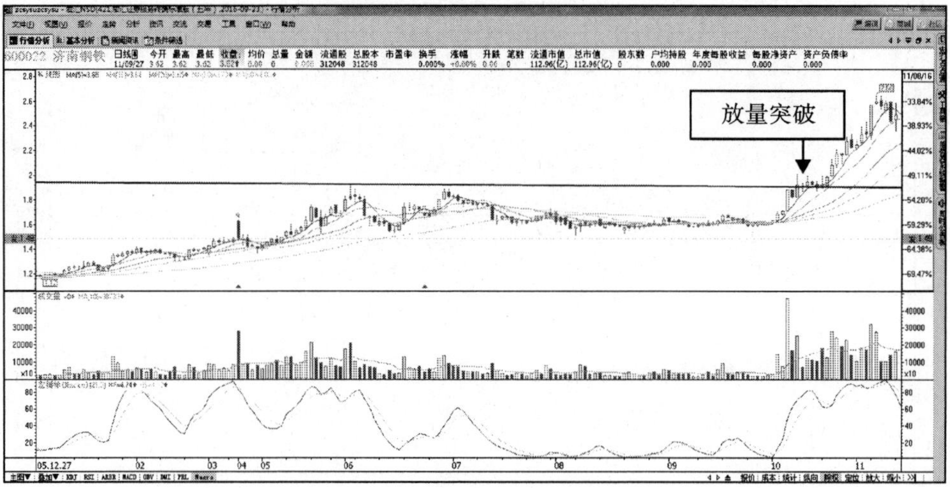

图 12－6

从图 12－3 至图 12－6 可以看出，在 2006 年 10 月 12 日左右，多只钢铁股的股价都收出了放量的大阳线向上突破了重要的压力位！如果仅是一只个股的现象这不足以重视，但是一旦这种走势构成了板块性，那就表示有巨资在对这一个板块进行大规模的建仓操作了。资金敢于进行板块性的建仓，也就注定了这一个板块将会出现暴涨的行情！

4. 总结如何区分真假突破

上面我们通过几个案例直接切入讲述如何判断真假突破。实际情况要远比上面的几个案例复杂。

在这里，我试图用自己的经验总结出自己理解的真突破。由于股票市场存在很多不确定性因素，没有任何方法可以一成不变，要根据具体情况作具体分析、思考，我只是提供给大家一个抛砖引玉的思路供大家参考。

与前述章节一样，在分析个股突破之前一定要判断个股是否具备突破的环境，所谓突破的环境就是，个股突破是否有足够好的大盘环境配合，一般情况下，与大盘上涨与下跌基本一致的股票，逆市突破大涨的概率较小。敢于逆市突破大涨的股票，一般都是之前与大盘相关性不高，走独立行情的股票，大盘上涨时它可能在震荡，大盘震荡时它可能在下跌。那么大盘下跌时，由于某利好刺激可能会走出独立行情。或者是有重大利好刺激的个股，由于公司重组等题材，否则，在大盘下跌段还是回避下跌风险，少买股票为好。

下面我们先避开大盘从行为学分析几种个股突破的情况。

（1）低位放量，突破时量能放出不大型。

从本质上讲，股票买卖跟小商贩卖菜没有什么区别，小商贩只有进了货，才能去卖给需要买菜的人，有一天，菜价疯长，小商贩只有屯了货，才能通过卖菜赚到钱。

股票成功突破，如果机构们底部区吸足筹码，突破位置又不愿意卖出，这种突破往往能够成功，如果底部区没有吸够筹码，突破时机构们又不愿意加仓，那么这样的突破是没有意义的，股价一般走不远。如果是低位放量吸够筹码，突破时量能放出不大，这种突破往往比较靠谱。

（2）低位放量，突破时量能放出较大（往往超过或者与低位放量相当）型。

低位放量，说明机构们在低位能够吸到筹码，突破的时候放出较大成交量，一般都是以出货为主，在随后的时间里，随着股价上涨，机构逐渐减持手中的股票。一般只有极个别股票在低位放量时高位继续放量，可能有重大利好消息或者大势非常乐观处于牛市。

（3）低位量能小，突破时量能也小型。

这种就是典型的股性不够活跃的股票。没有较大进货量，价格高了也没有卖出量，说明该股票很平淡，基本处于被边缘化的境地。走出这种走势的股票一般难以有持续的长期上涨行情，对于这样的股票突破我们一般采取回避措施。

（4）低位量能小，突破时量能大型。

这种情况有两种可能，一种是突破时候放量吸筹，另外一种是突破时放量出货。这种走势平时遇到的概率相当大，也最容易迷惑人。

由于近年来股票市场的发展，各种层次的投资群体鱼龙混杂，有私募机构，有敢死队等等，特别是那些敢死队，建仓周期可能只有几天，卖出也就是一两天的时间，他们经常在寻找一些低位量较小的股票打伏击，待到突破时，放量出货，在投资者认为股价将突破拉升时，他们却全身而退，大赚一笔。

下面我来用我的经验谈谈两者的区别。

第一种情况，如果低位量能较小，突破时量能放出较大是因为吸筹，那么首先要看个股是否有基本面上的重大利好，或者是否是多只股票轮动进行的突破，其次要看突破时的成交量放大是否具有持续性。如果只是几天放出巨量随后成交量迅速萎缩，那么不足以说是吸筹。

第二种情况，往往是个股没有重大基本面利好，也没有群体性的较大题材，同时突破时放出巨大的成交量，且巨大成交量只发生在几天，有时可能只有 1 天或者 2 天，这样的情况很有可能是一些游资快速建仓，然后利用突破拉升吸引投资者跟进然后自己全身而退的杰作。遇到这样的情况一定要小心行事。

四、突破股的买入时机

前面我们分析了真假突破，按照上述分析，在实际操作中我们要选择低位放量，突破时反而缩量的股票和低位缩量，突破时放量，但放量为吸筹的股票购买。同时我们要认清大盘的环境，在大盘处于牛市或者震荡市场的上升段，选择上述两种突破股成功的概率要高得多，如果大盘处于熊市，建议基本不要操作，处于震荡市场下跌初期，只可以少量参与有基本面重大利好或者形成板块效应突破的品种参与。

下面我以每种大盘环境为前提，具体展现上述可以操作的突破股的实战情况，希望可以让大家能够学到操作突破股票的一点心得。

1. 牛市中底部放量，突破时缩量型股票

牛市中由于大盘环境非常好，很多突破的股票，虽然基本面一般，但往往也能形成一波行情。这样的情况，在确定是真突破时，可以在突破时买入。

我们先来看一个案例。

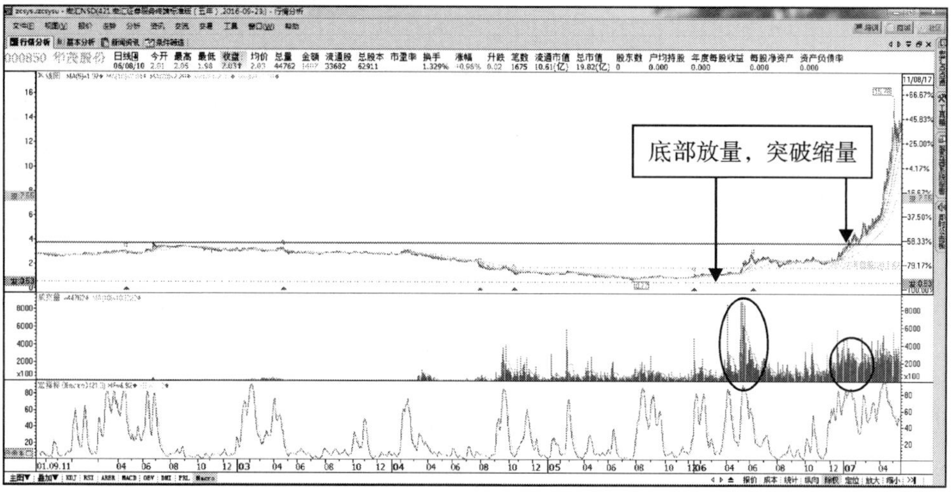

图 12 -7

图 12 -7 是华茂股份（000850）2001—2007 年的 K 线图。2005 年 6 月 6 日，上证指数于 998 点见底之后，进入了底部整固，并于 2005 年 11 月脱离底部区域，进入牛市行情。从图中可以看到，2006 年 4 ~ 6 月这段时间，华茂股份放出天量，30 多个交易日换手率达 320% 之多，2007 年 1 月中旬，华茂股份突破了 2002 年 7 月的历史高点，但是并没有放出天量，只是缓缓放量就一跃通过历史最高点。说明在低位华茂股份已经建仓非常充分，突破之时，也基本没有什么机构或者大户出逃，大家都不愿意卖出，对后期看涨。此时正是买入华茂股份的大好时机。

再来看当时华茂股份的基本面，华茂股份经营产品为棉、毛、麻丝和人造纤维。2006 年基本面一般，年终每股收益只有 0. 16 元，当时最大的亮点当属增资 4765 万投资国泰君安证券和国泰君安投资管理有限公司。成为 A 股市场少有的券商投资概念股。正是因为大牛市的前提，导致一般的基本面突破后也能形成一波较大的涨幅。

图 12 -8 是深发展（000001）的 K 线图，在 2006 年 11 月至 2006 年 12 月上证指数处于牛市中，深发展 A 的走势与成交量分布基本与华茂股份相似，都属于底部放量吸筹，突破时缩量的走势。在牛市中，突破后他

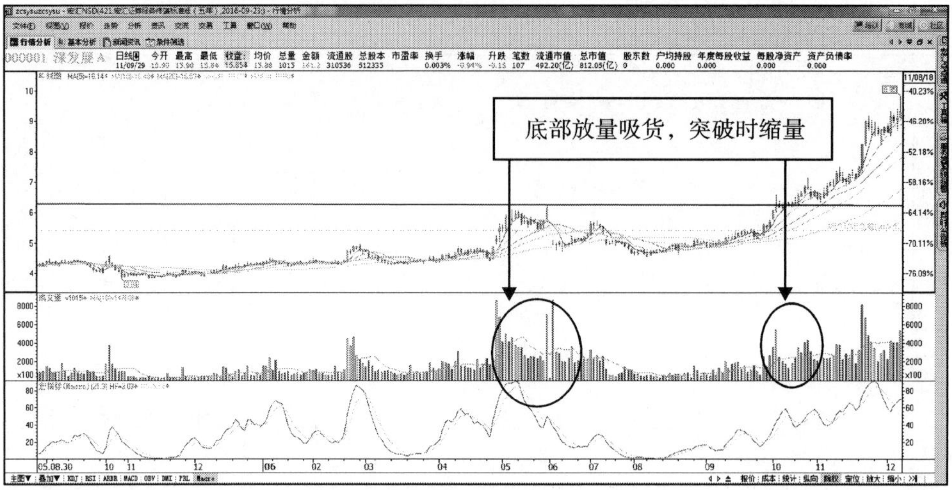

图 12－8

们都迎来了一波凌厉的涨幅。

2. 牛市中底部小量，突破时放量型股票

这样的股票，说明主力在低位时候建仓较少，可能是因为没有人卖出或者主力在低位没有看透行情，在突破后疯狂加仓。这种类型的股票，一旦确定是建仓型，可以在突破重要平台时介入。

下面我们来看几个案例。

图 12－9 是包钢股份（600010）的 K 线图，随着 2006 年 1 月上证指数进入牛市上升浪以来，包钢股份放量突破前期一个高点，观察其之前走势，发现包钢股份底部区成交量并不大，伴随着牛市的上涨，主力和大户越来越确定行情走势，于是开始疯狂加仓之前并不是很活跃的钢铁股。

从基本面上来看，包钢股份的业绩非常优秀，2005 年 1 ～ 9 月每股收益为 0.71 元，同比增加 50% 以上，同时公司推出了每 10 股送 5 股转增 5 股的高送配方案。说明公司看好其长期发展前景。同时，在这段时间也有不少其他钢铁股放量突破，形成战略式建仓。由此判断，此时的放量突破是建仓而不是出货。因此包钢股份突破平台高点迎来一个买点。

与此类似的例子还有昆明机床（600806）等，在此处不再详述。

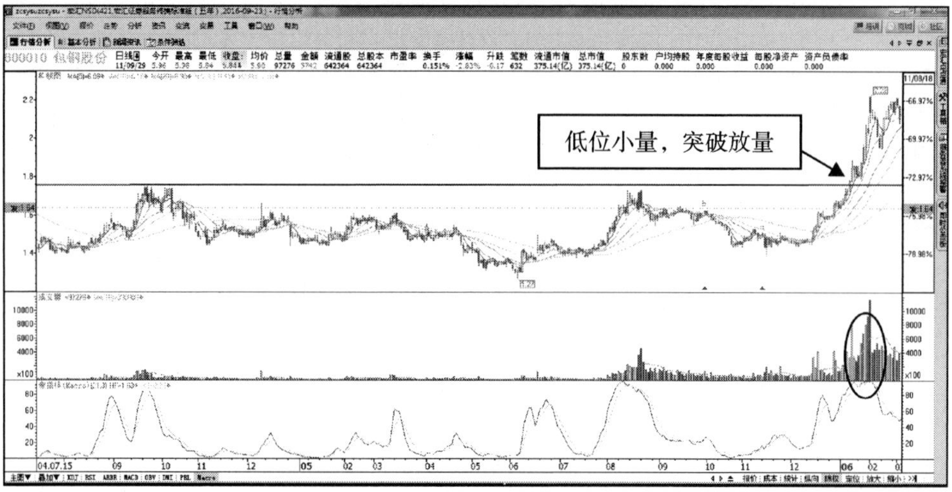

图 12－9

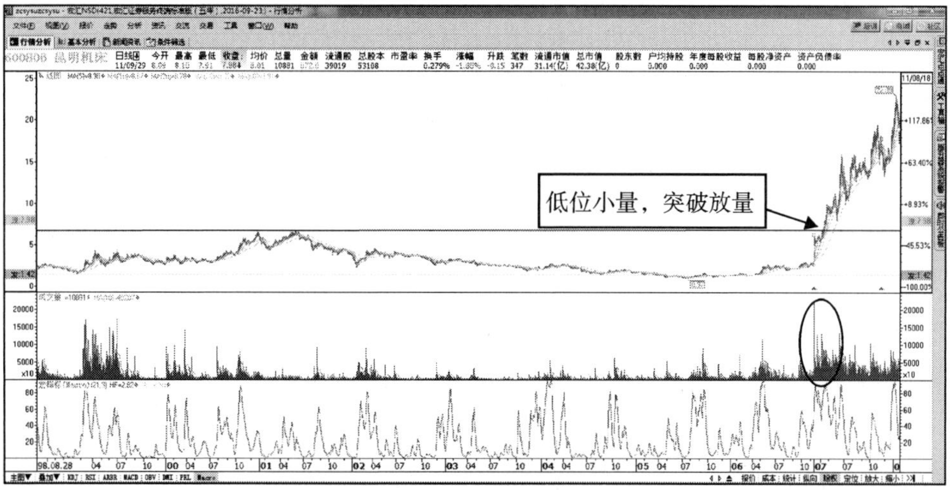

图 12－10

3. 震荡市场上升段中底部放量，突破时缩量型股票

震荡市场上升段，在还没有明显见顶的时间里，为股票上升提供了一个良好的环境，此时对于底部放量突破缩量型股票，在一段行情刚刚启动不久便突破的股票将迎来一个不错的买点。

下面我们来看几个案例。

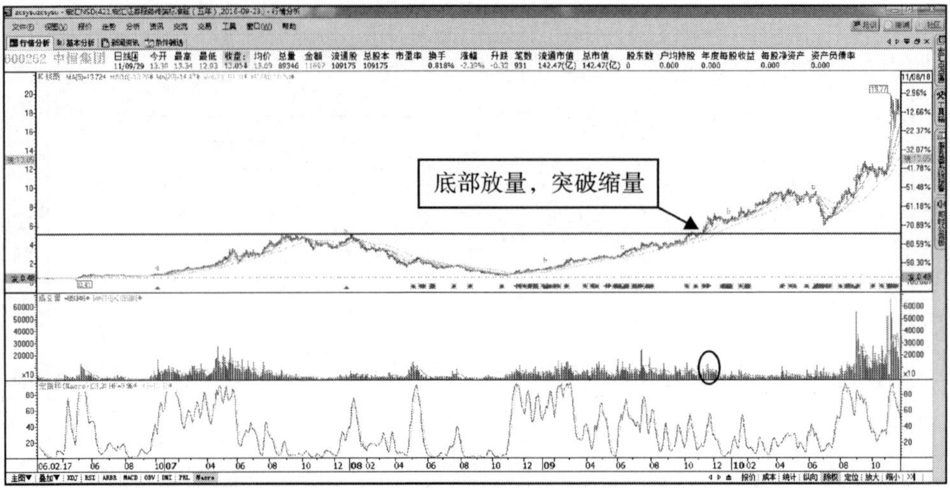

图 12－11

上图是中恒集团（600252）的 K 线图，上证指数经历了 2008 年大熊市之后，在 2009 年迎来了一波较大的上涨行情，2009 年 8 月，上证指数进入下跌浪中，并于 9 月初见底，从 2009 年 9 月初至 2010 年 4 月初，上证指数一直处于一种震荡上行的格局中，虽然其中有下跌，但是力度并不大。在这样的环境之下，中恒集团迎来了突破，2009 年 11 月初中恒集团突破了 2007 年 9 月的高点，随后进入了一波大上升浪。观察中恒集团在 2009 年 11 月突破的成交量，非常小，说明即使突破了，很少有人卖出，说明大家一直看好这只股票后市，此时也正是我们介入点。

中恒集团能在震荡市场的较弱的上升段，走出一波大行情，其优异的基本面是坚强的支撑。

其基本面亮点如下：

（1）血栓通处于量价齐增阶段。公司独家产品血栓通粉针进入基本药物目录，最高零售价格得到了提高，1 月初血栓通出厂价提高 29%。目前血栓通处于供不应求的状态，2009 年预计销售血栓通 6500 万支，2010 年血栓通的销量仍有望得到快速增长，保守估计全年销量将超过 9000 万支，乐观预计全年销量将超过 1.2 亿支。

（2）血栓通产能扩张。2009 年公司本部产能可以达到 4000 万支，委托重庆药友代工生产的产能可达6000万支，公司在建设血栓通二期工程，建成后将新增产能6000万支。

（3）公司持有国海证券7.5%的股权，国海证券目前正借壳S*ST集琦上市。预计2009国海证券净利润8.5亿元，则上市后中恒集团持有国海证券股权市值将超过11亿元，每股价值将超过3.7元。

（4）公司房地产业务扭亏为盈。预计未来两年可以为公司带来1亿元左右的净利润。

（5）公司对2009年业绩做了预增公告，净利润比上年同期增长超过150%（上年同期净利润4700.72万元、每股收益0.216元），相当于EPS0.41元（假设增发后股本达到2.9亿股）。保守预计公司2010年销售9000万支血栓通，制药业务EPS1.15元左右；若公司新产能达产顺利的话，全年销售1.2亿支血栓通的话，EPS有望超过1.6元。给予制药业务30倍市盈率，价值34元，证券业务4元，暂不考虑房地产业务，公司6个月目标价38元。我们将跟踪公司一季报情况再调整我们的盈利预测和目标价格。

类似的案例还有厦门钨业（600549），请大家按如上思路自己试着分析解读。

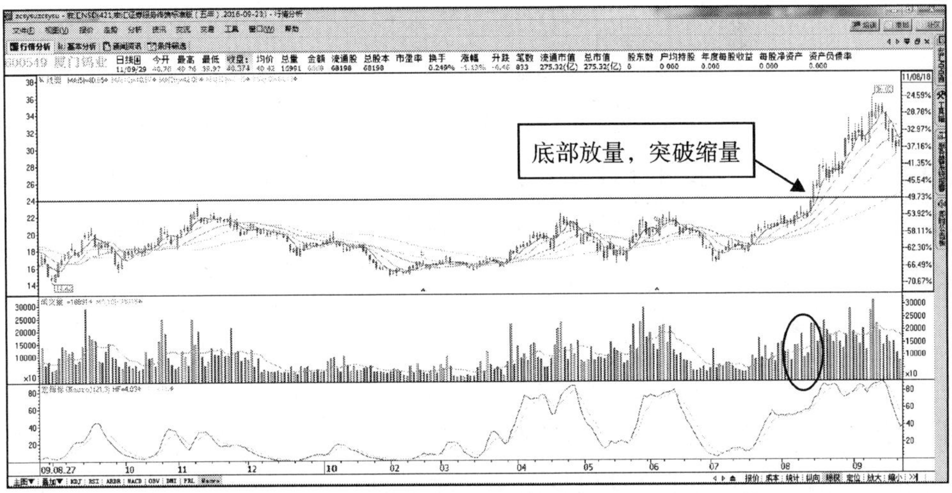

图12－12

4. 震荡上升市场底部低成交量，突破放量型股票

由于是震荡市场，所以股票的上涨周期一般并不长，经常容易出现突破放量出货的情况，一定要弄清楚这种放量突破的原因，是放量吃货还是放量卖出，然后再作出决定，如果放量是因为吃货，则坚决买入。

下面我们来看一些案例。

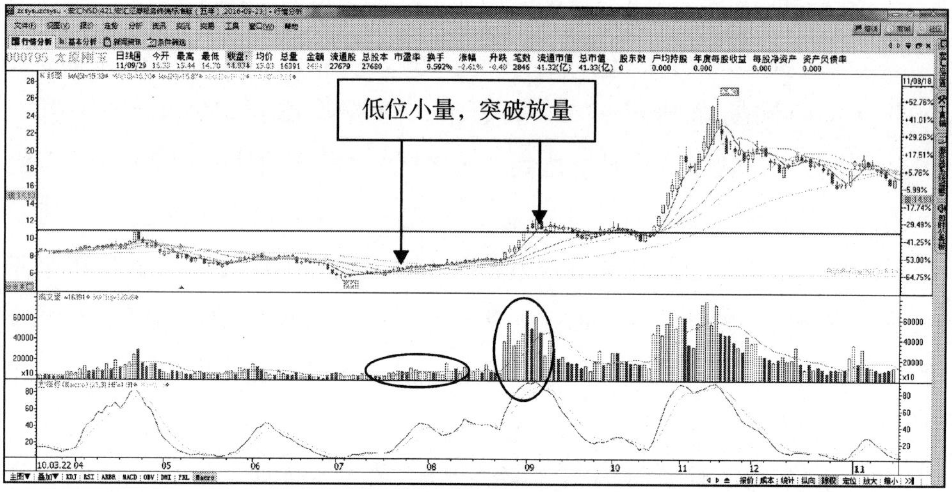

图 12－13

图 12－13 是太原刚玉（000795）的 K 线图，2010 年 7 月初，上证指数见底企稳，一波行情延续到 2010 年 11 月 11 日才开始下跌。在这一阶段，给那些突破股上涨营造了良好的氛围。太原刚玉在 2010 年 7 月初至 2010 年 8 月中旬一直处于小量上涨走势中，并没有引人注目的地方，至 2010 年 8 月末，太原刚玉突然爆发，放巨量连续涨停，并一举越过前一平台的高点。

我们来看太原刚玉放巨量的特点，巨量走势强劲，基本没有震荡，巨量时间有持续性，不是一两天就终结了的，许多同样类型的公司都纷纷突破暴涨，已经形成了稀土永磁板块效应，由此判断太原刚玉放量突破为建仓吸筹。由于底部区成交量稀少，突破时太原刚玉即使是出货也没有那么大的出货量。因此，当太原刚玉突破前期平台之时，是个较好的买点。

再来看太原刚玉的基本面，从业绩来看，太原刚玉 2010 年 1～6 月每股收益仅为 0.008 元，总股本和流通股本均为 2.768 亿股，主营产品为钕铁硼，为稀土永磁材料产品。2010 年以来，许多稀土品种涨幅已经翻番，受此影响，太原刚玉产品提价预期强烈。许多稀土永磁相关股票基本都形成突破走势，这一战略布局说明此时的突破为扫货建仓。可以大胆跟进，而后的走势也印证了我们的分析。

另外一家稀土公司横店东磁（002056）的走势也印证了这种类型股票的情况，具体的分析，请投资者朋友们自己按如上思路自己分析梳理。

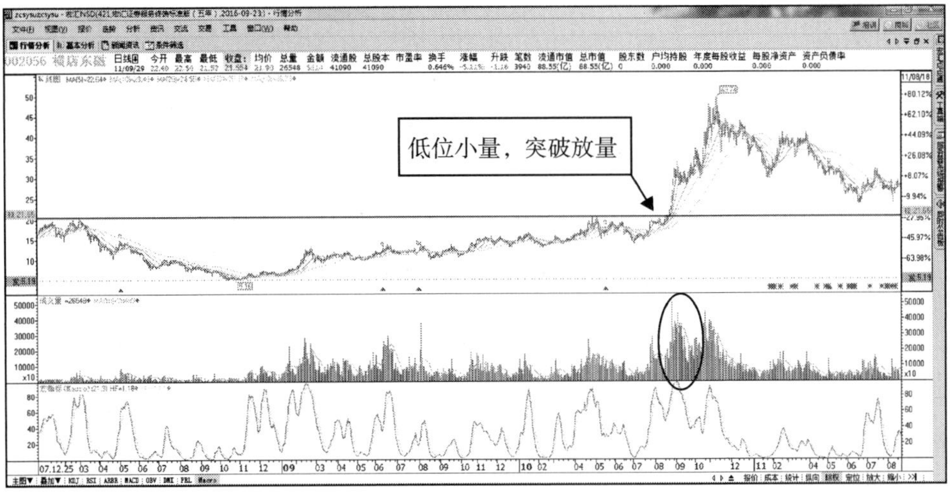

图 12－14

5. 震荡市场下跌初期底部放量，突破缩量型股票

在震荡市场转头向下的初期，会有一些之前洗完筹码还没有爆发的股票，由于他们可能比较急于需求资金，或者不想等到下一波上涨周期，他们往往会在下跌初期逆市拉升，但是这一时期，逆市拉升的风险较大，如果不是股票确实有很大利好，逆市拉升的计划可能都不能实施。作为我们投资者来说，最好是确实变坏清仓观望，如果非要逆市而为，只能以小仓位参与底部区放量、逆市缩量突破的股票。这样的股票还应具有这样的条件，既然敢于逆市拉升，那么大盘上涨时，与大盘的走势最好不要一致，

大盘上涨时它横盘，大盘震荡时它下跌，走势独立于大盘的个股在震荡市下跌初期更容易逆市而上。

下面我们来看几个案例。

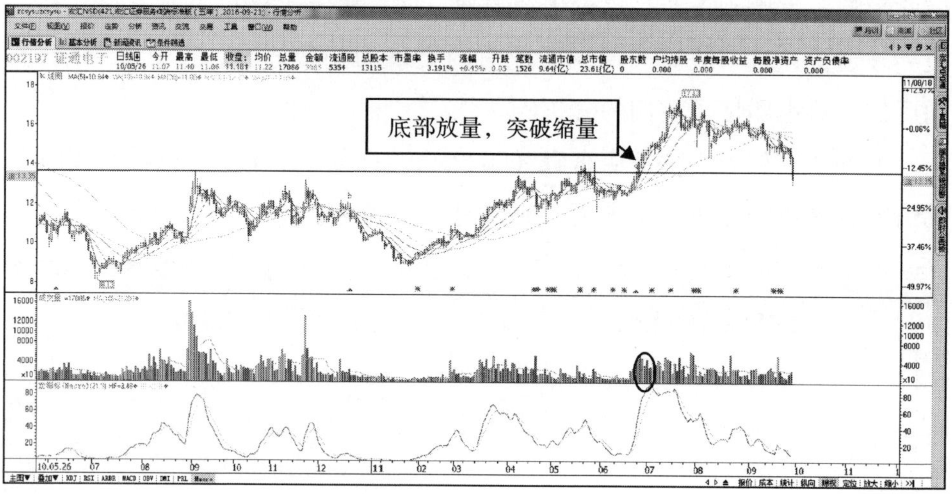

图 12－15

上图所示是证通电子 2010 年 5 月至 2011 年 9 月的 K 线图，2010 年 10 月上证指数走出一波行情，创下 3186 点的高点，同期证通电子却没有创新高，提前进入调整周期，2011 年 1 月底，证通电子跟随大盘见底回升，2011 年 4 月中旬，上证指数见了阶段高点，开始下跌，证通电子却稳若泰山，于 2011 年 6 月底以较小成交量创出新高。此时是一个突破买点。

我们来看证通电子，2010 年 10 月先于大盘调整，属于独立走势了，因此，在 2011 年 4 月大盘下跌趋势中，没有跟随下跌，而是采取横盘后继续突破，再来看看这只股票的基本面亮点。

公司是国内 EPOS 的主要三大厂商之一，市场占有率约为 50%。公司目前 EPOS 销售收入主要来自银行客户，在银行（特别是建设银行、邮政银行、农业银行）有绝对的优势地位。公司是第三方支付线下支付龙头拉卡拉的主要供货商，目前拉卡拉 EPOS 和金融终端方面主要通过公司定制。

第三方支付拉动 EPOS 需求。伴随第三方支付牌照的发放，困扰第三方支付企业的身份问题得以彻底解决，第三方支付企业必将加大对设备和平台的投资。线下支付龙头拉卡拉已经宣布未来三年将在全国布置 100 万个金融支付终端，公司作为拉卡拉设备主要定制厂商必将受益。同时网上支付平台纷纷发力“网上购物，线下支付”业务，目前收付宝，快钱，支付宝等都已经开始大力推广网上购物网下支付，电信运营商纷纷推出固话支付，银联也已经开发了 EPOS 系统，大力推广网上购物，网下支付。第三方支付业务的展开必将拉动 EPOS 整体出货量快速增长。

公司加密键盘等业务稳步增长。加密键盘受 ATM 机和 POS 机需求拉动保持稳步增长，公司正在拓展全球第二、第三大 ATM 机厂商，一旦拓展成功 ATM 机收入将出现跨域式增长。银行柜台产品受银行新增分支机构的增加和银行 EMV 迁移的影响，未来 2 年将保持高速增长。

根据金元证券的预计公司 2011—2013 年收入分别为 8.43 亿元，11.56 亿元和 14.91 亿元，净利润分别为 1.22 亿元，1.68 亿元和 2.20 亿元，每股收益分别为 0.58 元，0.80 元和 1.05 元，对应 2011—2012 年的 PE 分别为 24.53 倍和 17.78 倍。参考新国都和三泰电子估值水平偏低，未来仍有一定空间。

有业绩支撑的基本面，电子支付的龙头企业之一，过往走势独立于大盘，并且底部区放量洗筹充分，突破时缩量控盘良好，是证通电子这波逆市上涨的原因。

与证通电子相类似另一个案例老凤祥（600612），具体的情况请读者朋友们自己去分析领悟。

6. 震荡市场下跌初期底部小量，突破放量型股票

此类型股票，往往是股票突发利好，主力们随即抢筹的情况，这一类还有一种就是放量出货，至于两者的区别，抢筹股放量比较持续，涨势凌厉，出货股放量可能只维持在几天随即又恢复较低水平，放量突破股往往是具有战略性的群体建仓，或者是基本面有特殊的亮点。一旦确定放量是吸筹而不是出货，我们便可以大胆地介入。

下面我们来看一些案例。

图 12－16 是冠福家用（002102）的 K 线图，通过观察冠福家用股价

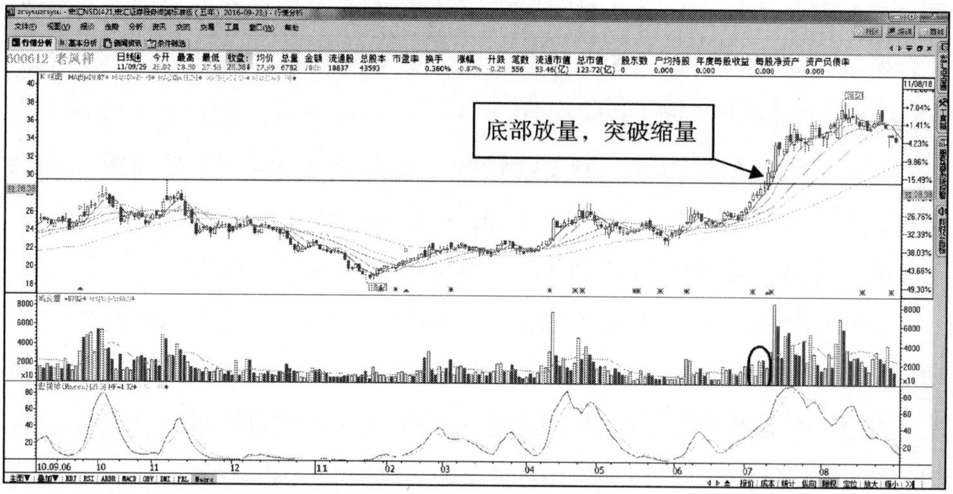

图 12－16

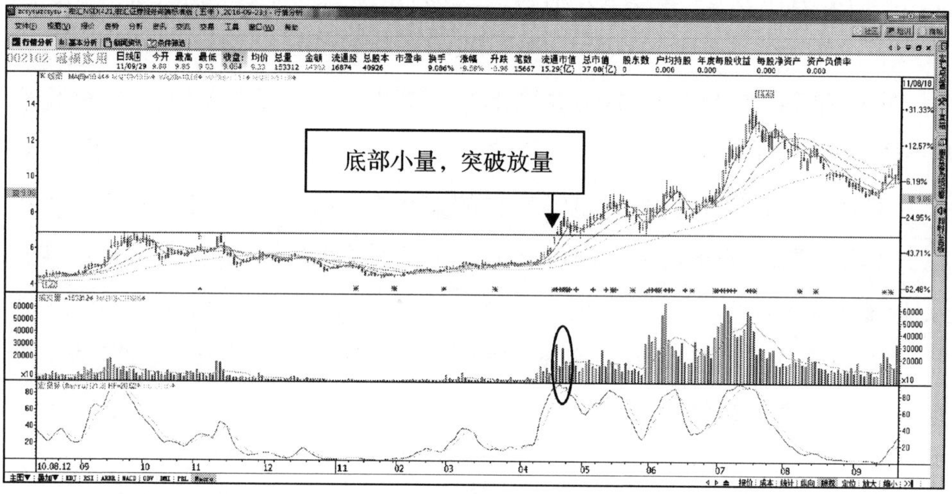

图 12－17

在 2011 年 1 月至 2011 年 4 月之前，一直处于主力机构的关注之外。直到 2011 年 4 月末，股价突然突破 2010 年 9 月底的高点，扶摇直上，我们观察其股价突破时的成交量放大比较持续，且公司基本面也有较大亮点：

陶瓷业务竞争激励。公司主营陶瓷产品主要经由各大超市销售，截至 2010 年公司在全国与 9300 多家超市均有合作。但由于行业竞争日趋激烈，因此超市在该类产品的销售环节中占有主动权，延长付款期、打压价格等情况比较严重，对公司产品的销售造成了负面影响。但由于公司该类产品生产基地所处地区劳动力成本较低，成本控制调节能力较好，预计该业务将能在激烈的竞争中基本维持现状。

“一伍一拾”创意家居连锁超市是公司未来重点业务。截至2010年末，公司增发项目“一伍一拾”创意家居连锁超市已建成89家，预计2011年将全部完成200家店的建设，大幅提升该项业务的收入与利润。目前公司的发展重心主要转向该项业务，根据2011年调整后的项目建设计划，公司将其中100家店建设为返点的店中店模式，可以有效省去租金及装修费用，降低经营风险，提升盈利能力。预计随着前期建设的全部结束，2012年该项业务将全面进入收获期，贡献收入与毛利占比有望超过公司主营的陶瓷、玻璃业务。

“五天分销”蕴含潜在发展力。公司的“五天分销”销售网络具有在5天内快速将产品布局到全国的物流能力。目前由于前期投入较大，且主营的家用陶瓷、玻璃行业竞争激烈，“五天分销”未能有效发挥其独有的能力。当前国内物流成本与难度越来越大，预计随着公司“一伍一拾”连锁超市的发展，“五天分销”将凸显其优势，乃至发展为独立业务，有望为公司贡献额外收益。

盈利情况分析：我们预计公司陶瓷、玻璃等主营业务将基本维持现状，“一伍一拾”连锁超市的发展将是未来主要的利润增长点；随着“一伍一拾”与“五天分销”前期投资的结束和业绩的释放，公司费用率将有望快速下降。海客瑞斯酒店用品公司转让获得近4000万投资收益，使冠福家用一季度业绩扭亏为盈，每股收益从2010年底的－0.49元变为一季度0.18元，并且使其中期净利润预增6550%～7000%成为A股市场的业绩增长王，同时公司于2010年4月19日公布高送转方案，每10股转增10股。

这些利好消息，是其股价逆市突破上涨的根源。

类似的案例还有金瑞矿业（600714）等，请读者们自己分析体会。

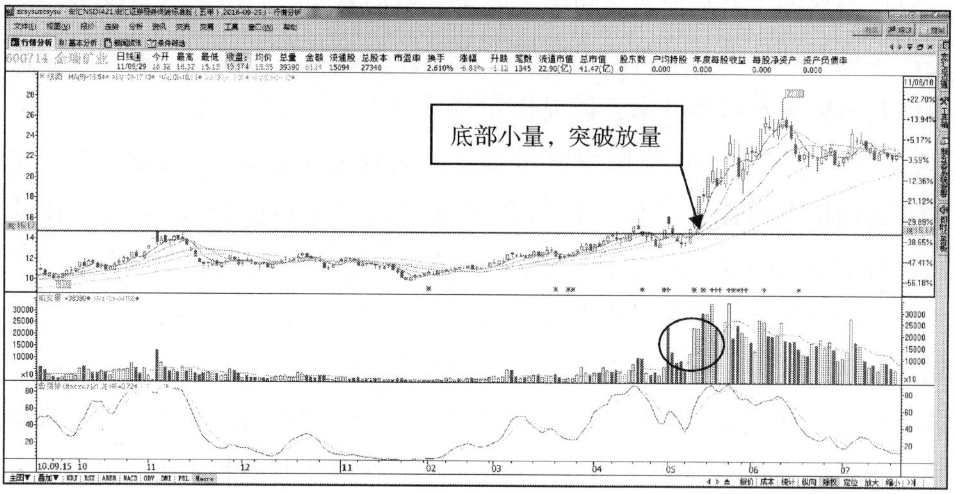

图 12－18

五、突破股的卖出时机

一次完整的操作过程包括买入和卖出，上面部分主要讲述了如何买入突破股，但是如图没能弄清楚卖出时机，买入赚的钱可能也快赔进去。

那么怎样才能找到合适的卖点卖出股票，保住收益同时又能卖在相对高点呢？

这个问题我在之前的章节已经详述过了。在此我只作简单的介绍。

在本书第九章解读二八法则的时候，里面有一条，股票 80% 的时间处于量变之中，只有 20% 的时间处于质变，抓住这 20% 的质变，我们就能很快赚取不菲的收益。

我们的卖点就是从真实的突破后的起点开始，如果突破后上涨的时间达到量变期的 20%，那么卖点来临。

用这个方法，可以为 80% 以上的股票寻找到非常合适的卖点。由于股票存在非常大的不确定性，所以突破后的上升浪也不会如此简单，只要突破了就能涨上去，必须是我们之前所说的有效突破，同时应该走到量变期调整日的 20% 的上涨周期才算完结，如果上涨时间还大幅低于预期的 20%

附近，就说明上升浪发生了位移。在此我们需要对起点进行修正。修正后只要上涨时间达到量变期的20%即是我们卖出股票的时候。

具体的案例在第九章已经写得非常详细，在此不再详述。

六、突破后爆发力强的个股

当一只个股上涨或下跌到了新区间，或者说，到达了几个月或几年都未曾触及过的价位时，就说明股票正在朝着那个方向运动。其他曾经受到抑制的力量爆发出来的行情也是一样。大坝可以拦住水流，可是大坝一旦崩溃，水就会一泻千里，直到遇到另一座大坝或是其他什么能够阻挡水流的障碍物或阻力，从而将其拦住。所以，注意观察股票先前的价位非常重要。可以想像，两次突入新区间相隔的时间越长，冲击力就越大；因为长期积聚的能量所造成的行情变化会比短期积聚的能量造成的变化更为显著。

我们来看一个案例。

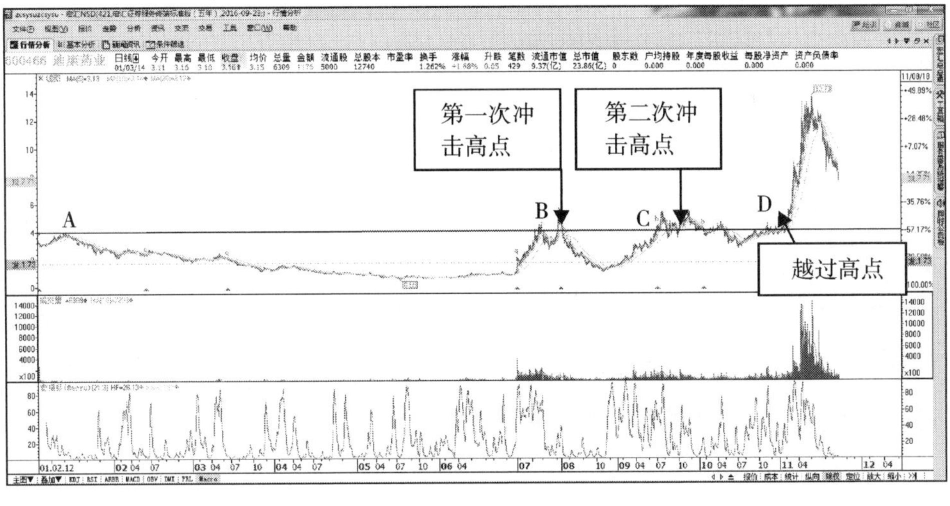

图 12－19

图12－19是迪康药业（600466）上市以来的日K线图，可以看到在2009年12月之前，迪康药业形成明显的三次高点，2001年6月的A高点，

2007 年 9 月的 B 高点和 2009 年 7 月的 C 点，并且 B 点的高点比 A 点高，C 点的高点比 B 点高。说明冲击力比较强。但是由于当时大盘环境和自身缺少较大的基本面催化剂，都没有冲击成功。

2011 年 3 月初，迪康药业再次放量冲击前高点，终于一举突破所有高点，成为一时间涨幅最大的明星股。这正印证了之前的理论，受到压制的力量越长，突然突破，股票会有无穷的能量。

当然，迪康药业能够走出如此行情与其基本面方面的利好是分不开的。其基本面亮点如下：

2010 年公司营业收入为 3.22 亿元，同比增长 2.45%；归属于上市公司股东的净利润为 3096.65 万元，同比增 110.8%；基本每股收益为 0.1763 元，同比增长 110.63%。公司拟以资本公积金每 10 股转增 15 股。

净利增速高于营收增速，主要有两个原因，一是公司成本控制得力，营业利润率同比提升 5.03%；一是公司闲置资金获得 603.40 万元的委托理财收益。

公司重点产品安斯菲连续三年保持销量增长，目前在全国已成功开发 600 多家医院；生物医学材料呈现了良好的成长性，可吸收螺钉销售稳定增长，可吸收医用膜销量同比增长近 30%。

公司在 2010 年投资建设的非 PVC 软袋大输液生产线，达到了国内大输液制备的先进水平，有望成为公司新的利润增长点。

受制于药价调控和上药原辅料的提价，公司加大了医疗器械领域的研发力度。螺钉自增强项目取得重大进展，增强工艺趋于稳定。

生物玻璃项目完成工艺研究和国外产品的对照研究，将于 2011 年提交型检；复合螺钉的动物试验完成，2011 年进入临床研究；椎间融合器补充资料上报完成；聚乳酸原料市场开始试探性销售。

估值情况：预测公司 2011 年的 EPS 为 0.24 元，对应 PE 为 58.17 倍。但考虑到公司基本面正在改善中，毛利率回升态势明显，非 PVC 软袋大输液和医疗器械对于利润的贡献度有超出预期的可能。再加上公司拥有多个国家级新药和中药保护品种，且医疗器械在研产品较多，可享受一定的估值溢价。

我们观察以上的亮点，发现虽然迪康药业的药物和医疗器械产品处于增长状态，但是短期对公司业绩提升并不明显，但公司管理层对公司发展信心十足，推出每 10 股转增 15 股的高送转方案。并且迪康药业的自身价格并不高，以极低价格推出高送转方案，并且公司业绩不断转好，是迪康药业得以突破的基本面方面的重大原因。

我们再来看另一个案例。

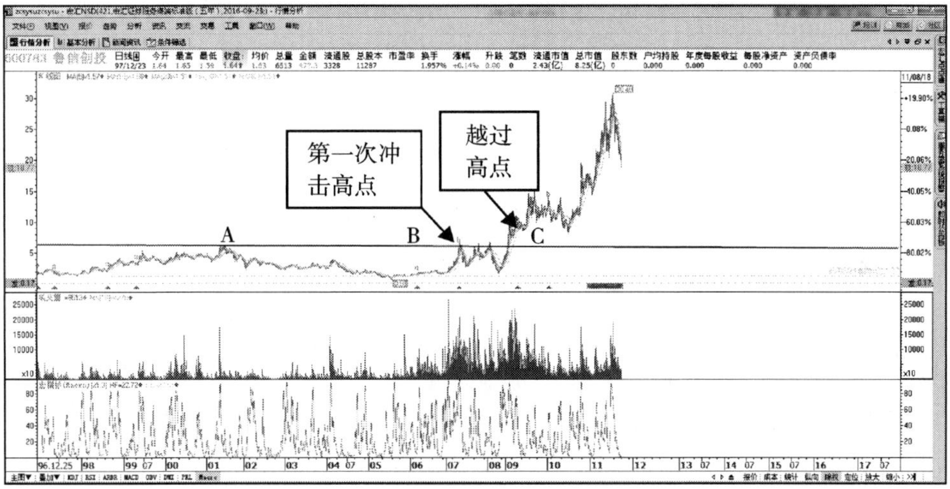

图 12 – 20

上图为鲁信创投（600783）图 12 – 20 上市以来的日 K 线图，从图中可以看出其在 2001 年 7 月中旬形成了高点 A，在时隔 6 年之后，第一次冲击之前的历史高点 A，虽然创下新高 B，但是维持不到 2 天随即跌破，没有最终突破成功。直到 2009 年 1 月，鲁信创投一举越过前期高点 A 点和 B 点，突破成功。之后鲁信创投迎来一波长达两年半的上涨行情，期间涨幅高达 4 倍多。再次证明一只股票多次冲击历史高点，并最后突破之后，如果基本面也有长期利好，这样的股票将有很强的爆发力，更有可能成为长牛股。

2009 年 1 月鲁信创投突破历史高点之后，一直跟随大盘上涨，在 2009 年 1 月至 2009 年 8 月，鲁信创投涨幅与大盘相当，之所以没有更好的表现主要是由于其 2009 年全年业绩基本都是负收益，业绩得不到释放。直到 2010 年 6 月 30 日，其每股收益为 0.251，同比大幅增加。基本面情况发生了转变。我们来看看此时鲁信创投的基本面亮点。

核心投资逻辑：一是调结构背景下、符合产业投资指引方向的新经济金融股；二是股权结构清晰，在投资平台方面不存在利益漏出；三是会计处理大幅低估了公司的实际资产价值；四是新股发行询价一步到位，“打新”利润空间大幅压缩，买入公司股票相当于间接买入新股。

（1）公司当前投资集中于医药、机械、化工新材、电子信息，符合调结构的大政策方向，相关行业已经在二级市场上得到充分挖掘，市值具备重估可能。公司2001年以来10年内年化投资报酬率超过21%，未来维持该回报率的概率较大，这取决于：2003—2006年周期内投资的项目上市后可贡献超额利润；当前未上市项目利润增长情况较好，山东高新投选择新项目标准较为严格。

（2）鲁信集团已被山东国资委确认为山东省级融资平台，主业确定为金融创投业，上市公司承载集团的主业：集团通过担保贷款、承担国有股转持成本等方式支持上市公司做大做强。当前，鲁信集团持有73%上市公司股权，未来有通过扩张股本、引进战略投资者并优化市值管理的动机和需求。

（3）以公司当前上市概率较大的9个项目（其中4个证监会已受理、其余预期可通过定增等方式快速证券化）为例，2年后公司每股净资产可通过市值被重估至30元，即便不考虑未来新增项目投资上市，假设给予1.5～1.8倍PB，得出2年后合理目标价格中枢为45～54元，以12%的股权贴现成本贴现，当前公司合理价格为36～43元。

（4）股价催化剂：三季报靓丽、民生股权纠纷明朗、项目IPO集中推进、半岛蓝色经济区规划获批。最主要风险点在于创业板及中小板减持带来的估值压力。

根据2010年10月申银万国的研报，其上调鲁信创投2010年EPS至0.90元（原为0.61元），上调2011年EPS至2元（原为1.61元），上调目标价格至40元。

正是由于基本面的脱胎换骨，才导致鲁信创投长达2年多的上涨行情。